Bremen – eine Stadt mit vielen Türmen. Kupferstich im Städtebuch von Braun und Hogenberg, 1572.

Bremen von der Stephanibrücke aus. Die Lücken des Zweiten Weltkriegs sind durch Neubauten geschlossen, 1993.

Herbert Schwarzwälder

BREMER GESCHICHTE

Johann Heinrich Döll Verlag

Oberneulander Landstraße 185
28355 Bremen

ISBN 3-88808-202-1

INHALT

Vorwort

Dieses Buch entstand unter dem Gedanken, daß es ein verbreitetes Bedürfnis nach einer kurzen und zugleich zuverlässigen Information über die Vergangenheit der Hansestadt gibt. Es entstanden auch früher Darstellungen, die das gleiche Ziel anstrebten. Dabei handelte es sich teilweise um allzu knapp gefaßte Texte; andere Werke waren unzuverlässig und einseitig, wieder andere haben einen rein erzählerischen oder flott-journalistischen Stil. Zudem schreitet die Geschichte voran, und die Erkenntnisse und Blickweisen ändern sich. Es fehlt eine kurze Gesamtgeschichte, die zugleich informativ und lesbar ist und auch den gegenwärtigen Forschungsstand berücksichtigt. Diese Lücke versucht das vorliegende Buch zu schließen; Verlag und Verfasser hoffen, daß das gelungen ist.

Im Mittelalter: Kirchenzentrum und Bürgerstadt bis 1522

Im Nebel der Vorzeit – „Sage“, Vermutungen, offene Fragen

Über die Anfänge Bremens wurde viel geschrieben – Überzeugendes und weniger Plausibles. Die Erzählung über die Gründung des Ortes durch einige Flüchtlinge von der Oberweser, die durch eine Henne mit ihren Küken auf einen sicheren Wohnplatz im Dünengebiet an der Weser hingewiesen wurden, ist hübsch erzählt, aber doch eine späte Erfindung des Bremer Schriftstellers Friedrich Wagenfeld (1810–1846) für seine „Bremer Volkssagen“ von 1846. Nun könnte man sagen: Die Henne und ihre Küken, die an der Rathausfassade von 1609/12 verewigt sind, hatten wahrscheinlich eine Kupferstich-Vorlage und wollten nicht die Gründung Bremens, sondern die Fruchtbarkeit symbolisieren. Wir wissen auch, daß dann die Henne den bremischen Handwerksburschen in der Fremde als Erkennungszeichen diente: Wer sie nicht kannte, war eben kein Bremer. Wagenfeld erfand seine „Gründungssage“ nach der Rathausplastik.

Die Diskussion der letzten Jahrzehnte kreiste oft um die Frage, ob es vor der Eroberung Sachsens durch die Franken Karls des Großen und der Gründung des Bistums überhaupt einen Ort Bremen gegeben habe oder nicht.

Die Henne mit den Küken im Zwickel über dem zweiten Rathausbogen.

Einerseits wurde darauf hingewiesen, daß als Bistumssitze im allgemeinen zentrale und volkreiche Orte gewählt wurden; andererseits galten in einem soeben eroberten dünnbesiedelten Gebiet besondere Bedingungen: Es ist möglich, daß der Dom und das Domstift abseits von jeglicher Siedlung auf einer Dünenhöhe entstanden, die sich leicht gegen Angriffe sichern ließ.

Vielfach wurde seit dem 16. Jahrhundert ein Ort „Phabiranon", der um 150 n. Chr. von Ptolemäos in Alexandrien unter Angabe der geographischen Länge und Breite genannt wurde, mit Bremen gleichgesetzt; doch stimmen die geographischen Daten nicht mit der Lage des Ortes überein, und so wurde Phabiranon auch auf mehrere andere Plätze bezogen. Den Namen „Bremen" (älteste Form „Bremun") gab es wohl schon, als das Bistum gegründet wurde; er bedeutete „an den Rändern" (von Brim = Rand) und könnte sich auf einen Ort an den Rändern der Düne oder des Wassers (also am Ufer), aber ebensogut auf einen Flurnamen bezogen haben. Baggerfunde in der Weser wie eine römische Kasserolle (ein Stieltopf) an unbekannter Stelle (um 1885), ein römischer Messingeimer in der Kleinen Weser (1890) und ein Spangenhelm der Völkerwanderungszeit in der Einmündung der Balge (1925) sagen zwar etwas über den frühgeschichtlichen Schiffsverkehr auf der Weser, aber nichts über eine Siedlung Bremen aus. Um 1860 meinte man, bei Ausschachtungsar-

Phabiranum, das man für Bremen hielt. Dilich 1603.

beiten auf dem Areal der späteren Börse (heute Bürgerschaftsgebäude) Urnen aus heidnischer Zeit gefunden zu haben, doch könnte es sich auch um irdene Kochtöpfe gehandelt haben. Auf demselben Grundstück wurde 1963 eine vier bis fünf Meter unter Straßenniveau liegende Herdstelle gefunden, die auf das 8./9. Jahrhundert datiert wurde, wobei offenbleibt, ob sie noch in die vorchristliche Zeit gehört.

Künftige Jubiläen müßten sich auf die ersten sicheren Festpunkte der geschichtlichen Entwicklung beziehen: auf die erste Erwähnung 782, die Bistumsgründung 787/88 oder die ersten Markturkunden 888 und 965.

Das Bistum wird 787 gegründet

In der Lebensbeschreibung des ersten Bremer Bischofs Willehad, eines Angelsachsen, erfahren wir, daß dieser sein Missionsgebiet Wigmodien, in dem auch Bremen lag, 782 bei einem Sachsenaufstand fluchtartig verließ, während der Missionar Gerwal und seine Genossen in Bremen „durch das Schwert ums Leben kamen". Es müßte hier also zu dieser Zeit eine Missionsstation gegeben haben. Weiterhin erfahren wir, daß Willehad 787 zum Missionsbischof geweiht wurde. Er nahm seinen Sitz in Bremen, wo er „ein Gotteshaus von wunderbarer Schönheit" baute und am 1. November 789 weihte. Wenige Tage nach der Domweihe starb Willehad auf einer Missionsreise in Blexen an der Wesermündung.

Es blieb zunächst noch unruhig in Nordwestdeutschland und in Bremen; um 806 hatten sich dann aber die Herrschaft der Franken und die christliche Kirche durchgesetzt. Das Holzkirchlein in Bremen wurde nun von Bischof Willerich durch einen steinernen Dom ersetzt, der immer wieder vergrößert wurde.

Einen Einschnitt in der Entwicklung des Kirchenzentrums brachte das Jahr 845; damit ist ein heftig diskutiertes Problem verbunden, bei dem es um die „Übertragung" des Hamburger Erzbistums nach Bremen ging. Die bisherige Auffassung war, daß der Sitz des von Kaiser Ludwig dem Frommen 831 gegründeten Erzbistums Hamburg nach der Zerstörung des Ortes durch die Normannen 846 nach Bremen verlegt worden sei. Der bisherige Erzbischof von Hamburg, Ansgar, sei nun Erzbischof mit Sitz in Bremen geworden. Diese Ansicht wird heute noch weitgehend vertreten. Neue Interpretationen von Urkundenfälschungen und Bearbeitungen der Lebensbeschreibung Erzbischof Ansgars gaben den Anlaß zu einer Gegenmeinung: Ansgar habe im Gebiet von Hamburg zwar missioniert und sei auch Missionserzbischof geblieben, nachdem er das Bistum Bremen übernommen habe. Diese Rangerhöhung blieb strittig, da der Erzbischof von Köln die bisherige Unterordnung des

Bistums Bremen nicht aufgeben wollte. Ansgar nannte sich aber dennoch Erzbischof von Bremen und erhob auch weiter Ansprüche auf die Dänen- und Schwedenmission. Das Problem ist ungeklärt; die Rolle Bremens als Bischofs- und Erzbischofssitz seit 787/88 bzw. 845 oder 848/49 ist jedoch nicht umstritten.

Die älteste Siedlung – Die Anfänge des Marktes im 9. Jahrhundert

Die Verfasser der im Mittelalter entstandenen schriftlichen Quellen waren durchweg Geistliche, die die Geschichte der Kirche und der Geistlichkeit in den Mittelpunkt stellten, während die Siedlung beim Bischofssitz nicht beachtet wurde. So ist es verständlich, daß sich über deren Lage und Bedeutung unterschiedliche Meinungen entwickelten, die sich aber in den letzten Jahrzehnten doch zu einer herrschenden Meinung verdichteten.

Sollte es bereits vor der Christianisierung ein Dorf Bremen gegeben haben, so wurde seine Bedeutung durch die geographische Lage bestimmt und durch die Gründung des Bistums sicher aufgewertet. Zur Kirche gehörte eine Grundherrschaft mit Einkünften, die nach Bremen flossen; der Dom war zudem Pfarrkirche für einen großen Bereich; auch wissen wir aus einem Anhang zur Lebensbeschreibung des Bischofs Willehad, daß zahlreiche Kranke das Grab des Bischofs aufsuchten, um durch ein Wunder Heilung zu erlangen. Man darf vermuten, daß sich auf dem Dünenhügel auch eine fränkische Besatzung verschanzt hatte, solange sich die Verhältnisse in Sachsen nicht beruhigten; die Kriegsknechte mußten versorgt werden.

Daß die Weser ein Verkehrsweg war, zeigen zahlreiche Baggerfunde. Besonders deutlich wurde das im Februar/April 1989 durch die Bergung eines Binnenschiffs von etwa 808 n. Chr., das in einer etwa 10 Meter tiefen Baugrube im Winkel Wachtstraße/Martinistraße gefunden wurde. Schwieriger und unsicherer sind Aussagen über den Landverkehr, der in Marsch und Moor der Bremer Umgebung mit Schwierigkeiten zu kämpfen hatte und von jahreszeitlichen Einflüssen abhängig war. Sicher erleichterte der Dünenzug am nördlichen Weserufer eine Passage, auch trat die Düne in Bremen nahe an den Fluß, so daß sich hier ein Zugang zu einer Fähre anbot. In späterer Zeit wurde die Marsch am linken Weserufer auf Dämmen durchquert, die es im 9. Jahrhundert noch nicht gab. Eine offene Frage ist in diesem Zusammenhang die nach dem Verlauf und den Wasserständen der Weser und damit dem Zustand der Marschgebiete im 9. Jahrhundert. Es gibt Anzeichen dafür, daß die Niederung teilweise kein Überschwemmungsgebiet war, so daß hier Siedlungen ohne Wurten angelegt werden konnten (etwa im Seefeld). Man muß mit einem kombinierten Schiffs- und Landverkehr rechnen, wobei man zu Lande vor allem Reit- und Tragtiere und nur wenige Wagen einsetzte.

Als Verkehrsrichtungen sind zu vermuten: die Verbindung zwischen der Achimer und Lesumer Geest entlang dem Dünenzug, an dem auch Bremen lag, Wege in Richtung Brinkumer Geest, weiter an die Oberweser und nach Westfalen sowie auf die Huchtinger Vorgeest mit Fortsetzung ins Ammerland, nach Ostfriesland und in die Niederlande. Die Funktionen des Erzbistums Bremen mit seinen Pfarr- und Missionspflichten in einem weiten nordwestdeutschen Bereich sowie die Verbindung nach Skandinavien sind ohne weiträumige Verkehrsverbindungen nicht denkbar. Jedoch ist die Verkehrs- und Warenfrequenz völlig offen; sie aber bestimmte Größe und Charakter des Ortes Bremen. Über Lage und Aussehen von Bremen in der frühen Bistumszeit gibt es viele Vermutungen. Es spricht einiges dafür, daß es ein Reihendorf entlang der Düne gab, etwa im Verlauf der späteren Langenstraße; ob etwa auch Häuser auf der Martini- und Tieferinsel existierten, hängt vom Zustand der Weser in jener Zeit ab; der aber ist bisher unbekannt.

Den Einwohnern fehlten große Flächen für den Ackerbau; sie hatten andere Existenzgrundlagen: Handel, Verkehr und Handwerk, Fischfang und Viehzucht, Versorgung des Kirchenmittelpunkts und der „Garnison". Wie aber stand es mit dem Markt, der ja als Keimzelle der späteren Stadt zu gelten hat? Eine Urkunde König Arnulfs von Kärnten von 888 verlieh dem Erzbischof Rimbert Markt, Münze und Zoll, wie er sie in Hamburg besessen, aber durch den Normanneneinfall von 845 verloren hatte. Gab es vielleicht vorher schon einen Markt, der jetzt die königliche Konzession erhielt? Oder sollte der Markt durch die Urkunde erst ins Leben gerufen werden? War dieser Absicht Erfolg beschieden? Wir wissen es nicht. Die Münzverleihung führte jedenfalls nicht zur Einrichtung einer Münzpräge. Vielleicht gab es aber dennoch einen Marktbetrieb, der dem Erzbischof zu Zolleinnahmen verhalf. Ob er ein vorwiegend regionaler oder auch ein Markt für Fernhändler war, muß offenbleiben. Wenn es überhaupt in dieser Zeit einen Markt gab, befand er sich am Dünenhang vom Ostende der späteren Langenstraße bis zum Liebfrauenkirchhof, auf dem damals die St.-Veits-Kapelle stand. Dieser Markt war mit Binnenschiffen auf der Balge, einem Nebenarm der Weser, gut zu bedienen. Auf der späteren Wachtstraße war wohl die Weserfähre zu erreichen. Die Häuser jener Zeit muß man sich klein und einfach vorstellen. Im Dünengebiet waren Grubenhäuser möglich; die Wände bestanden aus Holz und Flechtwerk, das Dach war mit Stroh, Reet oder Holzschindeln gedeckt. In den Wohnhäusern befand sich eine offene, mit Feldsteinen ausgelegte Herdstelle. Die Einwohner waren bis ins 10. Jahrhundert in die königliche, dann in die erzbischöfliche Grundherrschaft eingebunden, wobei die Art der Abhängigkeit offenbleiben muß.

Die Zeit der großen Erzbischöfe im 10./11. Jahrhundert

Der Ort Bremen dürfte sich in den ersten Jahrhunderten wenig verändert haben, zumal es in der Entwicklung auch Rückschläge gab: Immer wieder fielen Normannen und sogar die Ungarn ins Unterwesergebiet ein. Die Erzbischöfe ließen Gräben und Wälle mit Palisaden um Dom und Domstift ziehen; so entstand auf der Dünenhöhe eine Domburg, die im 11. Jahrhundert für einige Jahrzehnte sogar von einer Mauer mit Toren und Türmen umgeben war. Die Einwohner des Ortes fanden hier Schutz, flohen aber auch bei Gefahren in die Sumpfgebiete der Umgebung.

Es gab im 10./11. Jahrhundert einige bedeutende Erzbischöfe, die auch Markt und Siedlung förderten, obwohl ihre Hauptinteressen der großen Politik sowie der Mission im Slawenland und in Skandinavien galten. Erzbischof Adaldag (937–988) nutzte seinen großen Einfluß auf Kaiser Otto den Großen für wichtige Urkunden: 937 wurden dem Erzbischof alle bisher königlichen Rechte u.a. in Bremen übertragen; der Ort wurde nun für lange Zeit erzbischöflich. 965 erhielt der Erzbischof erneut das Recht, einen Markt einzurichten, Münzen zu prägen und Zoll zu erheben. Der Markt sollte unter Königsbann stehen, und die Kaufleute genossen königlichen Schutz. Die Urkunde spricht von einer Neugründung des Marktes, so daß man vermuten kann, daß der Markturkunde von 888 kein dauerhafter Erfolg beschieden war. Ob nun aber die Urkunde von 965 zu einem blühenden Marktbetrieb führte, wissen wir nicht; doch wurde die Markturkunde von Kaiser Otto III. 988 und von Kaiser Heinrich II. 1003 erneuert. Es folgte dann 1035 die Urkunde Kaiser Konrads II. für Erzbischof Bezelin, in der zwei Jahrmärkte – sieben Tage vor Pfingsten und sieben Tage vor dem Willehadsfest vom 8. November – konzessioniert wurden, wobei im Herbstmarkt der Ursprung des späteren Freimarkts zu sehen ist. Ob sich alle diese Urkunden auf einen blühenden Markt bezogen oder nicht vielmehr einem Prestigebedürfnis des Erzbischofs entsprangen, muß offenbleiben. Man darf aber annehmen, daß auch die Siedlung an der Weser vom Bischofssitz profitierte.

Der Ausbau des Doms markierte diesen Fortschritt: Dem Holzbau Bischof Willehads von 789, der aber wohl schon 792 wieder zerstört wurde, folgte um 806 ein neuer – immer noch recht kleiner – Steindom. Erzbischof Ansgar (845–865) ließ dann vor 860 einen Dom mit Vorhalle und Apsis bauen, in dem er die Reliquien Bischof Willehads bestatten ließ. Erzbischof Adalgar (888–909) ließ eine Michaeliskapelle am Dom anbauen. Im 11. Jahrhundert setzte dann der Ausbau zu einer großen romanischen Basilika ein. 1041 brannte der Dom mit dem Domstift, in dem auch die Bibliothek und der Kirchenschatz verwahrt wurden, größtenteils ab; Erzbischof Bezelin (1035–1043) begann sofort mit dem Neubau nach dem Vorbild des Kölner Doms.

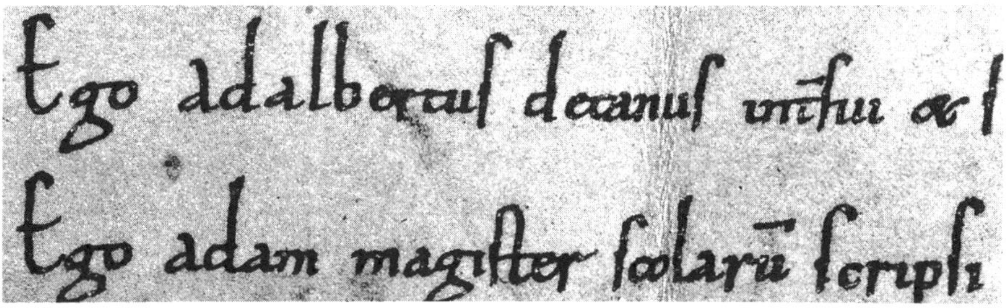
Ego adalberous decanus interfui et
Ego adam magister scolarū scripsi

Eine vom Geschichtsschreiber Adam von Bremen 1069 geschriebene Urkunde mit seinem eigenhändigen Namenseintrag.

Nun aber setzte jene Zeit ein, über die wir durch das Geschichtswerk des Bremer Domscholasters Adam besonders gut unterrichtet sind. Adam stammte aus dem Fränkischen und kam etwa 1066 nach Bremen. Er trug alles zusammen, was die Geschichte der Bischöfe und Erzbischöfe dokumentierte; das vierte Buch seines 1075 abgeschlossenen Werkes enthält die Geschichte der bremischen Missionsgebiete im Slawenland und in Skandinavien. Das dritte Buch bringt die Lebensbeschreibung des hochadligen Erzbischofs Adalbert (1043–1072), den Adam selbst noch kennengelernt hatte. Adalbert war äußerst ehrgeizig und lebte über die Verhältnisse seines armen Erzbistums. Er förderte die Mission in Skandinavien und östlich der Elbe, wollte für Bremen ein nordisches Patriarchat schaffen, um die Verselbständigung eines dänischen Erzbistums zu verhindern. Vor allem aber suchte er am Kaiserhof entscheidenden Einfluß zu gewinnen: Er war Berater Kaiser Heinrichs III., mit dem er auch nach Italien zog; 1062–66 und 1069–72 war er Erzieher und Berater König Heinrichs IV. Adalbert nutzte seine Stellung zu einer Fülle kaiserlicher Privilegien für das Erzstift. Seinem Prestigebedürfnis entsprach es auch, daß er den Dombau mit großem Aufwand förderte. Es entstand eine Basilika, die bereits die Länge des heutigen Doms hatte.

Seine ehrgeizige Politik brachte aber auch Gefahren mit sich: Um den Dombau zu fördern und Steine zu bekommen, ließ er die Mauer der Domburg und sogar das Domstift abreißen. Der Dombereich hatte nun eine ungesicherte Lage, und die Domkanoniker waren unzufrieden. Westlich – außerhalb des Dombezirks – entstand auf dem Marktplatz anstelle der alten Veitskapelle die Liebfrauenkirche, die auch Pfarrkirche für die Siedlung Bremen wurde.

Der Erzbischof aber geriet in eine immer schwierigere Lage. Eine rücksichtslose Steuererhebung schädigte die Wirtschaft. Der nordwestdeutsche Adel stand der wachsenden Macht des Erzbischofs mißtrauisch und zum Teil feindlich gegenüber. Am Kaiserhof bildete sich eine Opposition des Hochadels, die den Erzbischof 1066–1069 ausschaltete.

Bischof Willehad mit dem Modell des Bremer Doms in einer Chronik des 17. Jahrhunderts. Es handelt sich um kein Porträt; der Bischof ist als barocker Kirchenfürst mit Mitra und Krummstab dargestellt.

Ein Schiff von 808 wird geborgen. Es war ein großes flaches Binnenschiff, wie es damals auf der Weser wahrscheinlich üblich war. Im Hintergrund sieht man die Betonwand des in Bau befindlichen Scandic Crown Hotels an der Wacht-/Martinistraße. Foto 1989

Der letzte der großen Bremer Erzbischöfe, die in der Reichspolitik eine entscheidende Rolle spielten, war Liemar (1072–1101), der aus Bayern stammte, das Vertrauen Kaiser Heinrichs IV. hatte und dem der Scholaster Adam 1075 sein großes Geschichtswerk über die Bremer Erzbischöfe widmete. Liemar stand im großen Investiturstreit zwischen Kaiser und Papst treu zum Kaiser, den er 1077 auch zum Fußfall in Canossa und 1081/83 nach Rom begleitete. 1088 geriet er in die Gefangenschaft sächsischer Grafen und mußte sich freikaufen. 1091 dürfte er größere Baumaßnahmen am Dom durchgeführt haben: Auf einer Bleiplatte, die in seinem Grabe gefunden wurde, wird er sogar „Erbauer" des Doms genannt.

Bremen als Handelsplatz – Hafen und Siedlung im 11./12. Jahrhundert

Was nun die Siedlung Bremen anbetrifft, so wurde der Markt in guten Zeiten von zahlreichen Kaufleuten aufgesucht, doch gab es auch Krisen, die – nach Adam von Bremen – durch die rücksichtslosen Zoll- und Steuereinnehmer Erzbischof Adalberts verursacht worden sein sollen. Man wird aber vermuten dürfen, daß sich um die Liebfrauenkirche, die „Marktkirche" genannt wurde, ein Markt mit Buden und Holzhäusern entwickelte, die sich nach Süden bis zur Balge und Weser erstreckten, wo sich die Anlegestellen für die Schiffe befanden. Vierzehn Meter unter dem heutigen Straßenniveau fand man Anfang 1992 auf der Schlachte nahe der heutigen Bürgermeister-Smidt-Straße die Reste eines gekenterten Schiffes, dessen Typ der Übergang vom Einbaum zur Kogge darstellte und auf die Zeit um 1100 datiert wird. Dom, Markt und Siedlung an der Langenstraße waren die Keimzellen der „Stadt Bremen". Man muß aber davon ausgehen, daß die Einwohner dieser Zeit vom Erzbischof und seinen Vögten abhängig und noch keine freien Bürger waren. Wir wissen nicht, wie weit die Differenzierung in Ständen fortgeschritten war, ob etwa bereits einige Kaufleute sich nach Vermögen und Ansehen über die anderen Einwohner erhoben und eigene Gilden bildeten.

Binnenkolonisation und Entwicklung zur „Stadt" im 12./13. Jahrhundert

Es ist wahrscheinlich, daß sich die Erzbischöfe der ersten Jahrzehnte des 12. Jahrhunderts, vor allem Friedrich (1104–1123), stärker um den Innenausbau des Erzstifts als um den Reichsdienst und die Mission kümmerten, zumal die „nordische Mission" durch die Gründung des Erzbistums Lund 1104 verlorenging. Erzbischof Friedrich ist besonders dadurch bekannt, daß er 1106 eine Urkunde für holländische Siedler ausstellte, die musterhaft für mehrere Siedlungen der nächsten Jahrzehnte wurde: Die freien Siedler erhielten Hufen zugeteilt, wurden in den Abgaben begünstigt, erhielten eine eigene Kirche und ein eigenes Gericht. Die Urkunde Friedrichs gibt den Ort der Siedlung nicht an; vielfach wurde angenommen, sie habe das im Hollerland bei Bremen gelegene Kirchspiel Horn begründet; doch ist auch vermutet worden, die Siedlung von 1106 habe in den Elbmarschen gelegen. Die Frage muß offenbleiben. Sicher ist aber, daß in den folgenden Jahrzehnten in den Marschen bei Bremen neue Siedlungen angelegt wurden, für die zwischen 1142 und 1201 mehrere Urkunden überliefert sind: im Stedingerland, im Niedervieland, im Neuenland und im Hollerland. Diese Siedlungen waren in doppelter Hinsicht für den Ort Bremen von Bedeutung: Seine wirtschaftliche Mittelpunktslage gewann an Bedeutung, und die relativ freie Verfassung der Dörfer gab manche Anregung für die Gestaltung der Stadtverfassung.

Die seit etwa 1139 dichter fließende Überlieferung macht auch deutlich, daß die Siedlung Bremen erheblich wuchs: Schon Erzbischof Adalbert hatte in Bremen drei neue Propsteien gegründet: St. Wilhadi, St. Stephani und St. Pauli. Zwei von ihnen wurden Jahrzehnte später neu gegründet: Bei der Wilhadikapelle südlich vom Dom bestand ein kleines Kollegiatstift (mit Weltgeistlichen), das 1139 auf einen Dünenhügel westlich von Bremen verlegt wurde; dort hatte sich bereits eine kleine Siedlung entwickelt, für die das Stift die Pfarrechte übernahm. Die Propstei St. Pauli, die offenbar östlich von Bremen auf einer Dünenhöhe ein kümmerliches Dasein gefristet hatte, wurde 1131/32 durch die wesentliche Hilfe eines Adligen namens Trutbert zu einem Benediktinerkloster umgewandelt. Die Schutzvogtei übernahm ein anderer Förderer: Graf Gerbert von Versfleth. Das Paulskloster entwickelte sich zum reichsten Kloster des Bremer Raums.

Die Stadtgemeinde formiert sich im 12./13. Jahrhundert

Und nun beginnen auch die Zeugnisse dafür, daß es einen Stand der Bürger mit einem – sicher nicht ganz einheitlichen – Gesamtinteresse gab. 1139 wurde St. Stephani auf Wunsch der „Bremer Bürger“ Pfarrkirche; die „Bremer Bürger“ versprachen auch, zu ihrer Unterhaltung beizutragen. Es ist ferner davon die Rede, daß der Dompropst das geistliche Gericht „in der Stadt“ hatte. Solche Formulierungen sind nur verständlich, wenn es bereits einen geschlossenen Siedlungs- und Wirtschaftsraum mit besonderen Rechtsverhältnissen gab, der als „Stadt“ bezeichnet werden kann.

In dieser Zeit herrschten schwierige politische Verhältnisse die sicher eine kontinuierliche Weiterentwicklung städtischer Freiheiten behinderten, gelegentlich aber auch förderten. Sehr bald legte sich der Schatten Heinrichs des Löwen, des machtbewußten Sachsenherzogs, über Bremen. 1139, also in dem Jahr, in dem Bremer Bürger zum ersten Mal genannt wurden, kam es zum Streit zwischen dem Askanier und Herzogsprätendenten Albrecht dem Bären und den Beratern des noch unmündigen Welfen über das Herzogtum Sachsen. Um seine Rechte zu beanspruchen und sich huldigen zu lassen, erschien Albrecht am 1. November in Bremen auf dem Wilhadimarkt, der wohl mit einem Gerichtstermin verbunden war; er mußte aber sehr bald wieder weichen. Das ist das erste Mal, daß wir von einem tatsächlich existierenden Marktbetrieb in Bremen erfahren. 1142 wurde Heinrich der Löwe als Herzog von Sachsen anerkannt, doch 1148 wurde Hartwig I., ein Gegner Heinrichs, zum Erzbischof von Bremen gewählt. Er lehnte sich eng an den Kaiser an, der es aber zunächst nicht mit dem Herzog verderben wollte. Der Erzbischof und andere Gegner Heinrichs nutzten dessen Abwesenheit in Italien 1154 zu einem Aufstand. Jetzt war es der zurückgekehrte Herzog, der 1155 auf dem Wilhadimarkt in Bremen erschien und einen Gerichtstag abhielt. Der Erzbischof wurde nun völlig ausgeschaltet, und Heinrich beherrschte durch seine Vögte auch die Stadt Bremen, die er offenbar förderte und der er vielleicht ein Stadtrecht verlieh.

Eine Urkunde von 1157 nennt dann zum ersten Mal einen Bremer Bürger namens Eckehard, der in der Obernstraße wohnte und bei dessen Haus der Stadtwall verlief. Offenbar hatte die „Stadt" in dieser Zeit also schon eine Befestigung. Zwei Jahre später zeigte sich dann, daß die Bürger eine Gemeindeweide besaßen, gegen deren Einengung sie sich beim Erzbischof beschwer-

Heinrich der Löwe auf der Grabplatte des Blasius-Doms in Braunschweig, um 1250.

ten. Ein derartiger Vorgang setzt einen Ausschuß voraus, der die Verhandlungsführung für die Bürger übernahm. In der gleichen Urkunde wird zudem deutlich, daß es in der Stadt einen Stadtvogt und einen Untervogt gab.

1167 kam es wieder einmal zu einem Adelsaufstand gegen Herzog Heinrich den Löwen. Graf Christian von Oldenburg, einer der Gegner, marschierte in Bremen ein und fand die Zustimmung der Bürger. Doch kurze Zeit später rückte der Herzog an; der Oldenburger Graf zog sich zurück, die Bürger aber flohen in die Sümpfe. Die Stadt wurde geplündert und mußte eine hohe Strafsumme zahlen. Die Macht des Herzogs war nun drückender als je zuvor. Eins aber ist wichtig: Wir begegnen einer politisch handelnden Gemeinde, deren Zahlungsfähigkeit vom Herzog sehr hoch eingeschätzt wurde.

Im Westen wurde die Stadt etwa im Verlauf der späteren Papen- und Pieperstraße von einem Wall begrenzt. Die Wachtstraße war als Damm ausgebaut und führte zu einer Fähre.

Einen wesentlichen Einschnitt in die politische Entwicklung bildete der Sturz Heinrichs des Löwen 1180. Nun konnten auch in Bremen seine ehemaligen Gegner zum Zuge kommen; Erzbischof Siegfried, ein Askanier, förderte diese Partei und war ausgesprochen kaufmannsfreundlich: Er überließ den Bürgern gern einige den Handel belastende Abgaben: Die „Hanse", eine Schutzgebühr, und den „Sleischat", einen Anlegezoll für Schiffe.

Siegfrieds Nachfolger, Erzbischof Hartwig II., war eine schillernde Persönlichkeit, die zwischen Staufern und Welfen hin und her schwankte, in dessen Amtszeit jedoch das erste überlieferte Bremer „Stadtrecht" von 1186 fällt. Der Erzbischof vermittelte es; es handelte sich um das Gelnhauser Privileg Kaiser Friedrich Barbarossas, das der Stadt wesentliche Rechte verbriefte. Zum ersten Mal findet sich hier eine Behauptung, die die Stadt Jahrhunderte hindurch immer wieder vertrat: Schon Karl der Große habe der Stadt Freiheitsrechte verliehen, und so steht es heute noch auf Rolands Schild. Strittig ist bis heute, ob der Inhalt des Privilegs nicht vielleicht auf eine ähnliche Urkunde Heinrichs des Löwen von 1155 zurückging. Im einzelnen wurde u. a. bestimmt, daß Leibeigene, die Jahr und Tag unangefochten unter Weichbildrecht (Stadtrecht) in Bremen gelebt hatten, frei sein sollten. Andere Bestimmungen legten eine Begünstigung der Bürger im Besitz- und Erbrecht fest. Ein umfassendes Stadtrecht war das nicht; doch ist es eine historisch wichtige Tatsache, daß ein Kaiser der Stadt und ihren Bürgern ein Privileg verlieh und damit als Rechtskörperschaft anerkannte. Zwei Jahre später unterstützte der Kaiser die Stadt, als sie sich gegen eine Steuererhebung des Erzbischofs auflehnte. Und als sich Hartwig II. 1190 auf die welfische Seite gegen den Kaiser stellte, trugen die Bürger zu einer Vertreibung des Erzbischofs bei und wurden dafür von Kaiser Heinrich VI. mit den erzbischöflichen Einkünften in der Stadt belohnt. Diese Unterstützung durch den Kaiser erklärt auch, daß die Bremer 1190 drei Schiffe für den 3. Kreuzzug ausrüsteten. Während der Belagerung von Accon stellten sie mit den Lübeckern Koggensegel zur Errichtung eines Zeltspitals zur Verfügung, das später vom Deutschen Ritterorden übernommen wurde. Das führte dann zur Behauptung, die Bremer hätten zu den Gründern des Deutschen Ritterordens gehört.

Im jahrzehntelangen Konflikt zwischen Staufern und Welfen gelang es der Stadt also, ihren Einfluß erheblich zu stärken und sich vor allem von der Herrschaft des Erzbischofs zu lösen, wobei der Stadtvogt, der an sich die Interessen des Erzbischofs vertreten sollte und Vorsitzender des Stadtgerichts war, sich bisweilen auf die Seite der Bürger stellte.

Die Festigung einer sich selbstverwaltenden Stadtgemeinde wird immer deutlicher: Es entstand statt des Walls eine Stadtmauer, die freilich die Stephanisiedlung noch ausschloß. In der Stadt selbst bauten sich die führenden Familien steinerne Wohntürme, um bei inneren Unruhen und Feuersbrünsten sicher zu sein. 1206 wurden 16 Bürger als Sprecher der Stadtgemeinde genannt; man darf in ihnen bereits Ratsherren sehen. Es ist aber auch behauptet worden, es habe sich um einen Sechzehnerausschuß der Gemeinde gehandelt, der auch später neben dem Rat weiterbestand. 1217 ließ sich die Stadt vom Erzbischof alle Rechte, die sie in den letzten Jahrzehnten erworben hatte, bestätigen. Zum ersten Mal sind nun auch Handelsvorrechte Bremer Kaufleute im „Ausland" überliefert: 1213 und 1224 in England, 1220 im Harlingerland, 1228 in Dänemark, 1229 im Fürstentum Smolensk (Rußland), 1237 im Rüstringerland.

In dieser Zeit hatte auch bereits die Auseinandersetzung der Bürger mit dem Erzbischof über eine freie Schiffahrt auf der Weser begonnen: 1220 soll Erzbischof Gerhard II. bei Farge die Witteborg gebaut haben, um die Schiffahrt zu kontrollieren, und die Weser mit Pfählen und einer Kette gesperrt haben. Die Pfähle aber wurden von den Bürgern mit Schiffen herausgezogen und dadurch die Sperre beseitigt. In einem Vergleich versprach die Stadt dem Erzbischof für den Verzicht auf die Witteborg ihre Unterstützung beim Bau der gegen den Herzog von Braunschweig-Lüneburg gerichteten Burg Langwedel oberhalb Bremens. 1225 erhielten die Bremer vom Erzbischof Zollfreiheit in Bremervörde, das am Wege nach Stade und Hamburg lag.

Ein Abschluß dieser Entwicklung zeichnet sich um 1225 ab: In diesem Jahr wurde der Rat zum ersten Mal genannt. Aus etwas späteren Zeugnissen ist zu entnehmen, daß die Ratsherren zunächst für ein Jahr von den Bürgern gewählt wurden und daß auch Handwerker Mitglieder des Rats werden konnten. 1229 wird zum ersten Mal ein Ratshaus genannt; es befand sich an der Obernstraße zwischen Liebfrauenkirchhof und Sögestraße, also direkt am damaligen Marktplatz; angelehnt waren Gewandschneiderbuden.

Unbestreitbar formierte sich die „Stadt“ als Wirtschafts- und Rechtskörper und als abgehobenes Siedlungsgebilde in der 2. Hälfte des 12. Jahrhunderts. In dieser Zeit wird auch eine ständische Differenzierung sichtbar. Es wird sich zeigen, daß die Entwicklung nicht geradlinig weiterging, sondern Brüche aufwies.

Die Stadt wächst – Bau von Kirchen, Klöstern und Kapellen im 12./13. Jahrhundert

Die Verdichtung und Erweiterung der Siedlung werden in dieser Zeit nicht nur in der Errichtung der Stadtmauer, sondern auch in der Gründung mehrerer kirchlicher Einrichtungen deutlich. 1185 wurde das Ansgariikapitel gegründet und mit den Einkünften eines Armenhauses sowie mit der Wilhadikapelle südlich vom Dom ausgestattet. Um 1220 erhielt das Kapitel auch noch die am Ende des 12. Jahrhunderts vom Bremer Bürger Gerhard von der Kemenade gestiftete Jacobikapelle. Das Kapitel entwickelte immer größeren Ehrgeiz, forderte Pfarrechte in Bremen und wünschte sich einen großen Kirchenbau. Das führte 1229 zu einer neuen Einteilung der Pfarrsprengel. Bisher waren die Liebfrauenkirche und St. Stephani die einzigen Pfarrkirchen. Das Anwachsen der Stadt forderte zusätzliche Sprengel: St. Ansgarii erhielt den mittleren Teil der Altstadt, St. Martini die zwischen Weser und Balge gelegene Insel, die also in jener Zeit bereits besiedelt gewesen sein muß. Beide Gemeinden erhielten nun ansehnliche Kirchenbauten. 1225 bildeten die Dominikaner im Katharinenkloster in der Sögestraße eine Niederlassung; es folgten 1220/30 die Franziskaner mit dem Johanniskloster an der Balge und um 1230 der Deutsche Ritterorden mit einer Komturei und dem Heiliggeisthospital beim Ostertor. Es sei noch darauf hingewiesen, daß jetzt auch schon herausgehobene bürgerliche Bauwerke genannt wurden: 1238 die Buden der Knochenhauer, ein Holzhaus der Pelzer und ein Steinhaus des reichen Bürgers Alard von Walie sowie 1242 mehrere Häuser am Markt.

Die Stedingerkriege 1229–34 und ihre Folgen für die Stadt

Politisch bedeutsame Jahre brachten die Stedingerkriege Gerhards II., an denen sich die Stadt beteiligte. Bremen war insofern betroffen, als die streitbaren Stedinger einen großen Teil der Unterweser beherrschten. Zunächst hielt sich die Stadt vorsichtig zurück, zumal der Erzbischof 1229 gegen die Stedinger eine schwere Niederlage erlitt. Erst nach langen politischen und militärischen Vorbereitungen sowie einer intensiven Kreuzzugspropaganda konnte der Erzbischof den letzten Angriff wagen, und jetzt gab auch die Stadt ihre

Bauern (links) gegen Ritter: Die Stedingerschlacht von Altenesch 1234 in einer Miniatur der sächsischen Weltchronik.

Neutralität auf. 1233 ließ sie sich zur Belohnung vom Erzbischof zahlreiche Rechte bescheinigen: die Aufhebung unberechtigter Zölle im Erzstift, die Abschaffung geringwertiger Münzen, Abgabenfreiheit vom Landbesitz bremischer Bürger, die Befreiung der Kaufleute von der Heerfolge, die Anerkennung von Stadtbesitz und Stadtrecht, ein Verbot des Burgenbaus an der Weser von Hoya bis zur Flußmündung, die Überlassung eines Drittels der in Stedingen zu konfiszierenden Güter und eine Rechts- und Militärhilfe gegen Raubritter. Die Bremer stellten nun Schiffe für den Transport des Kreuzfahrerheeres, das die Stedinger 1234 entscheidend schlug. Wieweit die Stadt nun tatsächlich einen Teil der Beute erhielt, ist unbekannt. Sicher ist aber, daß Gerhard II. nach dem Sieg über die Stedinger zunächst ein gutes Verhältnis zur Stadt Bremen hatte.

Für die Aufwertung städtischer Selbstverwaltung nach dem Stedingerkrieg gibt es mehrere Zeugnisse: Seit 1234 führte die Stadt ein eigenes Siegel, seit 1238 sind städtische Urkunden bekannt. Wir müssen auch davon ausgehen, daß der Rat sich in dieser Zeit selbst ergänzte, die zwölf Ratsherren also nicht mehr von den Bürgern jährlich gewählt wurden. Noch konnten aber die Handwerker Ratsherren werden. 1246 gab es einen Rückschlag: Wahrscheinlich übte der Erzbischof erheblichen politischen und militärischen Druck aus, der Rat und Gemeinde schließlich veranlaßte, den in Lesum vorgelegten „Gerhardischen Reversalen“ am 31. Juli 1246 zuzustimmen. Bremen mußte ein soeben eingeführtes Stadtrecht abschaffen; die Rechte des erzbischöflichen Stadtvogts wurden gestärkt, die Herausnahme der erzbischöflichen Dienstmannen aus der städtischen Gerichtsbarkeit sowie die Abschaffung von Handwerksämtern und von neuen Maßen verfügt. Rat und Stadtvogt erhielten jedoch die Gerichtsbarkeit über Marktsachen. Besonders wichtig war, daß die Selbstergänzung des Rates wieder abgeschafft und eine jährliche Neuwahl des Rates durch alle Bürger verfügt wurde.

Die Echtheit der „Gerhardischen Reversalen“ wurde früher bestritten, heute hält man sie für echt; doch läßt sich beobachten, daß sie die Entwicklung der Stadtgemeinde nicht wesentlich einschränkten. Die Stadt benutzte ihr Siegel weiterhin, sie stellte auch Urkunden aus. Die Repräsentationsformel der Gemeinde lautete in dieser Zeit „Vogt, Rat und Bürger“.

Blüte im 13. Jahrhundert

Ein Teil des Reichtums der Stadt Bremen kam sicher aus dem Handel – nicht nur aus dem Seehandel, sondern auch aus dem Binnenhandel auf der Weser und ihren Nebenflüssen. Manche Urkunden zeigen, daß Bremer Kaufleute in England und den Niederlanden, in Flandern, Westfalen, Oldenburg, Wursten, Hamburg, Dänemark und Norwegen Handel trieben. Er verlief nicht ohne Konflikte. In dieser Zeit muß Bremen auch der Hanse nahegestanden haben, was vor allem in Skandinavien von Nutzen gewesen sein dürfte. Als die Seestädte in der Ostsee einen Boykott Norwegens beschlossen, handelten Bremer Kaufleute dort freilich weiter, was 1285 zum Ausschluß Bremens aus dem Städtebund führte. Norwegen war für Bremen vor allem wegen des Heringsfangs von Bedeutung.

Die Schiffahrt auf der Weser blieb immer durch feindliche Anlieger gefährdet. Bremen ließ sich daher 1260 von Erzbischof Hildebold und dem Grafen von Oldenburg bestätigen, daß am Ufer der Weser keine Burgen angelegt werden durften.

Dabei ist erstaunlich, daß keine Quelle über die Hafenanlagen in der Stadt spricht. Wir sind daher auf Vermutungen angewiesen. Ein Nebenarm der Weser, die Balge, berührte die Langenstraße und das Südende des Marktes, wo sich eine Landestelle befand; die Balge war aber vermutlich nur für Kähne schiffbar. Größere Schiffe mußten am Weserufer ankern; hier gab es noch keine Kaimauer. Die Schlachte, der Landeplatz, bestand aus angeschwemmtem Sandland, das durch eingeschlagene Pfähle gesichert und 1247 vom Erzbischof für die Aufsiedlung freigegeben wurde. Bemerkenswert ist auch, daß 1244 zum ersten Mal eine Weserbrücke genannt wurde.

Ältestes Siegel der Stadt Bremen von etwa 1238: Bischof Willehad (links) und Karl der Große halten das Dommodell, darunter Zinnen und Tor einer Stadtmauer.

Selbstbehauptung in der „kaiserlosen" Zeit am Ende des 13. Jahrhunderts

Das Verhältnis zwischen der Stadt und dem Erzbischof Hildebold (1258 bis 1273) war schwierig, zumal die Stadt bei der chaotischen Bischofswahl 1258 nicht eindeutig für den letzten Endes erfolgreichen Hildebold eintrat. Dieser bestätigte zwar zunächst die Rechte der Stadt; doch 1261 brach offenbar eine Fehde aus, als der Erzbischof an der Weser die Burg Versfleth bei Farge baute. Die Stadt verbündete sich gegen ihn mit dem Grafen von Oldenburg und den Rüstringer Friesen; die Burg wurde zerstört. In der folgenden Zeit schloß Bremen zur Wahrung seiner Interessen immer wieder Bündnisse, auch gegen den Erzbischof, der formal noch der Stadtherr war.

Es war die Zeit des Interregnums, eine „kaiserlose" Zeit, als der Machtkampf der Fürsten und großen Städtebünde das politische Bild Nord- und Westdeutschlands prägte. Erzbischof Giselbert von Brunkhorst (1274–1306) war ein ehrgeiziger Fürst, der nicht zögerte, auch militärische Macht zur Durchsetzung seiner Interessen einzusetzen. Zur Stadt Bremen hatte er ein sehr gebrochenes Verhältnis. Der gefährlichste Konflikt brach offenbar 1277 aus: Ein Diener des Erzbischofs hatte einen Bremer Goldschmied verwundet und sich dann in das erzbischöfliche Palatium neben dem Dom geflüchtet. Eine Bürgergruppe drang ins Gebäude ein, fing den erzbischöflichen Diener, plünderte das Inventar und verbrannte schließlich das Palatium. Erzbischof Giselbert verließ zwar die Stadt, die Bürger baten nun demütig um Verzeihung und trugen zur Errichtung eines neuen Palatiums bei. Die wiederhergestellte Gunst des Erzbischofs wurde vor allem 1281 deutlich, als er dem Rat die Erledigung aller „weltlichen Dinge" in der Stadt überließ – ein Vorrecht, das im Laufe der Zeit immer wieder unterschiedlich ausgelegt wurde. 1295 finden wir Bremen im Bündnis mit Rüstringen in einer Fehde gegen das Landwürden an der Unterweser, und 1301 schlossen Bremen und der Erzbischof einen Vertrag über die Befriedung des Unterwesergebietes.

Soziale Spannungen – Das Stadtrecht von 1303

Die rasche Entwicklung Bremens führte zu mancherlei sozialen Spannungen. Man wird von vier großen, das Wirtschaftsleben bestimmenden Gruppen ausgehen können: 1. den Fernhandelskaufleuten, zu denen man auch die Gewandschneider zählen kann, 2. den Eigentümern von Ländereien und Renten, die zum Teil dem erzstiftischen Adel entstammten, 3. den Detailkaufleuten, Krämern, Gastwirten, Brauern usw. sowie schließlich 4. den Handwerksmeistern. Die Unterschicht mit Fuhrleuten, Tagelöhnern, Handwerksgesellen, Armen usw. war im politischen und wirtschaftlichen Leben ohne Mitbestimmungsmöglichkeiten.

Überraschend ist es, daß sich unter den Ratsherren nur wenige Personen, die in der Hauptsache Fernhandelskaufleute waren, befanden. Das mag damit zusammenhängen, daß die Kaufleute noch mit ihren Waren reisten, jedenfalls oft abwesend waren, während das Ratsherrenamt die Anwesenheit in der Stadt verlangte.

So waren es denn vorwiegend Grundeigentümer und Renteninhaber, die die Mitglieder des sich selbst ergänzenden Ratskollegiums stellten. Sie waren in Bremen präsent und hatten große Vermögen. Einige von ihnen entstammten dem niederen Adel, waren aber verbürgerlicht.

Die vielgestaltige untere Händlerschicht, die vor allem im Regional- und Detailhandel tätig war und den Marktbetrieb beherrschte, war eine wesentliche Stütze städtischer Wirtschaft, aber keine geschlossene Interessengruppe und auch ohne großen politischen Einfluß.

Anders die Handwerker, die eine große Schicht darstellten, wobei größere Handwerke durchaus von politischem Gewicht waren und auch einige Ratsherren stellten. 1274 ist zuerst überliefert, daß die Schuhmacher in der Form einer Brüderschaft organisiert waren. Für 1300, 1305 und 1308 sind dann für

Riemenschneider, Schuhmacher und Lohgerber, 1314 für Schmiede, 1339 für die Kramer Ratsprivilegien überliefert, die „Ämter" („Zünfte") bestätigten oder konstituierten. Es wurde festgelegt, daß die Meister das Bürgerrecht besitzen und sich durch eine Gebühr an den Rat und an das Amt einkaufen müßten. In Morgensprachen wurden Zunftangelegenheiten verhandelt. Es gab Bestimmungen über Gesellen und Lehrlinge sowie über die Warenqualität. Nach und nach wurden die Ämter festgefügte Gemeinschaften mit Alt- und Jungmeistern, sozialen Aufgaben, gemeinsamen Feiern usw. „Zunfthäuser" gab es in dieser Zeit noch nicht; man tagte wohl in Kirchen, Kapellen und Gasthäusern. Sehr bald wurden politische Ansprüche erhoben, die sich bis zur Beteiligung an Aufruhr gegen den Rat steigern konnten.

Offenbar bildete sich im Laufe des 13. Jahrhunderts eine Schicht von herrschenden Familien, die man „Geschlechter" nannte. Es handelte sich dabei vor allem um Grund- und Rentenbesitzer, die zum Teil aus dem erzbischöflichen Dienstmannenadel stammten. Eine verbreitete Unruhe und Rechtsunsicherheit mögen dazu geführt haben, daß das Bedürfnis nach einem kodifizierten Stadtrecht laut wurde, wobei das geltende Recht und zahlreiche Bestimmungen des Hamburger Stadtrechts von 1270 zugrunde gelegt wurden. Der Beschluß ging 1303 vom Rat aus, der die Zustimmung der „menen stat", also der Bürgerschaft, einholte. Es traten dann noch 16 Vertreter der Stadtviertel bzw. Kirchengemeinden hinzu. Auffallend und bezeichnend ist, daß der Erzbischof überhaupt nicht beteiligt war. Das Stadtrecht erfaßte nicht nur allgemeine Verfassungsbestimmungen, etwa über den Rat und das Bürgerrecht, sondern alle Bereiche des Zivil- und Strafrechts, zudem zahlreiche Bestimmungen über Handel und Gewerbe sowie über die öffentliche Ordnung, so daß der Text umfassende Auskunft über das Leben in der Stadt Bremen um 1300 gibt. In den folgenden Jahrzehnten wurden zahlreiche Ergänzungsartikel hinzugefügt.

Die Vertreibung der „Geschlechter" 1304 – Fehden 1305–44

Zunächst schien es, daß das Stadtrecht von 1303 seine friedenstiftende Funktion nicht erfüllen konnte. Wenn wir der Bremer Chronik glauben dürfen, trieb der Mutwillen der „Geschlechter" gerade in dieser Zeit einem Höhepunkt zu. Vor allem die jüngeren Angehörigen begingen Gewalttaten; u. a. ermordeten sie 1304 ein Mitglied der Oberschicht, Arnd von Gröpelingen, in seinem Wohnturm an der Langenstraße. Es kam nun zu einem Aufstand „anständiger" Ratsherren und Bürger gegen die „Geschlechter", die 1304 aus der Stadt vertrieben wurden.

Am Ende dieses Jahres wurde nun eine neue Ratsordnung eingeführt: Hatte es bis 1288 noch zwölf Ratsherren – drei aus jedem Viertel –, seit 1289 vier-

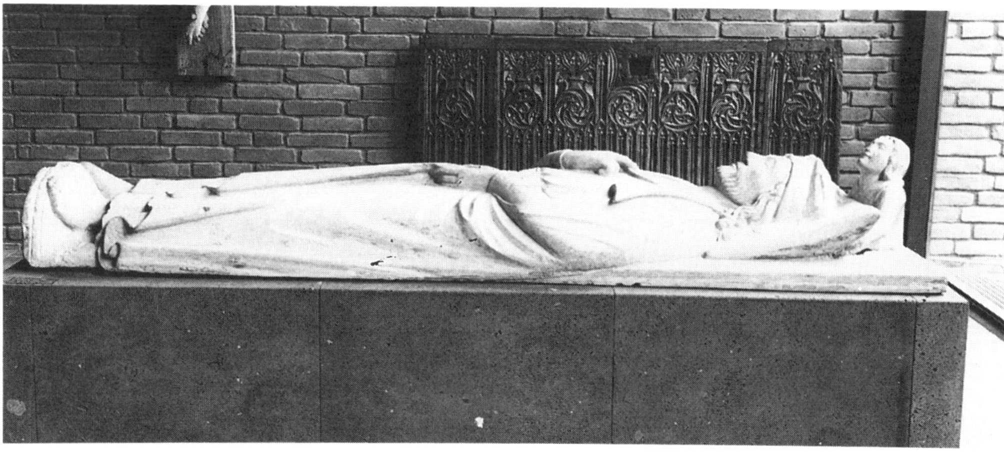

Grabplatte des Arnd von Gröpelingen, der 1304 erschlagen wurde; früher in der Ansgariikirche, jetzt im Focke-Museum. Foto 1966.

zehn Ratsherren gegeben, die jährlich wechselten, aber im allgemeinen nach drei oder vier Jahren in den Rat zurückkehrten, wählte man nun 36 Personen, neun aus jedem Viertel, von denen zwölf im dreijährigen Wechsel den „sitzenden Rat" bildeten, während die übrigen 24 als „Wittheit" bei wichtigen Beschlüssen herangezogen wurden.

Viele von den 1304 Vertriebenen waren auch außerhalb der Stadt begütert und fanden Bundesgenossen beim Adel. Es kam zu einer Fehde, die u. a. auch die Veranlassung gab, das Stephaniviertel in den Bereich der Stadtmauer einzubeziehen. Es gelang den Bremern 1305, immerhin vierzehn Burgen zu zerstören, mehrere Ritter zu fangen und die Ländereien der Gegner zu plündern. Am 2. April 1305 vermittelte Erzbischof Giselbert einen für Bremen vorteilhaften Frieden.

Die Stadt hatte sich zum ersten Mal als schlagfertige Militärmacht erwiesen, der es nun auch weitgehend gelang, die Bauernschaften an der Unterweser zu veranlassen, die Schiffahrt und den Handel an der Unterweser nicht zu belästigen. Mit mehr oder weniger Druck wurden sie dazu gebracht, Schutz- und Handelsverträge abzuschließen. Wer sich nicht fügte, wie die Rüstringer Friesen 1307, wurde boykottiert oder mit Fehde überzogen. Auch die Fehden mit einzelnen Adelsfamilien rissen nicht ab. Es war eine Zeit, in der der Erzbischof als Ordnungsmacht völlig ausfiel.

In den nächsten Jahren wurde auch manches getan, um die Verkehrsverhältnisse in der Bremer Umgebung zu verbessern, wobei die Niederung links der Weser ein besonderes Problem darstellte. So einigte sich Bremen 1311 mit den Grafen von Delmenhorst zum Nutzen der Kaufleute über den Weg zwischen Bremen und Delmenhorst, wobei die Stadt die Strecke von Bremen bis Huchting übernahm. Wagen, Karren und Fußgänger sollten hier verkehren können. Es handelte sich im Ochtumbereich um den Wardamm, der später von Bremen durch den Warturm geschützt wurde. Der bisherige Weg über das Stadland sollte aufgegeben werden.

Doch was half aller Straßenbau, wenn es keine Sicherheit gab. Bremen schloß in dieser Zeit eine Fülle von Schutz- und Landfriedensbündnisse, suchte aber auch durch Fehden den Handel zu sichern. Bemerkenswert ist, daß die Stadt 1316 sogar vom Grafen von Oldenburg das Landwürden und die Einkünfte des Marktes in Lehe (heute ein Teil von Bremerhaven) als Pfand übernahm; damit begann die Formierung eines stadtbremischen Territoriums. 1325 ist ein großes Landfriedensbündnis mit Beteiligung Bremens überliefert, 1326 verbündete sich die Stadt mit dem Lande Wursten zur Eroberung des Kirchspiels Lehe. 1325 schloß die Stadt einen Freundschaftsvertrag mit den Grafen von Hoya, 1344 einen mit dem Edelherrn von Diepholz. Landfrieden im umfassenden Sinne gab es trotz aller Verträge nicht.

Exklusive Ratsherrschaft um 1330

Im Innern kriselte es auch nach der Vertreibung der Geschlechter 1304. Die Opposition gegen den Rat formierte sich offenbar in Bruderschaften und Gilden, die 1322 ein Auflösungsedikt traf, dessen Wirkung aber wohl nicht von Dauer war. 1327 wurde Borchard Grelle, der Sohn und Bruder Bremer Ratsherren, als Erzbischof gewählt. Die Wahl war von vielen Hoffnungen begleitet, und in der Tat gelang es dem neuen Erzbischof, den Landfrieden durchzusetzen. Schwierigkeiten hatte er mit der Befriedung der Friesen, die erst nach mehreren Jahren gelang.

In dieser Zeit erfahren wir, daß sich der Rat inzwischen wieder zu einer exklusiven Gruppe formiert hatte. Wer Ratsherr werden wollte, mußte frei und ehelich geboren und 24 Jahre alt sein, auch Grundbesitz im Wert von 32 Bremer Mark haben. Das entsprach dem Wert von mehr als 4 kg Silber, für die damals ein Maurermeister ein ganzes Jahr arbeiten mußte. Nach der Wahl mußte der neue Ratsherr 1 Mark von der Stadtschuld ablösen, ein Pferd im Wert von 3 Mark für die Stadt unterhalten und standesgemäß leben. Handwerker durften ihrem Beruf nicht mehr nachgehen, wenn sie Ratsherren wurden. Es überrascht, daß jetzt 114 Ratsherren gewählt wurden, von denen 38, also ein Drittel, ein Jahr lang „regierten". Die Ratsherren blieben lebenslänglich im Amt. Da jahrelang keine Neuwahlen erfolgten, reduzierte sich die Zahl der Ratsherren nach und nach.

1335 fand in Bremen ein großes Fest statt, nachdem im Dom die Reliquien der Arztheiligen Cosmas und Damian wiederentdeckt worden waren. Der Erzbischof „hielt Hof" auf dem Domshof vor dem Palatium, und dort fand ein ritterliches Ringstechen statt, an dem auch die vornehmsten Bremer Bürger teilnahmen. Der Erzbischof erteilte 12 Knappen den Ritterschlag und Bürgermeister Hinrich Doneldey wurde mit Gold und Geschmeide aus einem großen Wasserfaß „herausgeopfert". Aus den Erträgen wurden ein Domturm um zwei Stockwerke erhöht und eine Glocke gegossen. Sicher brachte die Amtszeit von Erzbischof Borchard Grelle für Bremen auf lange Zeit die letzten guten Jahre. Es folgte eine Kette innerer und äußerer Katastrophen, die größtenteils durch soziale Verwerfungen in der Stadt verursacht wurden.

Bremen in der Erzbischofsfehde 1348–50 – Die Pest 1350

Unruhe ergab sich, nachdem Erzbischof Otto I. 1348 gestorben und es dann zu einer Doppelwahl gekommen war: Gottfried von Arnsberg, vorher Bischof von Osnabrück, und Graf Moritz von Oldenburg, der bisherige Bremer Domdekan, waren die Konkurrenten. Der Rat von Bremen stand an sich auf der Seite von Moritz, versuchte aber zunächst neutral zu bleiben und aus dem Bischofsstreit Vorteile zu ziehen. Die inneren Unruhen in der Stadt begannen Anfang 1349 mit einem „Bannerlauf" der Gemeinde, der gegen Mitglieder der Oberschicht gerichtet war. Auslöser war ein nächtlicher Mord auf einer Balgebrücke. Der Täter war ein Casaalbruder, Mitglied einer Gemeinschaft, die ihren Namen von einem Steinhaus in der Langenstraße, der „Casaal", hatte. Bei der Mordklage vor dem Rat kam es zu einem Tumult, Sturmglocken wurden geläutet, man zog zur Casaal und zerstörte sie; einige mächtige Bürger wurden vertrieben.

Der Erzbischofsstreit zog sich lange hin; schließlich gelang es Gottfried von Arnsberg, einige einflußreiche Gemeindemitglieder in Bremen zu gewinnen, die nun mit ihrem Anhang den Rat dazu zwangen, sich auf Gottfrieds Seite zu schlagen. Das führte zu einer Fehde mit Moritz von Oldenburg, der fast alle Burgen des Erzstifts beherrschte und von Ritterhude aus die Umgebung Bremens verwüstete. Erzbischof Gottfried war mehrmals in Bremen; im Januar 1350 bestätigte er die Freiheiten und Rechte der Stadt. Die Bremer versuchten nun im Frühjahr über die Lesum gegen Moritz vorzugehen, bauten zusammen mit Erzbischof Gottfried eine Festung in Burg, legten eine Kriegskogge in die Lesum und stießen plündernd ins Erzstift vor.

Dann aber erreichte die Pest Bremen und forderte, wenn wir einer späteren Aufzeichnung glauben dürfen, mehr als 7000 Todesopfer bei einer Einwohnerzahl von etwa 15000–20000. Das schwächte die Stadt so sehr, daß Moritz von Oldenburg nunmehr mit seinen Verbündeten und 900 Rittern und Kriegsknechten durch das Blockland gegen die bremische Landwehr beim Rembertispital vordringen konnte. Hier erlitten die Bremer unter Carnap von Luneberge eine schwere Niederlage. Moritz zog weiter vor das Ostertor und ließ die dortige Vorstadt beim Paulskloster verbrennen. Die Bremer gaben den Widerstand auf und öffneten das Tor. Die Angreifer zogen jedoch nicht in die Stadt, weil sie sich vor einer Pest-Infektion fürchteten.

Die Gemeinde, die vor wenigen Monaten noch für Gottfried von Arnsberg eingetreten war, veranlaßte nun den Rat, auf die Seite des Moritz von Oldenburg zu treten. Sie erklärte auch, sie wolle sich dem Rat künftig immer unterordnen.

Schon am 13. Juli 1350 vertrugen sich Gottfried, der Erzbischof blieb, und Moritz, der sein Amtmann wurde. Moritz versprach der Stadt sogar, sie gegen alle Friedensbrecher zu unterstützen. Doch der Friede war nicht von Dauer.

Die Hoyaer Fehde 1351–59 – Der Zwangseintritt in die Hanse 1358

Noch 1351 verbündete sich die Stadt mit den Grafen von Hoya, sehr bald aber begannen Konflikte mit ihnen, als die Grafen einige nach Bremen eingewanderte Eigenleute zurückforderten. Wieder war es die Gemeinde, die sich gegen den Rat stellte und die Fehde mit den Grafen wagen wollte. Die Stadt verbündete sich nun 1356 mit dem Erzstift und dem Domdekan Moritz von Oldenburg und baute Befestigungen in Lunsen und Jebel, um von dort aus Thedinghausen anzugreifen. Auch die Grafen von Hoya gewannen mächtige Bundesgenossen. Bremen warb Söldner und machte das Landvolk mobil. Das Bremer Kontingent zog bei Verden über die Aller, wurde aber 1357 von den Hoyaischen vernichtend geschlagen; viele Ratsherren und reiche Bürger gerieten in Gefangenschaft. Bremen gab nicht auf, sondern rüstete im Februar 1358 einige Kähne aus, um Hoya anzugreifen. Die Belagerer mußten aber erfolglos abziehen und wandten sich gegen Thedinghausen, dessen Burg sie beschossen. Die Besatzung ergab sich, und Bremen setzte eigene Burgmannen ein.

Am 30. April 1359 wurde der Friede geschlossen. Nun begannen schwierige Verhandlungen über die Auslösung der Gefangenen aus dem Kerker zu Hoya. Die Aufwendungen, die die Stadt erbringen mußte, waren so groß, daß eine hohe Vermögenssteuer erhoben werden mußte, die Unruhe in der Bürgerschaft auslöste.

Eine weitere Schlappe erlitt die Stadt 1358. Die Hanse hatte einen Boykott gegen Flandern erlassen, der von einigen Bremer Kaufleuten nicht beachtet

Urkunde des Stralsunder Friedens von 1370 der Hanse mit dem König von Dänemark.

wurde. Zudem erhoben die Hamburger Vorwürfe gegen den Bremer Bürger Johann Hollemann, der Seeraub betrieben und die Beute in Ritterhude verkauft hatte. Auf Hamburgs Vorschlag setzten nun Bestrebungen ein, Bremen zum Beitritt in die Hanse und damit zur Unterwerfung unter deren Beschlüsse zu zwingen. Um diese Zeit stand bereits das Problem des Lösegeldes für die in Hoyaer Kerkern sitzenden Bremer Gefangenen zur Debatte. Kaufleute und Gemeinde erklärten, sie könnten nur dann einer Vermögenssteuer zustimmen, wenn der Rat zugleich die Aufnahme Bremens in die Hanse betreibe. So zog denn eine Ratsgesandtschaft im Juni 1358 auf einen Hansetag in Lübeck und bat dort unter demütigenden Umständen um eine Aufnahme in die Hanse. Die Stadt mußte sich deren Anordnungen fügen und Hamburg bei der Bekämpfung der Seeräuber in der Elbe unterstützen. Bremen betrieb nun eine Bündnispolitik zur Sicherung seiner Interessen: Partner waren 1359 die Herzöge von Braunschweig und die Hanse, die 1362 zum Krieg gegen Dänemark rüstete.

Bremen richtete seine Tätigkeit in der Hanse nach dem Nutzen aus; so genossen einige Kaufleute die Vorteile des Städtebundes bei ihrem Handel in der Ostsee, in Norwegen (Bergen), Flandern (Brügge, dann Antwerpen) und England (Stalhof in London), andere machten ihre Geschäfte außerhalb der

Hanse. Die Stadt aber besuchte mehrere Hansetage und forderte immer wieder einen hohen Rang in der Versammlung. Der Handel Bremens ging auch nach Westfalen und in die engere Umgebung der Stadt. Im Seehandel war die Schiffahrt durch das verwilderte Fahrwasser der Weser erschwert. In Bremen wurden zwar Koggen gebaut (Fund der „Bremer Kogge" bei Lankenau, 1962); beladene Koggen gelangten jedoch nur in Ausnahmefällen flußaufwärts nach Bremen. Im allgemeinen mußten die Waren im Blexer Tief und bei der Harrier Brake in Weserschiffe (besonders „Eken") umgeladen werden, die dann an der Schlachte oder in der Balge, einem Nebenarm der Weser, ausgeladen wurden.

Erzbischof Albert und die Grande Kumpanie 1365–66

Der Streit über die Vermögenssteuer (den Schoß) zur Auslösung der Gefangenen in Hoya bzw. die Rückzahlung von Lösegeld, das die Angehörigen von Gefangenen bereits gezahlt hatten, hielt an; er vermischte sich mit einer allgemeinen sozialen Unruhe in der Stadt, die auch zu Konflikten bei der Ratswahl führte und die von Erzbischof Albert von Braunschweig (1359 bis 95) geschürt wurde. Dieser war ein herrschsüchtiger und verschwenderischer Fürst, der das Erzbistum ruinierte. Zunächst bestand zwischen ihm und der Stadt ein gutes Verhältnis; die Rechte und Freiheiten Bremens wurden 1362 bestätigt, 1363 schlichtete der Erzbischof einen Streit zwischen der Stadt und den Grafen von Hoya, auch schlossen Stadt und Erzbischof einen Landfriedensvertrag.

Um 1365 versuchte Albert nun mit Hilfe einer Bürgerpartei, die Stadt in seine Gewalt zu bekommen. Wie schon 1349 scharten sich Aufrührer hinter einem Banner und erklärten sich zur „Gemeinde", die das Interesse der Stadt gegen einige mächtige Ratsherren zu vertreten suchte. Anführer waren einige Handwerksmeister; die Zahl der Mitläufer war groß, aber keineswegs durch ein gemeinsames Interesse fest verbunden. Sehr schnell formierte sich eine Ratspartei gegen den Aufstand, Alarmglocken wurden geschlagen und die Tore geschlossen; man hielt einen Gerichtstag ab und richtete mehrere Aufrührer hin. Die meisten Aufrührer aber entkamen aus der Stadt. Der Rat verfügte nun, daß jeder Neubürger künftig einen Treueeid schwören müsse. Es zeigte sich nun aber, daß im Rat selbst Uneinigkeit bestand. Am 10. Januar 1366 wurden vier Ratsherren zur Abdankung gezwungen.

Die Geflohenen fanden in Erzbischof Albert und einigen Adligen Verbündete, so daß eine größere Fehde ausbrach. Auch in der Stadt fanden sich Gesinnungsgenossen, von denen einige sogar zur Ratsschicht gehörten. Im Mai 1366 war es dann soweit: Die Erzbischöflichen und die Ausgewichenen drangen eines Nachts in die Stadt ein. Es kam zu einem kurzen Kampf. Der größte

Teil der Ratspartei konnte aus der Stadt fliehen und fand in den Grafen von Oldenburg und Delmenhorst Verbündete; die Hanse ächtete die „Verräter".

Die neuen Herren übten nun in der Stadt die Macht mit Hilfe des Erzbischofs aus. Gemeinde und Handwerksämter wählten einen neuen Rat von 100 Personen, der hölzerne Roland, der als Zeichen städtischer Freiheit angesehen wurde, soll verbrannt worden sein. Doch die Willkür, die Konfiskationen und die rücksichtslose Besteuerung weckten auch Unzufriedenheit bei den Bürgern.

Die militärischen Vorbereitungen zur Rückeroberung Bremens wurden von Konrad II. von Oldenburg geleitet. Die Kriegsknechte drangen am 27. Juni 1366 in die Stadt ein und besetzten sie in wenigen Stunden. Viele „Verräter" wurden erschlagen oder nach einem Gerichtsverfahren hingerichtet. Der alte Rat übernahm das Regiment wieder, hob alle Verordnungen des „verräterischen Rats" auf, zerbrach das alte mißbrauchte Stadtsiegel und schuf ein neues. Die Mitläufer unter den „Verrätern" wurden amnestiert; alle Bürger mußten dem Rat Treue schwören. Die Rechte der Handwerksämter wurden beschnitten; in den Morgensprachen waren künftig zwei Ratsherren zugegen. Auch konnte kein Handwerksmeister Ratsherr werden. Es herrschte jetzt ein machtbewußter autoritärer Rat, der vor allem aus Grundbesitzern und Renteninhabern, aber auch aus einigen reichen Kaufleuten bestand. Am 26. September 1366 fand sich der Erzbischof Albert mit seiner Niederlage ab und schloß Frieden mit dem Rat. Der Erzbischof mußte nicht nur die Burg Stotel und die halbe Vogtei Thedinghausen, die der Stadt verpfändet worden waren, zurückgeben, sondern der Stadt auch noch die Vogtei Langwedel überlassen. Es zeigt sich deutlich, daß die Stadt sich zur Friedenssicherung nicht mehr auf Bündnisse verließ, sondern bestrebt war, bestimmte Territorien militärisch und politisch zu beherrschen. Es ist erstaunlich, daß Bremen nach den schweren Krisen der letzten Jahrzehnte sehr schnell die Kraft zu einer aktiven und zum Teil auch aggressiven Machtpolitik im Weserraum fand.

Machtpolitik und städtische „Freiheit" 1368–1424

Die Hilfe der Oldenburger Grafen von 1366 führte dazu, daß die Stadt sich 1368 an ihrer Fehde gegen die Rüstringer Friesen beteiligte: Sie stellte Schiffe und ein Bürgeraufgebot. Man landete in Blexen und marschierte in die Marsch, wo die Angreifer aber eine schwere Niederlage erlitten.

Als 1380 ein großes Adelsaufgebot unter Führung der Herren von Mandelsloh von der Mittelweser aus Thedinghausen und Langwedel bedrohte, war auch ein Bürgeraufgebot an der Abwehr beteiligt. Der Angriff auf die Mandelsloher bei Thedinghausen schien zunächst erfolgreich zu sein, doch

Die Kogge von 1380 wird beim Bau des Neustädter Hafens in der Weser bei Lankenau gefunden, 1962.

gerieten die Bremer bei Blender in einen Hinterhalt und erlitten schwere Verluste; auch einige Ratsherren gerieten in Gefangenschaft und mußten sich mit viel Geld auslösen. Die Stadt nahm Söldner an und verbündete sich mit dem Erzstift sowie den Grafen von Oldenburg und Hoya. Die Mandelsloher fanden die Unterstützung Herzog Alberts von Braunschweig-Lüneburg, dessen Truppen gegen Langwedel und Achim vorstießen. Die Bremer aber zogen ins Herzogtum Lüneburg bis Walsrode. Zahlreiche Adelsburgen wurden erobert und zerstört. Am 10. Mai 1381 schloß man Frieden; die Bremer waren nach der Mandelsloher Fehde mächtiger als je zuvor; vor allem gewann die Stadt die Hälfte der Herrschaft Bederkesa und vorübergehend auch die Burg Bremervörde.

In dieser Zeit stand auch die bremische Wirtschaft in hoher Blüte. Immer noch war die Schlachte der Anlegeplatz für die Schiffe. Ob die schweren Koggen, von denen 1962 eine im Weserschlick bei Lankenau gefunden wurde und die auf etwa 1383 datiert wurde, alle nach Bremen gelangen konnten, ist sehr fraglich. Die meisten mußten bei ungünstigem Wasserstand und Gegenwind weiterhin auf der Unterweser ankern, und die Waren wurden auf Kähne umgeladen, die dann flußaufwärts nach Bremen fuhren.

Bemerkenswert ist auch das Wasserrad neben der Weserbrücke, das seit 1394 etwa 200 Häuser in der Stadt durch ein kompliziertes Rohrsystem mit Wasser versorgte.

Seit 1384 tritt dann eine aggressive Frieslandpolitik der Stadt in den Vordergrund. In diesem Jahre verbündete sie sich mit Graf Konrad von Oldenburg und dem Friesenhäuptling Ede Wiemken gegen einige Häuptlinge im Stadland und in Butjadingen. Die Bremer brachten ihre Truppen mit Schiffen zur Festungskirche in Esensham und vor andere Kirchenburgen; einige von ihnen wurden zerstört, das Stadland und Butjadingen mußten dem Bremer Rat huldigen. Doch damit war die Herrschaft in dieser Unterweserregion keineswegs gesichert.

Nachdem der machtlose Erzbischof Albert, Herzog von Braunschweig, 1395 gestorben war, folgte ihm sein Neffe Otto II. (1395–1406), der die Machtpolitik der Stadt nicht störte, während er seine eigene Stellung im Erzstift mit diplomatischen Mitteln zu festigen verstand.

1400 begann dann die entscheidende Phase bremischer Unterweserpolitik. Zwar hatten das Stadland und Butjadingen dem Rat gehuldigt, doch hörten die Raubzüge gegen die Kaufleute nicht auf. Es war die Zeit, als einige Hansestädte ihren Krieg gegen die Vitalienbrüder in der Nord- und Ostsee führten. Bremen verbündete sich mit dem Grafen Moritz von Oldenburg und dem Erzstift gegen die Häuptlinge im Stadland und in Butjadingen unter Führung von Dide Lubben. Die Truppen der Verbündeten rückten bis Langwarden vor; doch gab es keine Entscheidung; 1401 wurde der Zug nach Butjadingen wiederholt, ohne daß es zu einer dauerhaften Unterwerfung gekommen wäre.

Das Selbstbewußtsein des Rates und der Oberschicht wurde durch die außenpolitischen Erfolge wesentlich gestärkt. Es entstand die Hypothese, Karl der Große habe die Stadt Bremen gegründet und bereits mit Freiheitsrechten ausgestattet. Um angebliche Rechte zu untermauern, wie das Schutz- und Geleitrecht auf der Weser, das Recht des Rates, Gold und Pelzwerk zu tragen, den Roland mit dem Kaiserwappen zu schmücken usw., wurden drei Kaiserurkunden gefälscht, die diese Rechte bestätigten. Ähnliche Ansprüche wurden auch in der von zwei Bremer Geistlichen, Rinesberch und Schene, verfaßten Chronik formuliert: Die Stadt genieße Zoll- und Steuerfreiheit, der Rat könne dem erzbischöflichen Vogtsgericht Urteile vorschreiben; wegen der vielen Freiheiten und als uralter Sitz eines Erzbischofs rangiere die Stadt in der Hanse vor Hamburg. Der Stolz der Stadt dokumentierte sich auch im Bau eines neuen gotischen Rathauses 1405–1410 und des Rolands als Symbol städtischer Freiheit 1404.

Zur Sicherung der Herrschaft über das Stadland baute die Stadt 1404/07 die Friedeburg im heutigen Nordenham, die in Fehden mit friesischen Häuptlingen und dem Grafen Christian von Oldenburg behauptet wurde. 1408 wurde der Graf von den Bremern sogar gefangen und mußte für seine Entlassung Landwürden und einige Rechte im Kirchspiel Lehe an die Stadt verpfänden.

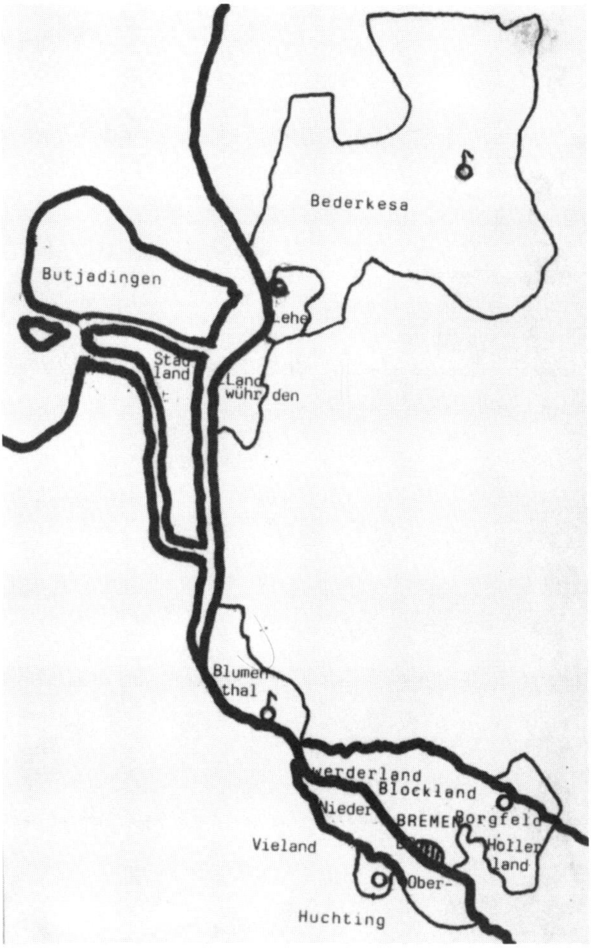

Das Bremer „Territorium" an der Unterweser um 1400.

Bremens Verhältnis zum Erzbischof Johann Slamstorf war wegen Streitigkeiten über Rechte an der Herrschaft Bederkesa immer wieder getrübt; auch im Stadland und in Butjadingen gab es manche Widerstände gegen die bremische Herrschaft. 1414 wurde das Stadland durch eine militärische Aktion von den Bremern besetzt, ein Überfall vertriebener Häuptlinge auf die Friedeburg scheiterte 1418. Butjadingen unterwarf sich 1419, 1420 übernahm die Stadt auch die erzbischöfliche Hälfte von Bederkesa.

Von Erzbischof Nikolaus von Delmenhorst (1421–1434) drohte keine Gefahr, wohl aber von einer Koalition friesischer Häuptlinge, unter deren Angriff die bremische Herrschaft in Butjadingen und im Stadland 1424 in kurzer Zeit zusammenbrach. Dabei ging die Friedeburg verloren; doch gelang es auch den Häuptlingen nicht, die Herrschaft in diesem Gebiet gegen die Bauerngemeinden dauerhaft zu sichern. Rechts der Weser (Lehe, Bederkesa, Landwürden) konnte die Stadt auch in dieser kritischen Zeit ihre Herrschaft bewahren.

Innere Unruhen – Neue Stadtrechte 1424–36

Die Rückschläge städtischer Machtpolitik führten in Bremen zu schweren inneren Krisen: 1424 wurde Bürgermeister Herbord Duckel gezwungen, einen Teil der städtischen Anleihen zu übernehmen. 1425 floh er aus der Stadt, gegen die er die Hanse mobilisierte. Bremen wurde 1427 aus dem Städtebund ausgeschlossen, was aber in diesen bewegten Zeiten keineswegs zu einer totalen Isolierung führte. Die Bürgergemeinde erzwang nun die Abdankung des amtierenden Rates und eine Neuwahl von zwei Bürgermeistern und 12 Ratsherren. Vier Mitglieder des alten Rates blieben ausgeschlossen, an ihre Stelle traten vermutlich Mitglieder der Opposition. Zudem wurde 1428 ein neues Stadtrecht erarbeitet, das ein kompliziertes Ratswahlrecht enthielt, das die Beteiligung von Vertretern der Gemeindeviertel, der Kaufmannsgilde, der Handwerksämter und jährlichen Wechsel einer Ratshälfte festlegte, auch die Lebenslänglichkeit des Ratsherrenamtes abschaffte. Zudem waren Maßnahmen gegen eine Vetternwirtschaft eingebaut; doch sorgten einige Artikel dafür, daß weiterhin nur vermögende Bürger Mitglieder des Rates werden konnten. Offenbar hatte sich die „Revolution" nur gegen eine herrschende Gruppe im Rat, nicht aber gegen die gesamte Oberschicht gerichtet. Ein Versuch des Erzbischofs Nikolaus, im Auftrag des Kaisers Sigismund zwischen altem und neuem Rat zu vermitteln, schlug fehl; auch eine Klage des früheren Bürgermeisters Duckel vor dem kaiserlichen Hofgericht blieb ohne Wirkung. Die inneren Unruhen hielten an: Am 28. August 1429 verließen zwei Bürgermeister und sechs Ratsherren vom alten Rat die Stadt und versuchten den Kaiser gegen die neuen Machthaber in Bremen zu gewinnen. Tatsächlich kam die Stadt in die Reichsacht. Anfang 1430 emigrierte Johann Vasmer, ein Bürgermeister des alten und neuen Rats; er wurde bei Rekum von Anhängern des neuen Rats gegriffen und nach einem Verfahren vor dem Vogtsgericht in Bremen auf einem Dünenhügel vor dem Ostertor hingerichtet.

Die geächtete und aus der Hanse ausgeschlossene Stadt lavierte in den folgenden Jahren mit wechselnden Verbündeten; aber die Gegenseite war doch zu stark, so daß die alten ausgewichenen Ratsherren und deren Familien 1433 wieder eingelassen und entschädigt werden mußten. Bis heute bleibt dieser Vorgang durch das Sühnekreuz für den hingerichteten Bürgermeister Vasmer im heutigen Ostertorviertel deutlich.

Es wurde nun ein neues Stadtrecht verfaßt, nach dem der Rat aus vier Bürgermeistern und 24 Ratsherren bestehen sollte, von denen jeweils halbjährlich ein Viertel wechselte. Das Ratsherrenamt war nun wieder lebenslänglich. Die Neuwahl eines ausscheidenden Mitglieds erfolgte nach einem komplizierten Verfahren, das die Selbstergänzung sicherte. Wieder wurde auch eine hohe Vermögensgrenze gesetzt.

Die Auslösung aus der Reichsacht gelang Bremen erst 1436. Im selben Jahr übernahm die Stadt auch das Amt Blumenthal als Pfand.

Schwierigkeiten ergaben sich in dieser Zeit im Fernhandel: Bremen nahm 1441 kurze Zeit am Kaperkrieg der Hanse gegen Burgund, wozu auch Holland gehörte, teil und führte ihn dann sogar auf eigene Faust einige Jahre fort. 1446 machte die Stadt ihren Frieden mit Burgund und war nun auch ein geachtetes Mitglied der Hanse, die in der Stadt zwischen 1449 und 1530 sechs Tagfahrten abhielt, wobei die Gesandten sich im Ratsgestühl der oberen Halle des Rathauses versammelten. Der Handel bremischer Kaufleute richtete sich auf die Niederlande, England, Norwegen, die Ostsee und die Oberweser; Getreide, Fisch, Steine, Holz und Holzerzeugnisse, Bier und Salz waren die wichtigsten Handelsgüter.

Doch innere Unruhen, zahlreiche Fehden und unsichere Straßen brachten Bremen kritische Jahrzehnte. Deutlich zeichnet sich eine Standesdifferenzierung ab: Einer herrschenden Schicht von Kaufleuten, Renten- und Grundbesitzern stand eine breite, in ihrer Existenz stark gefährdete Mittelschicht von Handwerksmeistern und Kleinhändlern sowie einer breiten, von Armut gebeutelten Unterschicht gegenüber.

Die Geistlichkeit am Ende des Mittelalters

Ebenso kompliziert war die Struktur der Geistlichkeit, die in der Stadt eine rechtliche Sonderstellung einnahm: Der Erzbischof residierte seit der Mitte des 14. Jahrhunderts nicht im „Palatium" beim Dom, in dem nun der erzbischöfliche Vogt wohnte. Das Domgebiet blieb aber aus dem Rechtskörper der Stadt ausgeschlossen und bildete eine kirchliche „Immunität".

An der Spitze der geistlichen Hierarchie standen die Domherren, die aus vornehmen Familien stammten; für den Altardienst gab es Vikare; außerdem lebte im Domgebiet die Dienerschaft der geistlichen Herren.

In der Stadt gab es zwei Kollegiatstifter mit Chorherren und Vikaren: St. Stephani und St. Ansgarii, die Pfarrechte in einem Stadtbereich hatten. Zwei weitere Kirchen – Liebfrauen und St. Martini – waren reine Pfarrkirchen und unterstanden der Aufsicht des Dompropstes. Beim Dom und bei den Stifts- und Pfarrkirchen gab es Schulen.

Ein Franziskaner des Johannisklosters und ein Komtur des Deutschen Ritterordens in Bremen. Aquarelle vom Ende des 17. Jahrhunderts.

In dem Dominikanerkloster St. Katharinen und dem Franziskanerkloster St. Johannis lebten Mönche ebenso wie im Benediktinerkloster St. Pauli vor dem Ostertor. Hinzu kamen Kapellen, Armenhäuser mit Priestern, zwei Beginenhäuser und eine Deutschordenskomturei zum Heiligen Geist mit Ordensrittern. In einigen kirchlichen Einrichtungen wie auch in Armenhäusern hatten Bürger großen Einfluß.

Sieht man einmal vom Kirchenbau und von der durchweg von auswärtigen Wanderkünstlern geschaffenen inneren Ausstattung der Kirchen ab, so hat die spätmittelalterliche Kirche in Bremen keine herausragenden kulturellen Leistungen hervorgebracht. Das Leben der Geistlichen erschöpfte sich im wesentlichen in der Verwaltung von Einkünften und den täglichen gottes-

Auf dem Bremer Stadtsiegel von 1366 sitzen Kaiser und der hlg. Petrus nebeneinander auf einer Bank. Der Kaiser trägt Krone, Szepter und Reichsapfel, Petrus das Schwert und den Schlüssel, der zum Wappen der Stadt wurde. Das Siegel war bis 1834 in Gebrauch.

Der Roland unter einem Baldachin mit Schwert und Schild im 17. Jahrhundert. Damals war er bunt bemalt.

Sandsteinfiguren am Rathaus von 1405/10. Links der Kurfürst von Brandenburg, rechts Petrus. Die Figuren waren wie der Roland bunt bemalt. Lithographie nach einer Zeichnung von Loschen, 1862.

Das Sühnekreuz für den hingerichteten Bürgermeister Vasmer, das nach 1435 entstand. Aquarell vom Ende des 17. Jahrhunderts. Heute Kopie in der Straße Beim Steinernen Kreuz.

dienstlichen Pflichten. Nur die Arbeiten von zwei geistlichen Chronikschreibern, Rinesberch und Schene (um 1400), verdienen hervorgehoben zu werden; ihr Geschichtswerk wurde von unbekannten Chronisten bis 1430 und dann bis 1446 fortgesetzt. Um 1450 schrieb Heinrich Wolters eine eigenständige bremische Chronik. Ein besonderes Ereignis war 1505 der prunkvolle Einzug des päpstlichen Legaten Kardinal Raimund Peraudi, Bischof von Gurk, der Ablaßgelder einkassieren wollte.

Der Raubgraf Gerd von Oldenburg 1452–1500

Der Graf Gerd von Oldenburg, Bruder des Königs Christian I. von Dänemark, entwickelte sich zu einem brutalen See- und Landräuber, der den norddeutschen Handel seit 1452 erheblich störte; er machte gelegentlich Vorstöße bis vor die Tore Bremens. Die Auseinandersetzungen wurden mit großer Brutalität geführt. 1464 erlitten die Bremer und ihre friesischen Verbündeten eine schwere Niederlage, die innere Unruhen in der Stadt auslöste. Einige Bürgermeister und Ratsherren, denen Verrat an Oldenburg vorgeworfen wurde, saßen einige Monate im Kerker. 1465 begann Gerd von Oldenburg erneut, Angriffe gegen Bremen zu führen, das sich hoch verschuldete, um Waffen zu kaufen und Söldner anzuwerben. Alle Vermittlungen und Verhandlungen waren vergebens. Die Wende wurde erst 1471 durch den Administrator des Erzstifts (seit 1463) und Bischof von Münster, Heinrich von Schwarzburg, herbeigeführt, wobei dieser freilich weniger bremische als vielmehr münstersche Interessen vertrat. Er verbündete sich mit der Stadt Bremen; ein Heer eroberte das Stedingerland und verwüstete die Grafschaft. 1474 entstand dann gegen den Grafen Gerd eine große Koalition von Fürsten und Städten, deren Truppen nun über das flache Land herfielen, Harpstedt eroberten und Oldenburg belagerten; Graf Gerd floh vorübergehend nach Burgund. 1476 überzog das Koalitionsheer erneut die Grafschaft mit Plünderung, wobei freilich das Bremer Kontingent im Moorriem auf dem Wege nach Elsfleth in einen Hinterhalt geriet und aufgerieben wurde. Die Unsicherheit hielt an. Nun griff auch die Hanse aktiv auf bremischer Seite ein, und das Heer des Administrators eroberte 1482 Delmenhorst, das nun münsterisch blieb. Das Spiel des Grafen Gerd war aus, er dankte ab und ging ins Kloster Rastede. 1500 starb er auf der Rückreise von einer Pilgerfahrt nach Santiago de Compostela im Rhonetal.

Glanz und Elend der Einwohner am Ende des Mittelalters

Es stellt sich die Frage, wieweit die vielen Fehden dieser Zeit die Wirtschaft und besonders den Handel beeinträchtigten. Immer waren jeweils nur kleinere Gebiete für kurze Zeit von Raub- und Fehdezügen direkt betroffen; außerdem förderten hohe Preise für Verbrauchsgüter die Bereitschaft zum Risiko, und in jedem Kriege lassen sich von wendigen Kaufleuten große und kleine Geschäfte machen. Die Kundigen Rullen von 1450 und 1489, die umfangreiche Verordnungen über alle Gebiete des öffentlichen Lebens enthalten und jährlich vom Rathausbalkon verlesen wurden, zeigten die Existenz eines detaillierten Groß- und Kleinhandels mit vielfältigen Waren. Das Renten-(Anleihe-)Wesen blühte; Bremer Bürger verfügten auch über umfangreichen Grundbesitz außerhalb der Stadt.

In der Stadt selbst entstanden in dieser Zeit zahlreiche ansehnliche gotische Giebelhäuser. Sicher ist aber auch, daß es Teuerungszeiten gab und daß ein großer Teil der Einwohner in bitterer Not lebte, zu deren Linderung die Kirchen und die Gemeinde wenig beitrugen. Armenhäuser und Gottesbuden, testamentarische Vermächtnisse zugunsten der Armen und andere milde Gaben konnten keine grundlegende Abhilfe schaffen. Das Betteln war weit verbreitet.

Die Einwohner befanden sich auch in einer sehr unterschiedlichen Rechtslage: Nur ein Teil hatte das Bürgerrecht, das neben besonderen Rechten auch manche Pflichten beinhaltete. Außerhalb der Mauern gab es freie Grundeigentümer und freie Pächter (Meier), von denen einige das (Vorstadt-)Bürgerrecht besaßen. Leibeigenschaft hatte sich in der engeren Umgebung Bremens nicht mehr erhalten.

Gefahren von außen im Anfang des 16. Jahrhunderts

Nachdem der Druck des Grafen Gerd von Oldenburg geschwunden war, gab es zwar weitere Fehden, doch waren diese zunächst zeitlich und räumlich begrenzt, so daß sich der Handel voll entfalten konnte und die städtische Wirtschaft aufblühte. Auch das Handwerk profitierte von den reibungslosen Stadt-Land-Beziehungen. Die Jahr- und Wochenmärkte waren gut besucht.

Die Jahrzehnte um 1500 brachten einen zunehmenden politischen Druck der Fürsten auf die Städte: Erzbischof Johann Rode (1497–1511) versuchte alte Rechte des Erzstifts wiederzubeleben und nahm 1500 einen fürstlichen Koadjutor an: Christoph von Braunschweig-Wolfenbüttel; Graf Johann von Oldenburg eroberte 1499 das Stadland und Butjadingen. Diese Gebiete wurden ihm jedoch vom Erzbischof streitig gemacht. Der Herzog von Sachsen-Lauenburg erhob Ansprüche auf das seit langem bremische Bederkesa. Ebenfalls 1499 verwüstete ein Landknechtshaufen, die „Schwarze Garde" genannt, das Gebiet zwischen Unterweser und Unterelbe. Das Land Wursten unterstellte sich dem Erzbischof, wurde aber 1518 vom Herzog von Sachsen-Lauenburg besetzt. 1511 löste der Graf von Oldenburg das an Bremen verpfändete Landwürden ein. Die Unsicherheit der territorialen Verhältnisse an der Unterweser waren mit Zukunftssorgen verbunden, denen die Stadt zunächst nur mit diplomatischen Mitteln begegnen konnte. Sie versuchte neutral zu bleiben, lehnte sich aber oft eng an das Erzstift an und huldigte dem neuen Erzbischof Christoph 1511 sogar besonders feierlich. 1512 bis 1519 hielt der Herzog von Braunschweig Hoya besetzt, 1514 fiel das Stadland an Oldenburg, Butjadingen an die Welfen, später aber auch an Oldenburg.

Die bedrohten norddeutschen Städte belebten die Hanse als Verteidigungsbündnis; in Bremen fanden 1493 und 1494 Hansetage statt, die sich mit diesem Problem beschäftigten. Zwar waren immer noch alle Bürger zum Wehr- und Wachtdienst verpflichtet, doch nahmen die Städte in kritischen Zeiten auch Söldner an, was eine erhebliche finanzielle Belastung bedeutete. Die alte Bremer Stadtmauer entsprach nicht mehr der modernen Waffentechnik, zu der nun auch Schußwaffen gehörten. Der Graben wurde vertieft und verbreitert; runde Erdwälle (Rondelle) entstanden und wurden mit Kanonen bestückt. Riesige Zwingertürme wurden am Ostertor (1512–1514) und später beim Stephanitor und auf der Herrlichkeit („Braut") gebaut.

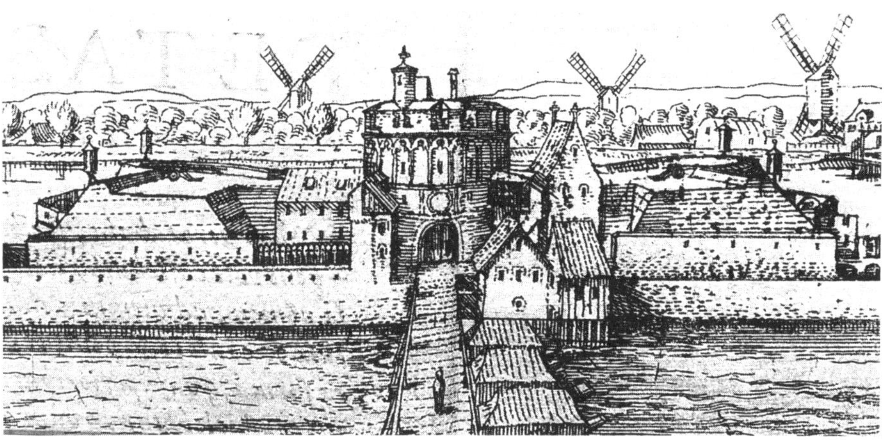

Die „Braut" auf der Herrlichkeit, Kupferstich 1603.

Rat – Zünfte – Bürger um 1500

Alle diese Maßnahmen ließen sich nur durch eine straff organisierte autoritäre Obrigkeit durchsetzen, die freilich von den Gemeinden der Viertel (mit Sprechern aus der Oberschicht) kontrolliert wurde. Der Rat bestand aus Vertretern der Kaufmannschaft, Renteninhabern und Grundeigentümern, dann auch aus Juristen. Er ergänzte sich weiterhin selbst, das Ratsherrnamt blieb lebenslänglich. Zur diplomatischen und juristischen Beratung wurden Syndici und Sekretäre angenommen. Die Gerichtsbarkeit lag auf allen Ebenen in der Hand des Rates; das erzbischöfliche Vogtsgericht konnte bei Strafverfahren nur die Urteile des Rates bestätigen. Das Polizei- und Verwaltungsrecht orientierte sich am Stadtrecht, an den Kundigen Rullen und am Gewohnheitsrecht. Bei der Erhebung von Steuern (Schoß) ging das Mitspracherecht der Gemeinde am weitesten, blieb aber umstritten.

In Wirtschaftsfragen hatten Kaufleute und Handwerksämter (Zünfte) ein hohes Maß an Autonomie. „Der Kaufmann" gab sich 1451 eine Rechtssatzung, nach der die Mitglieder ihre Angelegenheiten selbst regeln wollten; Sprecher sollten vier Elterleute sein, von denen jährlich zwei ausgewechselt wurden. „Der Kaufmann" hatte ein Gildehaus, den „Schütting", das bis 1444 in der Langenstraße, dann an der Südseite des Marktplatzes lag. Die Handwerksämter regelten ihre Angelegenheiten in Morgensprachen, an denen auch Ratsherren als Kontrolleure teilnahmen. Hauptaufgabe waren eine Qualitätskontrolle der Produkte sowie eine Überwachung der Betriebsgröße und die Lehrlingsausbildung. Auch Kramer, Schiffer, Spielleute, Fischer usw. bildeten eigene Körperschaften.

Frauen spielten im Wirtschaftsleben durchaus eine Rolle; sie konnten sogar einen Handwerks- und Kaufmannsbetrieb führen, wenn das auch nur in Ausnahmefällen geschah. In Textilberufen, bei der Zulieferung für einige Handwerksberufe sowie in der Armen- und Krankenpflege war weibliche Arbeit von wesentlicher Bedeutung. In Bremen gab es zwar Beginenhäuser, aber keine Nonnenklöster. Wenn Mädchen oder Frauen Nonnen werden wollten, mußten sie in die nahen Klöster Lilienthal, Osterholz oder Heiligenrode eintreten. Frauen konnten jedoch keine Priester werden. Auch aus dem öffentlichen Leben der Stadt blieben Frauen ausgeschlossen. Sie waren nicht gerichtsfähig und bedurften bei Prozessen eines männlichen Vormunds. Unter den Sprechern (Alt- und Jungmeistern, Elterleuten) der Handwerksämter (Zünfte) und des Kaufmanns gab es keine Frauen, ebenso nicht im Rat und in anderen städtischen Gremien. Im wesentlichen war und blieb der Haushalt die Domäne der Frau – als Hausfrau und Mutter wie auch als Dienstmagd. Schwer war das Schicksal alleinstehender alter Frauen; sie waren oft bitter arm. Für das 16. Jahrhundert ist auch Prostitution überliefert; es dürfte sie auch im 15. Jahrhundert gegeben haben. Wenn auch bösartige Zauberei bereits durch das Stadtrecht von 1303/08 vom Feuertod bedroht war, so ist bis in den Anfang des 16. Jahrhunderts in Bremen keine „Hexenverfolgung" überliefert. „Zauberei" gehörte zum Alltag; sie wurde als Heilzauber und Wahrsagerei vor allem von Frauen, in Einzelfällen aber auch von Männern betrieben.

Die Kirche bildete nach wie vor einen eigenen Rechtskreis, in den freilich die Bürger im Rahmen der Bau- und Armenverwaltung hineinwirkten, ganz zu schweigen von den engen Beziehungen zwischen den vier städtischen Pfarrkirchen und den Vierteln, in denen die Bürgergemeinde organisiert war.

Im Zeitalter der Glaubenskämpfe – Behauptung gegenüber den Großmächten 1522–1813

Die Anfänge der Reformation 1522–26

Da das geistige Leben in Bremen um 1500 nicht sehr rege war, gab es auch keine religiösen Konflikte. Wenn die Kirche einmal in die Diskussion geriet, ging es um formale Fragen: Es wurde kritisiert, daß kirchliche Grundeigentümer im Bereich der Stadt jegliche Bürgerpflichten verweigerten; die Geistlichkeit wurde nicht besonders geachtet, da der größte Teil mehr am Ertrag von Pfründen als an der Religion und an priesterlichen Pflichten interessiert war. Der Abfluß von Ablaßgeldern nach Rom wurde auch in Bremen mehrfach kritisiert. Im Erzbischof aber sah man einen weltlichen, der Stadt gegenüber feindlich gesonnenen Territorialherrn, nicht aber einen ehrwürdigen Kirchenmann; so wurde er voll in die politischen Streitigkeiten einbezogen.

Die alltägliche Frömmigkeit orientierte sich an der Tradition; einen Einblick in das Gefühlsleben gestatten die Quellen ohnehin nicht. Es gibt auch kein Zeugnis dafür, daß Luthers Thesenanschlag 1517 oder sein Auftritt auf dem Reichstag von Worms in Bremen beachtet worden wäre; man darf aber vermuten, daß bremische Studenten, vielleicht auch reisende Kaufleute und Diplomaten mit den Lehren Luthers in Berührung kamen und daß es hier und da in der Stadt Diskussionen über den Ablaß, das Papsttum und die kirchliche Hierarchie gab. Als der aus Antwerpen geflohene lutherische Augustinermönch Heinrich von Zütphen auf seiner Reise nach Wittenberg im November 1522 durch Bremen kam, hatte er sogleich Kontakte zu einigen Mitgliedern der Oberschicht, die ihn veranlaßten, am 9. November zum ersten Mal in einer Kapelle der St.-Ansgarii-Kirche zu predigen. Vermutlich trug er in scharfen Worten Luthers Gedanken über Papst, Ablaß, Sakramente und Priestertum vor. Der Konflikt mit dem Domkapitel und den Stiftsherren von St. Ansgarii und St. Stephani war dadurch unvermeidbar. Der Rat griff jedoch nicht ein, der Erzbischof forderte die Auslieferung des Mönches, und damit wurde ein Kompetenzstreit angefacht, der scharfe politische Formen annahm. Die Stände des Erzstifts und eine kirchliche Provinzialsynode wurden eingeschaltet; der bremische Rat hielt aber weiterhin seine schützende Hand über Heinrich von Zütphen und erhielt dabei auch die Unterstützung der Bürgergemeinde, die zwar noch nicht von evangelischem Geist erfüllt

Erzbischof Christoph, Herzog von Braunschweig-Wolfenbüttel, Gegner der Reformation. Das Bild hat keine Porträtähnlichkeit. Holzstich, zuerst gedruckt 1580.

war, aber dem Erzbischof gegenüber keinesfalls nachgeben wollte. Es drohte nun eine militärische Aktion Erzbischof Christophs; die Stadt aber bereitete sich auf eine Abwehr vor: Der Zwingerturm auf der Herrlichkeit (die „Braut“) wurde gebaut, der Stadtgraben vertieft, das militärische Vorfeld durch Beseitigung von Bäumen, Hecken und Häusern übersichtlich gemacht; selbst das Paulskloster vor dem Ostertor wurde größtenteils abgebrochen. Nach und nach stellten die Pfarrkirchen lutherische Prediger an, die zum Teil aus den Niederlanden stammten, wie Jacob Probst aus Ypern und Johann Timann aus Amsterdam. Kritik kam von den Klöstern; sie wurden isoliert und schließlich geschlossen. Das Domkapitel und die Chorherren von St. Ansgarii und St. Stephani waren den geistigen Auseinandersetzungen nicht gewachsen und schwiegen sehr bald. Der Erzbischof wagte noch keinen Angriff auf die Stadt, da er durch Aktionen in Wursten und Hadeln gebunden war. Erst 1524 unternahm er einen schwachen Vorstoß auf Bremen, der aber scheiterte.

Heinrich von Zütphen zog 1524 nach Dithmarschen, wo er als „Ketzer“ verbrannt wurde; doch hatte der lutherische Glaube in Bremen inzwischen feste Wurzeln geschlagen. Seit 1525 wurden in den Pfarrkirchen keine katholischen Messen mehr gelesen; im Dom wurden sie erst einige Jahre später eingestellt. Wie entschlossen der Erzbischof die „Ketzerei“ bekämpfen wollte, zeigte sich, als er am 2. Januar 1526 den Prediger Johann Bornemacher von St. Remberti in Bremen, der in Verden gegriffen worden war, verbrennen ließ.

Die politische Lage in Nordwestdeutschland blieb schwierig: 1525/26 zogen entlassene Landsknechtshaufen durchs Land; der Erzbischof Christoph war und blieb Bremens Hauptfeind; andererseits trat Herzog Ernst von Lüne-

Heinrich von Zütphen als Augustinermönch. Das Bild ist kein Porträt. Steindruck von Betty Gleim nach einer Zeichnung von Heger, 1821.

burg für den evangelischen Glauben ein. Mit ihm nahm Bremen enge Verbindung auf und trat dem Schmalkaldischen Bund bei.

In der Stadt ging die Umgestaltung der Kirche weiter: Nicht nur die Prediger vertraten den neuen Geist, sondern auch die Schulen vermittelten die Religion im lutherischen Sinne. Für die Lateinschule im Dom wurde Ersatz geschaffen: Im Katharinenkloster entstand eine Schule mit dem Rektor Johann Oldenburg aus Münster und vier Lehrern, die u. a. Latein, Griechisch und Hebräisch lehrten. Hier wurde die erste Grundlage für ein späteres Theologiestudium gelegt. Die Anstalt entwickelte sich später zum Gymnasium Illustre mit vier Fakultäten.

Der „Aufstand der 104" 1530–32

Doch da geriet die Stadt 1530 in eine schwere Verfassungskrise, die deutlich demokratische Elemente hatte. Die günstige Wirtschaftsentwicklung der letzten Jahrzehnte hatte auch den handwerklichen und kaufmännischen Mittelstand begünstigt; dieser hatte Anteil am Reformationsgeschehen in den

Gemeinden, ohne aber politischen Einfluß zu besitzen. Alle entscheidenden Personen im Rat, in den Stadtvierteln und in der Kaufmannsgilde waren Renteninhaber, Grundeigentümer, Großkaufleute und Juristen. In diesen Kreisen herrschte eine Vetternwirtschaft, die von der wohlhabenden Mittelschicht mit Mißtrauen beobachtet wurde. Zunächst entzündete sich der Konflikt an der Behauptung, ein Teil der alten Bürgerweide sei von einflußreichen Privatpersonen und vom Domkapitel unrechtmäßig privatisiert worden. Streit hatte es in dieser Sache seit Jahrzehnten gegeben, jetzt aber entzündete sich an ihr eine revolutionäre Bewegung, die eine sehr breite Basis von wohlhabenden Handwerkern und Kaufleuten bis hin zu vermögenslosen gewalttätigen Demonstranten besaß. Zunächst versuchte man in einem Rechtsstreit einige führende Bürgerfamilien, das Domkapitel und die Deutschordenskomturei ins Unrecht zu setzen. Die Stoßrichtung führte aber darüber hinaus gegen die bisherige Ratsherrschaft. Gefährlich wurde die Lage, als die Massen ihre beredten und sicher auch ehrgeizigen „Führer" fanden wie den Eltermann Hinrich Swancke, der kurz vorher als Unruhestifter verbannt worden war und nun zurückkehrte, den Goldschmied Johann Dove und einige andere. Der erste Sündenbock, gegen den sich der „Volkszorn" richtete, war der Deutschordenskomtur Rolf von Bardewisch, von dem behauptet wurde, er verwahre Urkunden über die Bürgerweide. Er wurde am 10. Mai 1531 mit fünf seiner Knechte erschlagen, die Komturei geplündert.

Ein Ausschuß von 40, dann 64 Personen wurde eingesetzt, um die Verhältnisse auf der Bürgerweide zu prüfen; bei allen Verhandlungen drohten die Massen der Opposition mit der „Reise des Komturs". Aus Furcht für Leib und Leben verließen die Herren des Domkapitels am 6. November 1531 die Stadt.

Die Bürgerdemokratie nahm nun altdeutsche Formen an; nur war niemand in der Lage, diese im Rahmen eines anerkannten Rituals zu halten. Früher hatte man sich als Stadtviertel in der Pfarrkirche versammelt, und es wurde auch stadtteilweise abgestimmt; seit Anfang 1532 aber versammelten sich die Bürger auf dem Domshof. In der Mitte standen auf Tonnen die Volkstribunen und machten ihre Vorschläge. Am 2. Januar wählte man je Kirchspiel 26 Männer, im ganzen also 104, die nunmehr die Geschicke der Stadt leiten sollten. Es waren Kaufleute, Handwerker, Schiffer usw. Die Hälfte war gemäßigt und wollte den Rat beibehalten; doch die Radikalen unter Johann Dove und Wulbern Rulves gaben den Ton an; oft blieben die Gemäßigten zu Hause, wenn die Trommeln zur Bürgerversammlung riefen. Es wurde heftig darüber diskutiert, wie die Rollen der 104, des Rates und der Elterleute des Kaufmanns verteilt sein sollten und ob das Stadtrecht von 1433 weiter gelten solle oder nicht. Eine Bürgerversammlung am 15. Januar entschied mit großer Mehrheit gegen den Rat, der gezwungen wurde, sich den Entscheidungen

Das Benediktinerkloster St. Pauli vor dem Ostertor, das seit 1523 zerstört wurde. Wahrscheinlich handelt es sich um eine Rekonstruktion, die zuerst in einem Stadtplan der Bremer Dilich-Chronik von 1603 versucht wurde. Aquarell vom Ende des 17. Jahrhunderts.

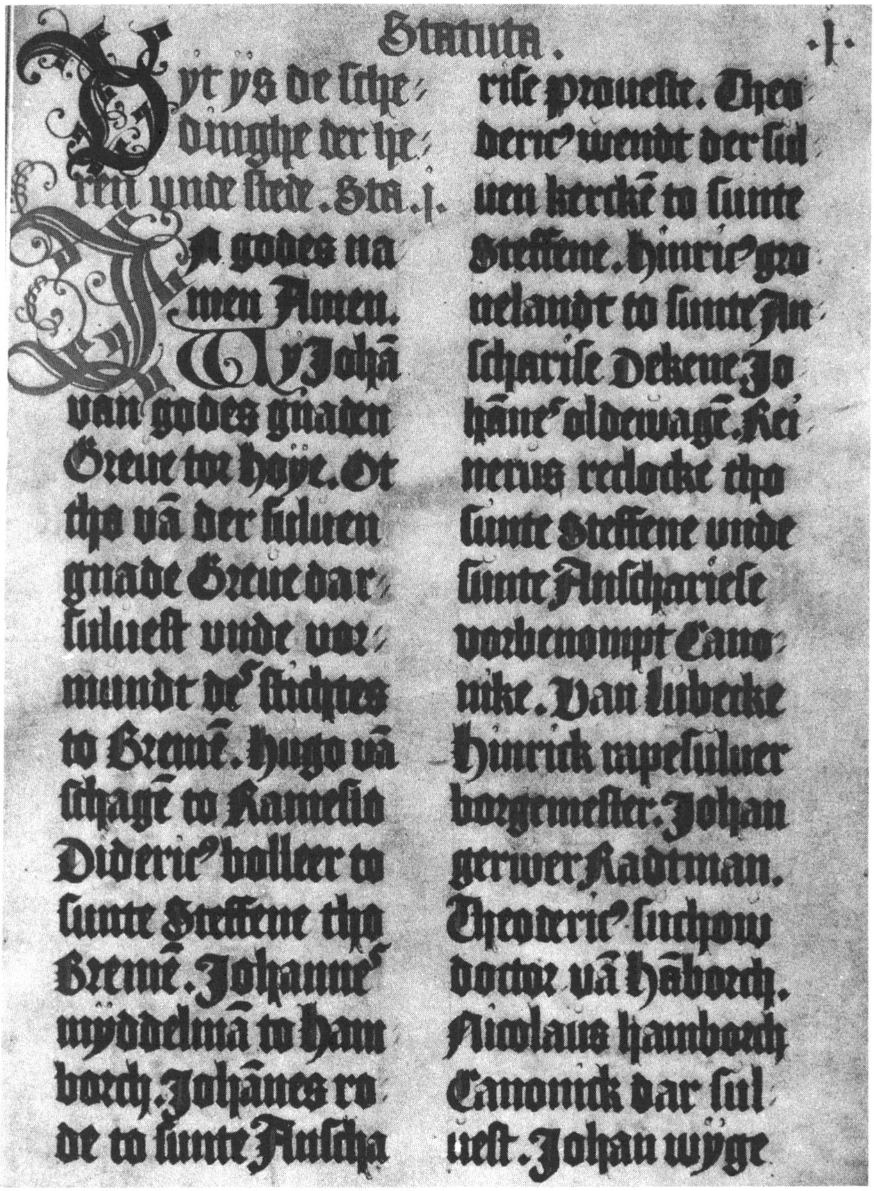
Statuta. j.

Dyt ys de sche
dinghe der he
ren unde stede. Sta. j.
In godes na
men Amen.
Wy Johā
van godes gnaden
Greue tor Hoye. Ot
tho vā der suluen
gnade Greue dar
suluest unde vor
mundt des Stichtes
to Bremē. Hugo vā
Schagē to Ramelso
Dideric' Voller to
sunte Steffene tho
Bremē. Johannes
Myddelmā to Ham
borch. Johānes ro
de to sunte Anscha
rise prouestr. Theo
deric' wendt der sul
uen kerckē to sunte
Steffene. Hinric' gro
nelandt to sunte An
scharise Dekene. Jo
hāne' oldewagē. Rei
nerus redocke tho
sunte Steffene unde
sunte Anschariese
vorbenompt Cano
nike. Van Lubecke
Hinrick rapesuluer
borgemester. Johan
gerwer Radtman.
Theoderic' suchow
doctor vā Hāborch.
Nicolaus hamborch
Canonick dar sul
uest. Johan wyge

Eine Seite des Bremer Stadtrechts von 1433. Handschrift des frühen 16. Jahrhunderts im Bremer Staatsarchiv.

der 104 unterzuordnen und sich selbst auf eine Art Vorschlagsrecht zu beschränken. Was hier eingeführt wurde, war eine repräsentative Demokratie mit plebiszitären Elementen. Sie mutet uns heute modern an; doch war es von Anfang an fraglich, ob sie auf Dauer existieren konnte. Ihre Schwäche bestand in der fehlenden Tradition, der Opposition einer vermögenden Oberschicht (Rat, Elterleute und deren Anhang) und der Geistlichkeit, den unterschiedlichen Interessen des viel zu großen Repräsentativorgans (der 104), einem starken demagogischen Element, fehlendem Sachverstand und Unstimmigkeiten über den Abstimmungsmechanismus. Sehr bald ging die eigentliche Entscheidungsgewalt an eine kleine in sich zerstrittene Führungsgruppe, die unter dem Druck der Massen stand. Es war unter diesen Umständen unmöglich, daß die 104 die Stadt nach außen (etwa bei den Fürsten und Städten sowie in der Hanse) und vor allem auch in Wirtschaftsfragen vertraten, zumal die Tätigkeit der Elterleute des Kaufmanns verboten und der Schütting mit dem Kaufmannsarchiv besetzt wurde. Es ist bemerkenswert, daß sich die 104 zum evangelischen Glauben bekannten und sogar im März 1532 die evangelische Predigt im Dom erzwangen, daß die Prediger aber die 104 als revolutionäres Organ ablehnten.

Am 1./2. April verließen dann vier Bürgermeister, sechs Ratsherren, der Ratssekretär und einige angesehene Bürger die Stadt und zogen nach Bederkesa. Die zurückgebliebenen Ratsherren versuchten, mit den 104 auszukommen. Am 30. April emigrierten zwei der angesehensten Prediger. Nun wechselten Briefe hin und her, Volksversammlungen fanden statt, man verhandelte sogar mit den Ausgewichenen, die sich auf eine militärische Rückeroberung der Stadt vorbereiteten. Gerüchte über Verrat gingen in Bremen um. Am 19. Juli verließen weitere Ratsherren die Stadt. Der revolutionäre Elan erlahmte, weil die Massen eine allgemeine Verschlechterung der Wirtschaftslage befürchteten; die Gemäßigten machten nicht mehr mit. Nur 50 der 104 hielten noch zu ihren Führern. Das gab der Gegenrevolution eine Chance; sie beschloß den militärischen Angriff, wobei sie auch die Landbevölkerung und eine Gruppe von Bootsleuten mobilisierte. Der Einsatz wurde jedoch nicht mehr nötig. Johann Dove, der einst so mitreißende Führer der 104, erwies sich als Realist: Er sah, daß ihm die Anhänger wegliefen, daß man nicht in der Lage war, mit den wirtschaftlichen und außenpolitischen Schwierigkeiten fertig zu werden. Unter seinem Einfluß beschlossen nun alle vier Kirchspiele, wenn auch unter Murren, die Wiederherstellung der Ratsherrschaft. Die alten Herren zogen am 5. September 1532 wieder in die Stadt ein. Das Stadtrecht von 1433 wurde bestätigt, Versammlungen (auch der Zünfte und der Kirchengemeinden) waren künftig nur mit Genehmigung des Rates möglich. Jeder Bürger hatte dem Rat Gehorsam zu schwören. Die Bestimmungen der „Neuen Eintracht“ konstituierten ein scharfes Ratsregiment. Sie wurde 1534 von Fürsten und Städten, u. a. auch vom Erzbischof Christoph, besiegelt. 22 Revolutionäre verließen die Stadt und wurden „friedlos" gelegt, vier, darunter Johann Dove, im September und Dezember 1532 hingerichtet. Dabei war nicht so sehr Gerechtigkeit als vielmehr Rache im Spiel. Auch das Domkapitel kehrte wieder nach Bremen zurück. Über die Bürgerweide wurde ein Kompromiß geschlossen. Die zwischen Stadt und Erzbischof anhängigen Probleme vertagte man; Erzbischof Christoph wurde aber am 9. Dezember 1534 feierlich in Bremen empfangen. Im selben Jahr entstand auch die Kirchenordnung. Sie enthielt ein Bekenntnis zum Luthertum; Rat und Superintendent hatten die Aufsicht; in den Gemeinden sollte es Diakonen und Armenkisten geben, das Armen- und Krankenwesen wurde geordnet, die Lateinschule dem Rat, die Kirchspielschulen den Pfarrern unterstellt. Der wiederhergestellte Einfluß der Elterleute führte zum Bau eines neuen repräsentativen Schüttings an der Südseite des Marktplatzes.

Wahrung der Freiheit: Balthasar von Esens – Schmalkaldischer Krieg, 1534–47

Dennoch sah der Rat schwere Zeiten kommen: Die Machtansprüche der Fürsten wuchsen, und die kirchlichen Gegensätze in Norddeutschland verschärften sich. Die Stadt verbesserte ihre Befestigungsanlagen: 1534 wurde der Zwinger am Stephanitor fertiggestellt, Bastionen wurden verstärkt, Landsknechte in Sold genommen.

Bremen war ein getreues Mitglied des evangelischen Schmalkaldischen Bundes. Auf einer seiner diplomatischen Reisen wurde der bedeutende bremische Syndikus Johann van der Wyck 1534 im Schloß Fürstenau auf Betreiben des Bischofs von Münster ermordet. Großen Einsatz forderte die Bekämpfung des vom katholischen Herzog von Geldern geförderten Häuptlings Balthasar von Esens, der seit 1536 Seeraub in großem Stil betrieb. 1538 brach eine Fehde des Grafen von Oldenburg gegen den Bischof von Münster aus, die weite Landstriche in der Bremer Umgebung verwüstete. 1539 griffen dann Landsknechte Herzog Heinrichs d. J. von Braunschweig und aus den Niederlanden Bremen an; doch zerstreute sich das Heer, das zum Teil in bremische Dienste trat. Nun war der Weg zum Schlußangriff auf Balthasar von Esens frei. Die Stadt rüstete Schiffe aus und führte einen erfolgreichen Kaperkrieg an der friesischen Küste. 81 Gefangene wurden in Bremen hingerichtet. Im Juli 1540 zog ein Bremer Heer vor Esens. Während der Belagerung starb Junker Balthasar; damit war eine große Gefahr für die Schiffahrt auf der Nordsee und für die Handelswege durch Oldenburg und Ostfriesland beseitigt.

Erzbischof Christoph blieb Bremens Feind und versuchte, Kaiser Karl V. gegen die Stadt zu beeinflussen; doch der Rat konnte mit hohem Einsatz von Geld gegensteuern und erhielt im Mai und Juli 1541 sogar sieben große Privilegien, von denen die über das Münzrecht, über die Jurisdiktion in den vier Gohen, Blumenthal, Bederkesa, Lehe und Neuenkirchen, das Schutzrecht auf der Weser und das Stapelrecht für Wein, Bier und Getreide besonders wichtig waren. Es fragte sich freilich, ob die Stadt diese Rechte gegen den Erzbischof auf die Dauer durchsetzen konnte. Bremen warb und unterhielt 3000 Landsknechte (bei etwa 18 000 Einwohnern). Die Hauptgefahr drohte seit 1545 von Kaiser Karl V., der zum Schlag gegen den evangelischen Schmalkaldischen Bund ausholte, wobei er an die Ausdehnung seiner niederländischen Stammlande nach Nordwestdeutschland dachte. Es bestand auch die Gefahr, daß die Stadt ihre Freiheit verlor, ins Erzstift eingegliedert und rekatholisiert wurde.

1546 brach der Krieg aus. Der Hauptkriegsschauplatz war an der Donau und in Mitteldeutschland; hier wurden die Schmalkaldener unter dem Kurfürsten von Sachsen und dem Landgrafen von Hessen geschlagen. In Norddeutschland war der Verlauf anders: Die Schmalkaldener taten sich hier zunächst schwer, ein schlagkräftiges Heer aufzustellen, und so drangen die Kaiserlichen unter Jobst von Cruningen und Christoph von Wrisberg am 19. Februar 1547 bis nach Bremen vor. Das flache Land wurde verwüstet; aber die Stadt selbst leistete Widerstand: Das Vorgelände wurde planiert und an den Festungswällen fieberhaft gearbeitet. Auch Erzbischof Christoph erschien vor der Stadt. Die Bürger aber machten erfolgreiche Ausfälle. Die Belagerer hatten dagegen Versorgungsschwierigkeiten, der Befehlshaber Jobst von Cruningen fiel. Das Heer unter Wrisberg zog sich vorübergehend zurück, wurde dann aber durch die Armee Herzog Erichs von Braunschweig-Calenberg verstärkt. Nun begann am 19. April die zweite Belagerung Bremens. Im Vorgelände entstanden Schanzen, von denen aus alle Landstraßen und die Weser blockiert wurden.

In dieser Zeit aber versammelte sich bereits ein Entsatzheer der Schmalkaldener unter Albrecht von Mansfeld, Christoph von Oldenburg und Wilhelm von Thumbshirn. Es fiel ins Herzogtum Calenberg ein, und nun wurde die Belagerung Bremens am 22./23. Mai aufgegeben. Das kaiserliche Heer zog an die Oberweser, erlitt aber bei der Drakenburg eine vernichtende Niederlage. Von Bremen aus wurde auch ein Teil des Erzstifts erobert. Die Freiheit der Stadt und ihres evangelischen Glaubens war aber noch nicht gesichert; denn der Kaiser verlangte Unterwerfung und Bußgeldzahlung; bei einer Weigerung drohte die Reichsacht. Die Diplomatie der evangelischen Fürsten und Städte bewirkte, daß nichts Endgültiges entschieden wurde, bis Karl V. dann selbst durch den „Verrat“ des Kurfürsten Moritz von Sachsen 1552 in eine bedrängte Lage kam.

Bürgermeister Daniel von Büren und der Weg zum reformierten Glauben 1554–84

Die in ganz Norddeutschland beachteten Erfolge, bei denen die Stadt Bremen eine Art „Heldenrolle" gespielt hatte, steigerte auch das Selbstbewußtsein der herrschenden Bürgerschicht. Die weiträumigen Handelsverbindungen und die Zunahme des Studiums junger Bremer der Oberschicht förderten die Weltläufigkeit und das geistige Leben, wozu auch die theologische Diskussion gehörte, die durch die Ausbreitung des Calvinismus entfacht wurde. Offenbar waren nicht nur Angehörige der Oberschicht, sondern vor allem auch der unteren und mittleren Schicht für die neuen Gedanken aufgeschlossen, die u. a. die nur symbolische, nicht tatsächliche Wandlung beim Abendmahl, die Ablehnung der Allgegenwart Christi, die Stärkung der Gemeinde gegenüber den Pfarrern und die Beseitigung des Schmucks in den Kirchen zum Inhalt hatten.

Eindrucksvoller Repräsentant dieses „reformierten" Glaubens wurde Albert Rizäus Hardenberg, ein Niederländer, der 1547 Feldprediger im evangelischen Heer gewesen war und dann als Prediger am Dom angestellt wurde. Dadurch war er unabhängig von der Kirchenorganisation der Stadt Bremen. Es brach nun ein heftiger Streit zwischen Hardenberg und einigen lutherischen Pastoren aus, der dadurch eine politische Dimension bekam, daß sich Bürgermeister Daniel von Büren d. Jg. und drei Ratsherren auf die Seite Hardenbergs stellten und so eine Isolation Bremens in Norddeutschland und in der Hanse in Kauf nahmen. Auch die lutherische Partei fand im Rat einen bedeutenden Verfechter: Bürgermeister Detmar Kenckel. Der Streit bekam eine soziale Note, weil sich die große Masse der Mittel- und Unterschicht, weniger aus theologischen als aus emotionalen Gründen, auf die Seite Hardenbergs stellte.

Stundenlange Disputationen brachten keinen Ausgleich. Gutachten wurden angefordert, die Hansestädte, der König von Dänemark und die sächsischen Fürsten nahmen gegen Hardenberg Stellung. Der neue Erzbischof, Georg von Braunschweig-Wolfenbüttel, bot 1558 seine Vermittlung an. Eine große Disputation im Mai endete in einem Eklat, weil Bürgermeister Daniel von Büren dem Rat jedes Recht absprach, in theologischen Fragen zu entscheiden. Er stellte sich auf Hardenbergs Seite gegen die Mehrheit seiner Kollegen sowie der anwesenden bremischen und auswärtigen Theologen. „Unparteiische" Disputationen gab es eben nicht, und so nahm Hardenberg selbst an ihnen auch nicht teil. Der Haß der Pastoren und der Ratsmehrheit gegen ihn wuchs.

1560/61 fanden mehrere niedersächsische Kreistage statt, die sich mit der Angelegenheit beschäftigten. Am 8. Februar 1561 forderte der Kreistag Har-

Albert Rizäus Hardenberg (links) und Bürgermeister Daniel von Büren d. Jg. in Darstellungen von Anfang des 19. Jahrhunderts.

denbergs Absetzung. Er war sicher ein Mann, der zu seiner Auffassung stand und die Diskussion nicht scheute; der politischen Gegenströmung fühlte er sich nicht gewachsen; am 18. Februar 1561 verließ er Bremen und ging nach Oldenburg, dann nach Emden. Seine Bremer Anhänger kapitulierten aber nicht und bekämpften die lutherische Orthodoxie, wo sie es konnten.

Im Januar 1562 mußte sich die zukünftige Entwicklung entscheiden; denn nun sollte Daniel von Büren turnusgemäß den Vorsitz im amtierenden Ratsviertel übernehmen; das aber wurde ihm von seinen Gegnern streitig gemacht. Jetzt kam Bewegung in die Masse der Bürger, und einige drangen mit Daniel von Büren und zwei gleichgesinnten Ratsherren ins Rathaus ein, während sich Hunderte auf dem Marktplatz und im Dom versammelten. Man übergab dem sitzenden Bürgermeister eine Reihe von Forderungen, die auf freie Religionsausübung der Hardenbergianer und eine Verbannung der schärfsten Orthodoxen hinausliefen. Es drohte Gewalttat. Eingeschüchtert gab die Ratsmehrheit nach.

Doch der Streit ging weiter: Ein großer Teil der Ratsherren und fünf Prediger verließen die Stadt mit ihren Familien und Anhängern. Sie hielten sich nun an verschiedenen Orten auf und versuchten den Kaiser, einige Fürsten und die Städte gegen Bremen zu mobilisieren. Die Ausgewichenen beherrschten auch Bederkesa und Ottersberg, das seit 1547 in bremischem Pfandbesitz war. Ottersberg wurde dann am 27. Juli 1562 von Kriegsknechten des Erzbischofs Georg besetzt. In Bremen wählte man im Mai einen beratenden Ausschuß, da der Rat nur noch aus Bürgermeister Daniel von Büren und drei Ratsherren bestand. Der Erzbischof, der niedersächsische Kreistag, die Hanse und sogar der Kaiser befaßten sich mit der Angelegenheit. Der Kaiser setzte den Erzbischof als Schlichter ein. In Bremen wurde der Rat durch Nachwahlen von 19 Ratsherren und drei Bürgermeistern vervollständigt. Die Hanse schloß Bremen auf Drängen der ausgewichenen Ratsherren 1563 aus dem Städtebund aus. Viele Schlichtungsverhandlungen wurden geführt und Vergleichsvorschläge gemacht, um die leidige Sache zu beenden.

1566 starb Erzbischof Georg, der letzte katholische Erzbischof, ein friedfertiger Mann, der die Schlichtungsbemühungen ernst genommen hatte. Sein Nachfolger, Heinrich III. von Sachsen-Lauenburg, war noch unmündig und mußte zunächst die Regierung dem Domkapitel überlassen. Die Schlichtungsversuche wurden aber fortgesetzt; schließlich einigte man sich am 3. März 1568: Die Augsburger Konfession wurde von beiden Seiten anerkannt, die Ausgewichenen durften als Bürger ohne Amt nach Bremen zurückkehren; erst 1576 wurde die Stadt wieder in die Hanse aufgenommen.

Die Lösung der Kirchenfrage blieb schwierig. Der 1570 berufene Superintendent Marcus Mening war eher reformiert als lutherisch. Der Rat übte seine Kirchenhoheit konsequent aus und setzte einige orthodoxe Lutheraner ab. 1577 begann man, in den Kirchen die Bildwerke und Altäre zu entfernen, 1586 waren alle Kirchen im calvinistischen Sinne „gereinigt“. Schon um 1580 hatte sich der reformierte Glaube in allen Gemeinden durchgesetzt; 1584 wurde Christoph Pezelius Superintendent, der auf reformierte Kirchendisziplin drängte.

Blüte am Ende des 16. Jahrhunderts

Trotz dieser Veränderungen im kirchlichen Bereich gab es weder in der Schichtung der Bürger noch in der Sozialstruktur des Rates nennenswerte Veränderungen. Wenige führende Familien beherrschten weiterhin das öffentliche und wirtschaftliche Leben Bremens.

Inzwischen war aber die Wirtschaftslage schwierig geworden. 1566 hatte die Pest gewütet, der niederländische Krieg erschwerte den Handel. 1571 gab es eine Flutkatastrophe und 1572 eine Teuerung. Zügellose Landsknechtshaufen zogen durchs Land. Die Beziehungen zum Erzbischof waren kritisch, doch erklärte die Stadt sich schließlich bereit, ihm feierlich zu huldigen.

Der Religionsstreit in Bremen ging weiter. Entscheidend war der Einfluß des calvinistisch-reformierten Christoph Pezelius, der seit 1584 Superinten-

Die Schlacht bei der Drakenburg. Aquarell vom Ende des 17. Jahrhunderts nach dem Kupferstich in der Bremer Dilich-Chronik von 1603.

Vornehme Bremerin mit Tiphoiken (dem gebogenen Horn an der Stirn), Radkragen und schwarzem Umhang. Aquarell vom Ende des 17. Jahrhunderts.

Ansicht von Bremen: Die Altstadt mit den Kirchtürmen im Hintergrund, die Neustadt mit sieben Bastionen im Vordergrund. Aquarell vom Ende des 17. Jahrhunderts.

Das Armenhaus an der Großenstraße, das bis an die Weser ging, 1696/98 erbaut, später Focke-Museum, im Zweiten Weltkrieg zerstört. Aquarell um 1700

Das Rathaus mit seiner Renaissance-Fassade von 1595/1613 und dem Kanzleianbau des 16. Jahrhunderts. Aquarell vom Ende des 17. Jahrhunderts.

dent war. Die alte Lateinschule im Katharinenkloster wurde 1584 um eine achte Klasse erweitert und 1610 zu einer reformierten Akademie mit vier Fakultäten ausgestaltet. Sie erlebte durch einige namhafte Professoren eine Blütezeit.

Trotz Wirtschaftskrisen und Pestepidemien war Bremen bis zum Beginn des 30jährigen Krieges eine reiche Stadt, was sich auch in zahlreichen repräsentativen Bauten im Stil der Weserrenaissance ausdrückte; zu ihnen gehörten die Stadtwaage, das Rathaus und das Krameramtshaus (heute Gewerbehaus). Die Stadt wurde durch einen oligarchischen Rat aus Kaufleuten und Juristen beherrscht; im Wirtschaftsleben hatten die Elterleute des Kaufmanns im Schütting ein wichtiges Mitspracherecht. Es entwickelte sich eine Art Lokalpatriotismus der Oberschicht, der sich etwa in der 1583 abgeschlossenen Stadtchronik des Notars Johann Renner niederschlug. Es gab auch eine Reihe von Gelehrten, die außerhalb der Stadt beachtet wurden. Zu ihnen gehörte der Mediziner Johann Ewich, der Bücher über Pest und Hexen schrieb. Andererseits waren intolerante reformierte Bilderstürmer am Werk, die die Kirchen von allen Kunstwerken des Mittelalters „reinigten".

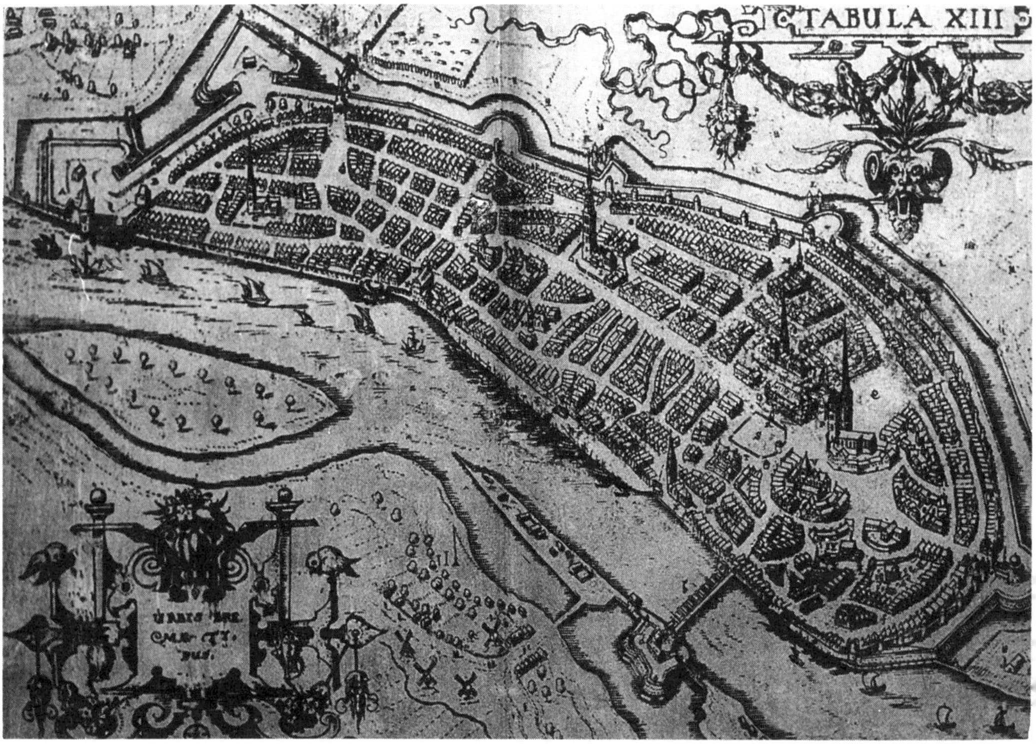

Vogelschau von Bremen. Kupferstich in der Dilich-Chronik 1503. Die Rondelle sind am Doven- und Stephanitor bereits durch Spitzbastionen ersetzt, der Weserübergang ist durch die „Braut" geschützt, die Neustadt besteht noch nicht.

Gefahren von außen – Befestigungspläne, 1588–1624

Außenpolitisch gab es einige Gefahren: Streit entstand mit dem Grafen von Oldenburg über die Schiffahrt auf der Weser, und der Krieg zwischen Spanien und England (die „Armada" 1588) beeinträchtigte auch die bremische Schiffahrt. 1591 und 1598 bedrohten spanische Truppen ganz Norddeutschland. Mit den Erzbischöfen Johann Adolf und Johann Friedrich aus dem Hause Holstein-Gottorf gab es über die Einbindung der Stadt ins Erzstift manche Reibereien.

In dieser bedrohlichen Lage entschloß sich Bremen, die Festungsanlagen zu modernisieren. Seit 1601 plante man acht Spitzbastionen für die Altstadt; das linke Weserufer sollte mit sieben Bastionen gesichert werden. Zunächst entstanden 1602 zwischen Weser und Doventor zwei Bastionen; dann geriet das Werk ins Stocken. Auch sonst bereitete man sich auf den Verteidigungsfall vor: Die Bürgerschaft wurde seit 1605 in Kompanien organisiert. Im selben Jahr berieten einige der alten Hansestädte (Lübeck, Hamburg, Bremen, Lüneburg und Magdeburg) über ein Verteidigungsbündnis, das dann 1607 zu einem Abschluß kam; doch verweigerte man 1608 den Anschluß an die evangelische „Union", die der katholischen „Liga" feindlich gegenüberstand. Wichtigster Vertreter einer militanten Verteidigungspolitik war in dieser Zeit der bedeutende Bremer Bürgermeister Henrich Krefting, der 1611 an der Pest starb. 1616 trat Bremen dann einem Bündnis bei, in dem sich die Niederlande und mehrere norddeutsche Städte (Lübeck, Hamburg, Lüneburg, Braunschweig) zum Widerstand gegen die Spanier, aber auch gegen Dänemark und andere aggressive Fürsten rüsteten.

Seit 1611 entwarf der Niederländer Johann van Valckenborgh seine Pläne für eine Befestigung Bremens, zu der auch die Anlage einer Neustadt links der Weser gehörte. 1615 begann man zunächst mit dem Bau von Bastionen am Ostertor. Als dann 1618 der böhmische Krieg ausbrach, blieb in Norddeutschland zunächst alles ruhig. Eine kritische Lage trat aber im Verhältnis Bremens zu Oldenburg seit 1619 ein, als Graf Anton Günther die Einrichtung eines Weserzolls bei Elsfleth betrieb und diesen seit 1624 auch erhob. Dieser Zoll war nun zwei Jahrhunderte hindurch umstritten. Eine Schwäche der bremischen Position war das ausgedehnte Landgebiet außerhalb der Stadt. Was einst als Machtgrundlage angesehen wurde und auch der Oberschicht als Kapitalanlage in Grundvermögen gedient hatte, wurde nun in einer Zeit großer Territorialkriege eine Last: Das städtische Territorium ließ sich nicht mehr schützen, forderte aber immer noch zu riskanten politischen Überlegungen heraus. Der Stadt gehörte die ausgedehnte Herrschaft Bederkesa; im Kirchspiel Lehe an der Geestemündung hatte der Rat entscheidenden Einfluß; zur Stadt gehörten weiterhin das Gericht Neuenkirchen und das Amt Blumenthal (mit Vegesack). Entscheidend war der Einfluß des Rates auch im Gericht Borgfeld. Das engere Territorium bestand aus den vier Gohen Nieder- und Obervieland mit Huchting links der Weser, Werderland mit Walle und Gröpelingen und Blockland/Hollerland rechts der Weser, deren Gerichtsbarkeit und Schutz dem Rat unterstanden. Eng mit der Stadt waren die „Vorstädte" in unmittelbarer Nachbarschaft der Altstadt verbunden; in ihrem Bereich lag auch die Bürgerweide. Das war im ganzen ein Gemisch von Einflüssen im Rahmen der Gerichtsbarkeit, Wirtschaft und Politik, das durch umfangreichen bürgerlichen Grundbesitz gestützt wurde, sich aber bei einem größeren militärischen Konflikt nicht schützen oder gar bewahren ließ.

Innere Verhältnisse und Kultur vor dem Dreißigjährigen Krieg

Der innere Frieden wurde zunächst durch eine uneingeschränkte Ratsherrschaft gesichert. Im Rat waren die wichtigsten Familien der kaufmännischen und akademischen Oberschicht sowie der Großgrundbesitzer vertreten. Versuche, das immer noch gültige Stadtrecht von 1433 zu reformieren, blieben in den Ansätzen stecken. Bürgermeister Henrich Kreftings „Statuta Reformata" von 1605 wurden nicht geltendes Recht; man behalf sich mit Interpretationen („Glossen") des alten Rechts.

Die Handwerker, deren Meister in „Ämtern" (Zünften) organisiert waren, blieben aus dem Rat ausgeschlossen. Ernst zu nehmende Opposition kam seit 1609 nur von den Kaufleuten, die im „koopmann to Bremen" zusammengeschlossen waren und in den Elterleuten ein sachkundiges Sprecherkollegium hatten. Diese erklärten immer wieder, sie seien die Sprecher der gesamten Bürgerschaft. In Fragen der Wirtschaft und des militärischen Schutzes waren sich Rat und Elterleute im Prinzip einig, doch stritt man sich um Kompetenzen und die Art der Besteuerung.

Die Wirtschaft, besonders der Handel, stand zu Beginn des 17. Jahrhunderts in voller Blüte; doch das flache Fahrwasser der Weser machte Sorgen: Seeschiffe kamen selten nach Bremen und mußten die Waren auf der Unterweser in Kähne umladen, die dann zur Schlachte fuhren. Der seit 1619 auf Betreiben der Kaufleute angelegte Hafen in Vegesack konnte keine Abhilfe schaffen. Zunächst verwaltete das Haus Seefahrt den Hafen, später der Rat; es entstand 1645/48 ein „Havenhaus", in der Nähe entwickelte sich eine kleine Siedlung von Schiffern und Handwerkern. Hatte man zunächst wohl gehofft, daß Seeschiffe den Hafen anlaufen würden, waren es dann aber vor allem Binnenschiffe, die hier während der Wintermonate lagen.

Die Masse der etwa 20 000 Einwohner, die Handwerksmeister und kleinen Kaufleute des Mittelstandes, die Handwerksgesellen, Schiffer, Fuhrleute, Tagelöhner, das fahrende Volk und die Armen der Unterschicht, war ohne politischen Einfluß. Die Armen waren von einer Unterstützung durch Stiftungen, kirchliche Diakonien, Waisenhäusern usw. abhängig.

Im öffentlichen Leben war vieles auf Repräsentation der Oberschicht abgestellt: Die Fassaden der Häuser, die Kleidung, die Feste, die Epitaphien in den Kirchen, die neue Rathausfassade und die Güldenkammer in der oberen Rathaushalle, die Ratsmusik und die Porträtmalerei waren dafür deutliche Zeichen.

Das geistige Leben wurde weitgehend von der reformierten Kirche bestimmt; Gottesdienste mit langen Predigten und Kirchenmusik spielten eine große Rolle. Auch im Gymnasium Illustre mit seinen vier Fakultäten der Oberstufe war der reformierte Glaube maßgebend, wenn auch der Geist der Antike von einiger Bedeutung blieb. Den Ruhm der Stadt sollte eine gedruckte Chronik in lateinischer Sprache künden, auf deren Text der Bremer Rat einwirkte und die mit Kupferstichen Wilhelm Dilichs aus Hessen ausgestattet war. Das Volksschulwesen war eng mit den Kirchspielen verbunden; das Klippschulwesen befand sich in privater Hand. Wer es sich leisten konnte, hielt einen Hauslehrer für seine Kinder.

Im Dreißigjährigen Krieg 1618–48

Der Dreißigjährige Krieg brachte diese Blütezeit nicht sogleich zu einem Ende; dennoch bestand die Gefahr einer militärischen Besetzung und Ausplünderung der Stadt immer wieder. Diese Gefährdung ging zunächst nicht etwa vom Kaiser und der Katholischen Liga aus, sondern vom ehrgeizigen König Christian von Dänemark und den protestantischen Heerführern Graf Ernst von Mansfeld und Christian von Halberstadt. Bremen hielt engen Kontakt mit den Niederlanden und den wichtigsten Hansestädten. Zunächst blieb die engere Umgebung vom Krieg verschont. Tilly, der Feldherr der Katholischen Liga, erschien 1624 vor Oldenburg. Unter dem Eindruck dieser Gefahr entschied der Bremer Rat sich für die Verwirklichung eines Plans des Holländers Johann van Valckenborgh, der den Bau einer Neustadt mit sieben Bastionen auf dem linken Weserufer vorsah. Die Bauarbeiten dauerten von 1624 bis 1627, die Besiedlung kam dagegen nur langsam voran.

Inzwischen hatte sich das Kriegsgewitter über Norddeutschland zusammengezogen. 1625 wurde der König von Dänemark Obrist des niedersächsischen Reichskreises; dänische Truppen durchzogen auch das bremische Landgebiet. Am 27. August 1626 erlitt Christian IV. jedoch bei Lutter am Barenberge eine Niederlage, und nun überschwemmten 1627/28 die katholischen Truppen Norddeutschland. In dieser Zeit begann Bremen mit der Modernisierung seiner Altstadtbefestigung, konnte sie aber noch nicht zu einem Abschluß bringen. Das kaiserliche „Restitutionsedikt" von 1629 forderte die Rückgabe aller seit 1552 beschlagnahmten Kirchengüter. Die evangelische Kirche geriet in den von kaiserlichen Truppen besetzten Gebieten in große Bedrängnis.

Da landete König Gustav Adolf von Schweden mit seinem Heer in Pommern und brachte die Wende – aber Bremen blieb neutral. 1652 hatten die katholischen Truppen Norddeutschland verlassen. Jetzt erst war Bremen bereit, die schwedische Sache zu unterstützen, ohne jedoch Truppen aufzunehmen. Andererseits blieb auch die dänische Partei nicht ohne Einfluß: 1634 wurde der Sohn des Königs, Friedrich, sogar Erzbischof von Bremen. Ihm huldigte 1637 die Stadt zwar, doch kam sie mit dem neuen Herrn nicht gut aus; der Hauptkonflikt brach auf, als der Erzbischof 1638 den Dom für den lutherischen Gottesdienst öffnen ließ und Kontributionszahlungen für das Erzstift verlangte. Auch dauerte der Streit der Stadt mit Graf Anton Günther von Oldenburg über den Elsflether Weserzoll an. Erzbischof und Rat rückten wieder näher zusammen, als die Truppen des kaiserlichen Generals Gallas bis Achim vorrückten. Zu allem Überfluß brach ein heftiger Streit zwischen dem Rat und den Elterleuten des Kaufmanns über die Finanzierung der Verteidigungskosten aus.

Die Reichstadturkunde 1646 – Der Westfälische Frieden 1648

Angesichts der dänischen Expansion und von Vorstößen kaiserlicher Truppen in Norddeutschland richteten die Schweden ihre Machtpolitik auf die Wesermündung. Die ersten Vorstöße des Generals Hans Christoph von Königsmarck führten 1643/44 über Verden bis zur Elbe; er mußte sich aber wieder zurückziehen, zumal Bremen seine Tore verschloß. Doch erwartete man einen weiteren Angriff und eine Besetzung der Stifte Bremen und Verden, bevor in Osnabrück die Friedensverhandlungen abgeschlossen werden konnten. Die Stadt Bremen, die formal immer noch zum Erzstift gehörte, unternahm zur Sicherung seiner Freiheit einen geschickten Schachzug: Sie erlangte 1646 von Kaiser Ferdinand III. in Linz gegen eine hohe Gebühr ein Diplom, das Bremen zur Reichsstadt machte. Auch der Kaiser hatte Interesse daran, daß Bremen nicht schwedisch wurde. Noch im selben Jahr besetzte Königsmarck die Stifte Bremen und Verden, wobei die Stadt Bremen ausgespart wurde.

Im Frieden von Osnabrück 1648 wurde die Stellung Bremens offengelassen. In der Stadt erhielt Schweden nur das Domgebiet, das seit alters zum Erzstift gehörte. Der Graf von Oldenburg bekam seinen Weserzoll bestätigt. Im ganzen waren die Westfälischen-Friedens-Bestimmungen für Bremen unbefriedigend, zumal Schweden die bremische Reichsunmittelbarkeit nicht anerkannte. Bei realistischer Einschätzung war klar, daß Bremen sein Landgebiet, zu dem ja die Herrschaft Bederkesa, das Kirchspiel Lehe, das Gericht Neuenkirchen und das Amt Blumenthal gehörten, im Ernstfall nicht bewahren konnte. Zunächst setzten umständliche diplomatische Verhandlungen ein; im Landgebiet waren zeitweilig schwedische Truppen einquartiert, Bremen wurde zu den Landtagen eingeladen, schickte aber keine Delegierten, verweigerte auch die Huldigung gegenüber dem schwedischen König. Die Stadt war auf der Hut: Sie unterhielt Söldner, organisierte die Bürgerwachen und baute auch an den Festungsanlagen.

Das bremische Landgebiet wurde von den Schweden durch Abgaben und Einquartierung bedrückt; auch ließ Königsmarck Schanzen bauen. Zugleich-

Das „Linzer Diplom“ von 1646, durch das Kaiser Ferdinand III. Bremen zur Reichsstadt machte.

spitzte sich der Zollstreit mit Oldenburg zu, in dem die Niederlande auf der Seite der Stadt standen. 1652 wurde Bremen wegen der Zollverweigerung in die Reichsacht getan, die den Handel erheblich schädigen konnte. Zu allem Überfluß geriet der Rat wegen der Steuererhebung in einen Streit mit den Elterleuten des Kaufmanns; diese beanspruchten, als Vertreter der gesamten Bürgerschaft anerkannt zu werden. Da wurden Vorwürfe gegen einen der Elterleute, Burchard Lösekanne, laut: Ihm wurden finanzielle Unregelmäßigkeiten und dann auch Agententätigkeit für die Schweden vorgeworfen. Tatsächlich berichtete er gegen Geld an Schweden über die Zustände in Bremen; die Elterleute ließen ihn nun fallen. Der Stadt gelang es, sich im September 1653 aus der Reichsacht zu lösen.

Die Schwedenkriege 1654 und 1666

In dieser Zeit begann Hans Christoph von Königsmarck als Generalgouverneur des Herzogtums Bremen mit seinen Kriegsvorbereitungen gegen die Stadt. Im März 1654 ließ er die von Bremer Truppen besetzte Burger Schanze beschießen; sie wurde aufgegeben. Die Stadt beschränkte sich auf die Verteidigung ihrer Festungswälle. Sie warb 3000 Söldner an, und das Schußfeld im Vorgelände wurde von Bauten und Bäumen befreit.

Der ehemalige Eltermann des Kaufmanns und Verräter Burchard Lösekanne wurde in einem Schauprozeß zum Tode verurteilt; am 12. Mai 1654 wurden ihm auf dem Marktplatz zunächst die Schwurfinger, dann der Kopf abgeschlagen. Auch der Bürgermeister Statius Speckhan geriet (wahrscheinlich unberechtigt) in den Verdacht, die Stadt an die Schweden verraten zu haben. Bremer Truppen unternahmen Streifzüge in die Umgebung der Stadt; es gelang ihnen sogar, die Burger Schanze zurückzuerobern.

Königsmarck wagte keinen Generalangriff, konnte aber die Burger Schanze zurückerobern. Der diplomatische Druck auf Schweden nahm zu; schließlich einigte man sich am 28. November 1654: Die Frage der Reichsunmittelbarkeit blieb offen, eine Huldigung gegenüber Schweden sollte jedoch stattfinden. Vor allem aber fielen Bederkesa und Lehe an Schweden. Blumenthal, Neuenkirchen und Vegesack blieben zwar unter bremischer Verwaltung, die Landeshoheit übernahm jedoch Schweden. Die Frage der Landeshoheit über die vier Gohe und das Erbgericht Borgfeld blieb offen. Viele weitere Details wurden nur unzulänglich geregelt, so daß neue Konflikte zu erwarten waren. Am 6. Dezember 1654 huldigte die Stadt der Krone Schweden.

Da Schweden in den folgenden Jahren in Kriege mit Dänemark und in Polen verwickelt war, bekam Bremen eine Atempause. Es führte bis 1664 den Bau von modernen Befestigungsanlagen der Altstadt zu Ende. Die Stadt war nun eine der stärksten Festungen.

1665 gab es erneut Streit über eine Huldigung gegenüber dem unmündigen Schwedenkönig Karl XI. Der schwedische Reichsrat beschloß nun die Eroberung der Stadt, wobei die militärische Führung an den Reichsfeldherrn Carl Gustav Wrangel übertragen wurde. Er war einer der großen Haudegen des Dreißigjährigen Krieges. Schon im Oktober 1665 erschien er mit 12 000 Mann in Pommern, die dann im Januar 1666 ins Herzogtum Bremen verlegt wurden. Schwedens politische Lage war mißlich, da der Herzog von Braunschweig-Lüneburg und der Markgraf von Brandenburg mißtrauisch, die Niederlande und Dänemark ausgesprochen feindselig waren. Es kam für Schweden darauf an, die Stadt schnell zu besetzen; doch diese war bereit, ihre Freiheit zu verteidigen. Im Mai/Juni 1666 besetzten die Schweden das Werder-, Block- und Hollerland, dann auch das Nieder- und Obervieland. Die Stadt wurde von etwa 10 000 schwedischen Soldaten eingeschlossen; an wichtigen Punkten warfen die Schweden Schanzen auf und schlugen bei Habenhausen und Lankenau Schiffsbrücken über die Weser. In Habenhausen nahm Wrangel auf einem Bauernhof sein Hauptquartier. Ein Nachteil der Schweden war die schwache Artillerie, mit der sich die Stadt nicht wirkungsvoll beschießen

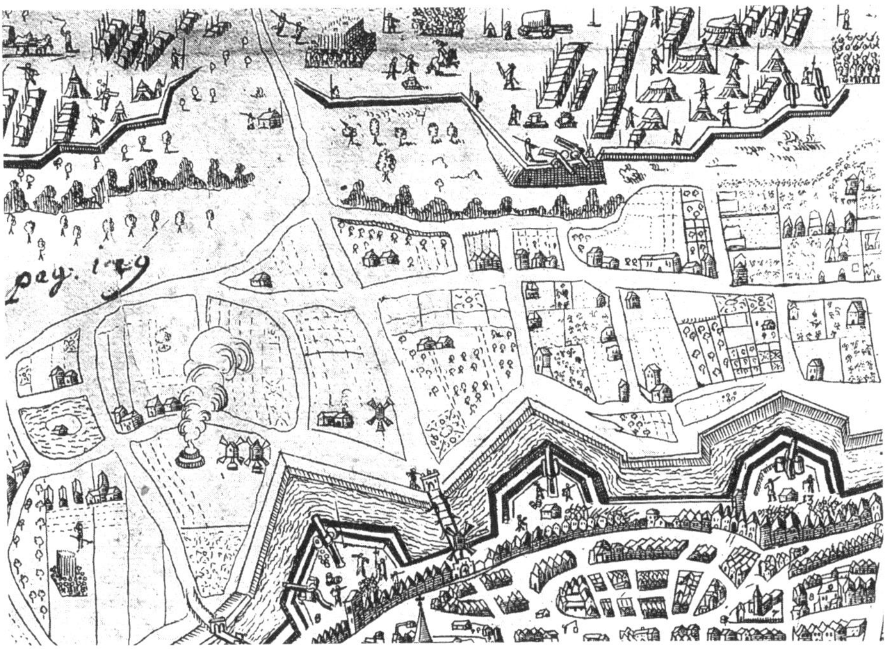

Die Schweden belagern Bremen 1666. Ausschnitt aus einem Kupferstich von Johann Hoffmann.

ließ. Im Vorgelände der Stadt kam es zu mehreren Scharmützeln. Die Versorgung der schwedischen Truppen wurde schwierig. Braunschweig-Lüneburg und Kurköln stellten unter dem Grafen Friedrich von Waldeck bei Nienburg und Rekum ein Entsatzheer auf; die Niederlande, Dänemark, Braunschweig-Lüneburg und Brandenburg schlossen ein Bündnis gegen Schweden; es drohte ein europäischer Krieg.

Im Oktober begannen Verhandlungen in Habenhausen. Bremens Wunsch war, das Herzogtum Bremen an Braunschweig-Lüneburg zu überführen; Wrangel wollte, daß die Reichsunmittelbarkeit Bremens bis zum Ende des Jahrhunderts ausgesetzt werde. Inzwischen waren die Entsatztruppen bis Thedinghausen vorgedrungen. Wrangel war gezwungen, die Besetzung des Niedervielands aufzuheben, um seine Abwehr in Habenhausen zu verstärken. Schließlich wurde am 14. November ein Kompromißvertrag unterzeichnet; für die Gesandten fand dann im Bremer Rathaus ein Friedensfest statt. Andererseits wurde das Haus des „Verräters" Bürgermeister Statius Speckhan in der Langenstraße von aufgebrachten Bürgern geplündert.

Der „Friede von Habenhausen" legte fest, daß Bremen nach dem Ende der gegenwärtigen Reichstagssession bis zum Ende des Jahrhunderts auf seine

Bremen huldigt den Schweden 1667. Der Südturm des Doms ist zusammengebrochen, der Nordturm trägt nach einem Brand ein Notdach. Getuschte Federzeichnung von Erik Dahlberg, um 1690.

Stellung als Reichsstadt verzichten sollte. Doch die „Session" dauerte bis 1806, so daß diese Bestimmung für die Stadt keine Wirkung hatte. Über die Reichs- und Kreissteuern, die Bremen zu zahlen hatte, gab es komplizierte Bestimmungen. Die Landeshoheit für die vier Gohe und Borgfeld blieb offen, wurde aber von Bremen wahrgenommen. Die Stadt mußte sich wieder zur Huldigung gegenüber Schweden bereit erklären; sie wurde am 9. Juli von Karl Gustav Wrangel entgegengenommen.

Bremen hatte nun zwar seine Reichsstandschaft und das Territorialrecht in einem Teil der vier Gohe bewahrt, das alte Territorium jedoch nicht zurückgewonnen. Die Verteidigungsanstrengungen hatten die Stadt in Schulden gestürzt, die nur mit großer Mühe abgetragen werden konnten, zumal auch der territoriale Merkantilismus der Flächenstaaten den bremischen Handel schädigte. Eine Gefahr wurde sichtbar, als Schweden 1672 begann, an der Geestemündung eine Stadt und Festung, die Karlsburg bzw. Karlstadt (genannt nach König Karl XI.), zu bauen. Doch kamen nur wenige Siedler, so daß die Karlsburg im wesentlichen ein Militärstützpunkt blieb. Er wurde im Rahmen einer Reichsexekution den Schweden 1676–80 genommen und zum Teil geschleift. 1680 wurde die Karlsburg an Schweden zurückgegeben, das mehrere Ausbaupläne entwickelte, aber nicht verwirklichte, da die schwedische Großmachtstellung sich sehr bald in europäischen Kriegen erschöpfte.

Die Opposition der Elterleute – Kulturleben im wirtschaftlichen Niedergang am Ende des 17. Jahrhunderts

Als für Bremen die Gefahr durch Schweden gemindert war, zerbrach die innere Einigkeit der Bürger, zumal es nun darum ging, den Staatshaushalt zu sanieren. Immer wieder mußten Schoß (eine Vermögenssteuer) und Kollekten (eine Umlage für die minder Vermögenden) erhoben werden. Über das Prinzip der Besteuerung wurde zwischen Rat und Elterleuten des Kaufmanns heftig gestritten; der Konflikt weitete sich zu einer allgemeinen Kritik am Ratskollegium aus. Der vom kaiserlichen Residenten von Kurtzrock vermittelte Vergleich von 1681 sicherte dann im wesentlichen die Ratsherrschaft. Die Elterleute mußten sich auf Angelegenheiten des Handels beschränken, durften dem Rat aber auch Klagen der Bürger vortragen.

Immer wieder gab es Teuerungen, schlechte Münzen, verheerende Überschwemmungen und Epidemien, Seeraub auf den Meeren und Überfälle auf den Straßen. Der wirtschaftliche Niedergang Bremens war nicht aufzuhalten. Armut und Bettelei nahmen zu. Es gab manche Hilfsmaßnahmen. 1684 wurde ein reformiertes „Armen-Kinderhaus" gegründet; die Schweden richteten zudem 1690 am Domshof ein lutherisches Waisenhaus ein. Von den Diakonen der Kirchen und in einigen Hospitälern wurden zahlreiche Arme und Kranke notdürftig versorgt. 1696–1698 wurde dann an der Großenstraße ein stattliches Armenhaus gebaut.

Erstaunlich ist, daß in dieser Zeit wirtschaftlicher Not das Prestigebedürfnis der Oberschicht einem Höhepunkt zustrebte. Rangstreitigkeiten nahmen kuriose Formen an. In Kleidung, Wohnung und Feiern wurde großer Luxus entwickelt. Seit 1685 baute man nach den Plänen des Hugenotten Jean Baptiste Broëbes auf dem Liebfrauenkirchhof eine dekorative Börse. Auch einige neue Kirchen entstanden (St. Pauli in der Neustadt 1679/81, St. Michaelis vor dem Doventor 1697, später auch St. Remberti sowie die Kirchen in Walle, Rablinghausen und Grambke).

In der Kirche gab es heftige Streitigkeiten zwischen Orthodoxen und Pietisten (Undereyck, Neander u. a.). Es gab auch eine Reihe von Polyhistoren, Bücher- und Raritätensammlern in Bremen. Die Stadtbibliothek im Katharinenkloster hatte ihre erste Blüte, nachdem sie die Bücher des hessischen Juristen und Bibliomanen Melchior Goldast von Haiminsfeld übernommen hatte. Peter Koster, Rechenmeister an der Ansgariikirchspielschule, verdient es, besonders erwähnt zu werden. Er schrieb eine bremische Chronik des 17. Jahrhunderts, Nachrichten über die Kirchen, Schulen, Klöster und Armenhäuser sowie ein Rechenbuch (die „Bremische Münze"), das in vielen Auflagen bis in den Anfang des 19. Jahrhunderts gedruckt wurde.

Hannover als neuer Herr des Herzogtums Bremen 1715

Die wirtschaftliche Krisenzeit hielt bis in den Anfang des 18. Jahrhunderts an; Bremen leistete erhebliche Beiträge zu den Reichskriegen gegen die Türken und Ludwig XIV. von Frankreich. Immer wieder gab es Teuerungen und durchmarschierende Soldaten; die Stadt war so hoch verschuldet wie nie zuvor. 1701–1721 war Schweden in den Nordischen Krieg verwickelt, an dem die Großmacht schließlich zerbrach. Für Bremen war von Bedeutung, wer im Herzogtum Bremen das Erbe antreten werde: Dänemark oder Braunschweig-Lüneburg bzw. Kurhannover. Die Stadt versuchte sich neutral zu halten, um nach allen Seiten Geschäfte machen zu können. Das gelang auch zunächst, so daß trotz oder wegen der großen Kriege ein wirtschaftlicher Aufschwung einsetzte.

1712 rückten dänische Truppen ins Herzogtum Bremen ein und besetzten es; das Domgebiet in der Stadt blieb noch in schwedischer Hand; hier residierte nun der bisherige Generalgouverneur der Herzogtümer Bremen und Verden. Das Verhältnis der Stadt zu Dänemark war sehr gespannt. 1715 trat Dänemark die Herzogtümer dann an den Kurfürsten von Hannover ab, der seit 1714 zugleich König von Großbritannien war; dabei war das Domgebiet in Bremen eingeschlossen. Schweden verzichtete 1719 gegen eine Abfindung auf alle Ansprüche. Die Frage war nun, ob Hannover die Reichsstandschaft Bremens anerkennen werde oder nicht. Der hannoversche Stadtvogt beanspruchte immer noch die Gerichtshoheit in der ganzen Stadt; Streit gab es auch über die Rechte in den vier Gohen. Die Grafschaft Oldenburg und damit der lästige Elsflether Zoll blieben dänisch. Die Stadt sah sich also mit den Ansprüchen zweier europäischer Großmächte konfrontiert.

Zwischen barockem Glanz und grauem Elend in der ersten Hälfte des 18. Jahrhunderts

Die relativ ruhigen Jahre nach 1719 konnte Bremen im Rahmen einer merkantilistisch orientierten Wirtschaft der Flächenstaaten nicht nutzen. Im Produktionsbereich blieb das zünftig organisierte Handwerk entscheidend; es hatte für den Export nur geringe Bedeutung. Industrielle Betriebsformen blieben in den Ansätzen stecken: Es gab zwei „Tabakspinnereien", zwei Zuckerraffinerien, eine Seifensiederei und eine Kattunfabrik. Fabrikmäßige Herstellung zeigte sich auch in der Herstellung von Essig, Branntwein und Ziegelsteinen; die vielen Brauereien wurden dagegen handwerklich betrieben. Entscheidend blieb für die bremische Wirtschaft der Kommissions- und Transithandel, der starken Schwankungen unterworfen war. Drückend war die Besteuerung mit Akzise und Konsumtion. Die Märkte hatten im wesentlichen

Der Blitz schlägt in die „Braut" ein, 1739. Aquarell von Sophia Charlotte Ringen, 1772, Focke-Museum.

regionale Bedeutung; der Hafen an der Schlachte war weiterhin nur für Weserkähne erreichbar, die die Waren der Seeschiffe auf der Unterweser aufnahmen.

Die Stadt wirkte, abgesehen von den Kirchen, öffentlichen Gebäuden und den Giebelhäusern der Oberschicht grau, schmutzig und arm. Ein Wasserrad an der Weserbrücke und zahlreiche Brunnen versorgten die Häuser mit Wasser; Aborte und Fäkaliengruben gab es in den Höfen, viel Unrat wurde in die Weser und die Balge gekippt. Die Müllabfuhr steckte in den Anfängen, eine Kanalisation gab es nicht; Schmutz- und Regenwasser floß in offenen Rinnen auf der Straße ab oder versickerte im Boden. 1712/13 gab es die letzte Pestepidemie; später grassierten immer wieder Ruhr und Cholera. Oft gab es größere Brände. Die schlimmste Katastrophe ereignete sich 1739, als die „Braut", ein Pulverturm auf der Herrlichkeit, bei einem Gewitter explodierte und 31 Tote zu beklagen waren. An die jährlichen Überschwemmungen hatte man sich fast gewöhnt.

Die Oberschicht repräsentierte wie eh und je; jetzt wurde es Mode, sich Gartenhäuser in der Neustadt und Landhäuser in Oberneuland zu halten.

Kaffee- und Teehäuser in der Stadt blühten. Andererseits hatten die Berufstätigen der Mittel- und Unterschicht einen 12- bis 14stündigen Arbeitstag; es gelang den meisten von ihnen, ein Existenzminimum zu sichern. Armut und Betteln gehörten aber zum grauen Alltag der Stadt. Es gab nun seit 1731 die ersten Gesellenaufstände, die in einer kollektiven Arbeitsverweigerung bestanden; man wollte bestimmte Vergünstigungen bewahren oder durchsetzen; eine revolutionäre Stimmung mit dem Ziel einer veränderten Staatsordnung gab es aber nicht.

Seit 1692 finden sich in Bremen die ersten Zeitungen: ein Aktualitäten- und dann auch ein Anzeigen-(„Intelligenz"-)Blatt. Es gab in Bremen um 1700 zwei konzessionierte Druckereien, die Amtsdrucksachen und Bücher herstellten, aber nur von regionaler Bedeutung waren.

Das Gymnasium befand sich in unaufhaltsamem Niedergang; seine Oberstufe konnte nicht mit den Universitäten konkurrieren. Der Lehrstoff wurde aber vielseitiger und berücksichtigte nun auch die Naturwissenschaften. Die lutherische Lateinschule am Dom, das Athenäum, hatte seit der letzten Schweden- und in der ersten hannoverschen Zeit eine kurze Blüte, doch ab 1740 ging es bergab. Im gehobenen akademisch gebildeten Bürgertum gab es einige belesene und vielseitige Buch- und Kuriositätensammler, von denen freilich nur wenige außerhalb der Stadt bekannt waren.

Die Bautätigkeit hatte nur bescheidenes Ausmaß. 1733/38 wurde die Börse auf dem Liebfrauenkirchhof aufgestockt; hier und da entstanden Bürgerhäuser mit üppigem „Perückengiebel". Der überladene Baustil der großen Residenzen blieb Bremen fremd. Das Wasserrad mit seiner verzierten Verkleidung, die neue Weserbrücke, die Maschinen zur Vertiefung der Weser usw. waren Zweckbauten, die in ihrer Zeit viel beachtet wurden.

Konflikte mit Hannover und der Stader Vergleich 1741

Seit den 30er Jahren bescherte die Außenpolitik für Bremen einige kritische Perioden. Hannover stellte als Inhaber des Herzogtums Bremen die Rechtstellung des bremischen Landgebietes, vor allem die Landeshoheit und die Gerichtshoheit der Stadt in den vier Gohen, in Frage. Auch bremische Grundherrenrechte im Amt Blumenthal und im Gericht Neuenkirchen standen zur Debatte. Die Verhandlungen waren schwierig, einen Krieg mit Hannover konnte Bremen nicht riskieren; die Stadt mußte nachgeben. Der Stader Vergleich von 1741 sprach Hannover die Landeshoheit in Teilen des Werder-, Block- und Hollerlandes, der Vahr und Vegesack zu. Die Stadt behielt hier aber das Patronatsrecht über die Kirchen sowie die Rechtsprechung, nicht aber das Kontributionsrecht. Die Berufungsinstanz in Gerichtsverfahren sollte das Hofgericht in Stade sein. Bremen blieb Reichsstadt; doch Hannover stellte gegen Zahlung das Reichs- und Kreiskontingent an Soldaten. Die Bestimmungen waren kompliziert, beide Seiten konnten aber mit ihnen leben. Es zeigte sich aber doch, daß Bremen keine echte Souveränität mehr besaß und daß das Ausmaß der „Freiheit" von den großen Flächenstaaten, insbesondere von Hannover/Großbritannien, abhing.

Die Lage wurde schwierig, als 1740 die Zeit der großen Kriege begann, in die die Habsburger Monarchie, Bayern, Frankreich, Großbritannien/Hannover, Preußen und schließlich sogar Rußland verwickelt waren. Die Stadt huldigte den Kaisern Karl VII. und Franz I.; ihre Einwirkungsmöglichkeit in Norddeutschland war gering.

Kulturelle Blüte – Im Siebenjährigen Krieg zwischen den Parteien, 1741–62

Die größte Sorge Bremens galt zunächst der Schuldentilgung, die bei den Bürgern auf mancherlei Widerstände stieß. Doch im ganzen waren die Jahre zwischen 1741 und 1757 für Bremen einigermaßen ruhig; die Sozialstruktur mit festgefügten Schichten, die rückständige Produktionswirtschaft und stagnierender Handel wurden später aus der Rückschau vielfach sogar als glückliche Idylle empfunden.

Das Schulwesen war vielgestaltig, bevorrechtete aber die oberen Stände, für die Privatschulen und Hauslehrer sowie das Gymnasium und sogar auswärtige Universitäten verfügbar waren. 1748 wurde von einigen Studenten und Literaturfreunden die bremische „Deutsche Gesellschaft" gegründet, die ein vielseitiges Vortrags- und Veröffentlichungswesen förderte. 1744 entstand eine kurzlebige Freimaurerloge „Zu den drei Ankern". Doch hielt sich der Fortschritt im geistigen Leben in engen Grenzen.

Der Siebenjährige Krieg (1756–1763) riß auch Bremen in einen verhängnisvollen Strudel. Bremen bemühte sich bei den am Krieg beteiligten Staaten um die Anerkennung seiner Neutralität; das gelang nicht; immer wieder kam es zu Truppendurchmärschen. Nachdem die Franzosen die Briten und Hannoveraner am 26. Juli 1757 bei Hastenbeck in der Nähe von Hameln geschlagen hatten, erschien am 28. August ein französisches Korps vor Bremen. Es stellte sich die Frage, ob man ihm die Tore öffnen solle oder nicht. Man wollte es nicht auf eine Beschießung und auf einen Sturmangriff ankommen lassen und ließ die Franzosen ins Ostertor. Diese beschränkten sich zunächst auf eine Besetzung des hannoverschen Domgebietes. Dieses Ereignis zeigte, daß Bremen nicht mehr in der Lage war, die Neutralität aus eigener militärischer Kraft zu bewahren. Die Franzosen besetzten dann noch das Stephanitor und

Prinz Ferdinand von Braunschweig, Befehlshaber der preußisch-hannoverschen Truppen.

kampierten in Gröpelingen; andererseits sperrten britische Kriegsschiffe die Weser. Am 14./16. September zogen die Franzosen unter dem Herzog von Richelieu gegen eine hohe Geldzahlung aus der Stadt ab, behielten aber ihr Lager in Gröpelingen, dann in Hastedt.

Als ein preußisch-hannoversches Heer unter Prinz Ferdinand von Braunschweig heranrückte, forderten die Franzosen unter dem Herzog von Broglie erneut die Besetzung der Stadt. Unter Androhung eines Sturmangriffs gab der Senat nach; doch einige hundert Bürger gingen gegen die einrückenden Franzosen mit Beilen und Knüppeln vor; diese eröffneten das Feuer, und es gab Tote und Verletzte. Bremen wurde nun ein französisches Heerlager.

Im Februar 1758 rückte die hannoversch-britische Armee unter Prinz Ferdinand von Braunschweig gegen Bremen vor; die Franzosen verließen die Stadt und zogen nach Westfalen ab. Nun verlangten die Briten und Hannoveraner die Öffnung der Tore; sie wurde zugestanden. Die Stadt wurde außerdem gezwungen, große Mittel zur Versorgung der Truppen aufzuwenden. Im Juli 1758 verließen die Soldaten die Stadt wieder.

Die Schuldenlast war erdrückend, der „friedliche" Handel kam zum Erliegen; eine Münzverschlechterung förderte die Krise. Niemand wußte, wie die Stadt ihre Schulden loswerden konnte. Und der Krieg war noch nicht zu Ende. Im Juli 1759 drangen hannoversche Truppen erneut in die Stadt ein und plünderten. Nachdem die Armee des Prinzen Ferdinand die Franzosen am 1. August 1759 geschlagen hatte, schien die französische Gefahr gebannt.

Die Bremer Bürger stritten nun ohne Unterlaß über die Tilgung der Staatsschulden, über die eine Kommission der „Zweiunddreißig" Tilgungsvorschläge erarbeiten sollte. Doch jeder Besteuerungsvorschlag stieß auf Widerstand. Es gab keine Autorität mehr; auch der Rat war hilflos, zumal 1760/62 immer wieder Truppen durch Bremen marschierten, die ihre Forderungen stellten. Besondere Probleme verursachte die Einrichtung eines großen britischen Lazaretts für 3000 Kranke. Schwierig war es auch, die öffentliche Sicherheit herzustellen, die von marodierenden Soldaten und umherstreifendem Gesindel gefährdet wurde.

Freud und Leid des Rokoko in der 2. Hälfte des 18. Jahrhunderts

Die Friedensschlüsse von 1762/63 brachten Erleichterung; doch die Schuldenzahlung blieb offen. Viele große Geschäfte, die während des Krieges abgeschlossen wurden, hatten eine unsolide Grundlage. Die strenge Moral, die lange durch die reformierte Kirche und den Pietismus gepägt worden war, kam ins Wanken und brach teilweise ganz zusammen.

Positiv gewendet könnte man auch sagen: Bremen wurde „liberaler", weltoffener. Es gab große Gastereien, das Glücksspiel war verbreitet. Viele Bürger kleideten sich nach französischer und englischer Mode; man hielt Diener in Livrée, Equipagen und Reitpferde, und das alles in einer Zeit großer Not.

1765 entstand die Ackermannsche Bühne am Wall zwischen Ansgari- und Herdentor, auf der einige berühmte Schauspieler auftraten. Die „Deutsche Gesellschaft" blühte als literarisch-wissenschaftlicher Zirkel; ihr bleibendes Verdienst ist die Herausgabe des „Bremisch-niedersächsischen Wörterbuchs". Daneben gab es mehrere Lesezirkel und seit 1767 eine Freimaurerloge, die später „Zum silbernen Schlüssel" genannt wurde. Man spürte in Bremen einen Hauch von „Aufklärung".

Es bleibt aber festzustellen, daß diese geistige Vielseitigkeit nur einen Teil der Ober- und Mittelschicht erfaßte, nicht aber den grauen Alltag der Unterschicht. Die Stände klafften auseinander wie nie zuvor. Dennoch gab es keine revolutionäre Bewegung. Die Gesellenunruhen, die 1765 einen Höhepunkt erreichten, zielten auf eine Sicherung der Arbeitsplätze und Arbeitsbedingungen, nicht auf einen Umsturz der politischen Ordnung.

Größere Einflußmöglichkeiten hatten die Kaufleute, die durch ihre Elterleute ein Mitspracherecht bei der Tilgung der Staatsschulden beanspruchten. Die Elterleute erklärten sogar, sie seien Sprecher der gesamten Bürgerschaft. Schließlich einigte man sich auf mehrere Steuerarten, über deren Erträge der

Rat nun nicht mehr selbstherrlich bestimmen konnte. Eine wesentliche Erleichterung für den Staatshaushalt brachte der Abbau der Militärausgaben, deren Sinn nach den erfolglosen Verteidigungsversuchen im Siebenjährigen Krieg nicht mehr einzusehen war.

Nach 1764 erfolgte nach und nach eine wirtschaftliche Gesundung; Probleme wie das Mindener Stapelrecht und der Elsflether Zoll waren zwar ärgerlich, aber doch nicht von entscheidender Bedeutung, 1776/83 gab es Durchmärsche von Truppen, die an der Wesermündung nach Amerika eingeschifft wurden. Ihre Verproviantierung brachte den Kaufleuten Gewinne, wie überhaupt der bremische Handel seit 1776 einen großen Aufschwung nahm. Es gab einige spektakuläre Unternehmungen, so die Fahrt einzelner Schiffe nach Batavia, die Kaffee, Gewürze usw. holten, und das Anlaufen der dänischen Insel St. Thomas vor Guinea, um Kaffee, Tabak, Baumwolle usw. zu kaufen. Der Handel in Amerika war zunächst schwierig, besserte sich aber seit 1783; seit 1794 hatten die USA sogar einen Konsul in Bremen. Am Ende des Jahrhunderts war Frankreich, das Getreide kaufte und vor allem Wein und Luxuswaren exportierte, ein wichtiger Handelspartner Bremens. Besonders in Zeiten, in denen wegen der kriegerischen Ereignisse die Rheinmündung blokkiert war, liefen besonders viele englische Schiffe in die Weser ein. Der große Bedarf an Schiffen ließ mehrere Werften entstehen. Die bremische Industrie blieb freilich immer noch rückständig.

Das Stadtbild veränderte sich in dieser Zeit nur wenig. Das einzige größere, aber schlichte Gebäude, das entstand, war 1783/85 das lutherische Waisenhaus am Domshof im hannoverschen Teil der Stadt. Bemerkenswert ist außerdem noch die große Orgel Eckmanns in der Stephanikirche von 1768. Auffällig ist aber der Hang der Oberschicht zum Landleben: In der Neustadt entstanden immer mehr Ziergärten und im Landgebiet, vor allem im Hollerland, ansehnliche Landhäuser und Parks.

Im Schulwesen gab es einige Fortschritte: 1771 entstand die erste schulgeldlose „Freischule“ der Reformierten, 1787 folgte eine zweite. Der Lehrer Wilhelm Christian Müller betrieb seit 1781 eine Privatschule, in der auch moderne Sprachen, Geschichte und Naturwissenschaften gelehrt wurden. Das Gymnasium dagegen versank immer mehr zur Bedeutungslosigkeit, und bei den Kirchspielschulen zeigte sich wenig Bewegung.

Die Stadtbibliothek wurde 1770/75 neu geordnet. Zur bremischen Geschichte verfaßte Johann Philipp Cassel eine Reihe kleiner Schriften, die wichtige Quellen verarbeiteten. Die großen Chroniken von Hermann und Liborius Diederich von Post blieben ungedruckt. Wichtig war die Veröffentlichung der bremischen Gesetzbücher durch Gerhard Oelrichs 1771. Auf literarischem Gebiet wurde in Bremen nichts Wesentliches geschaffen, was nicht ausschließt, daß in Lesezirkeln viel gelesen wurde, daß „Magazine“ und Bücher verkauft und verliehen wurden.

Das Theater wurde durch die kurze Tätigkeit der Direktoren Abbt und Ackermann zeitweilig von vielen Bürgern besucht, die hier auch einige Dramen von Klassikern kennenlernten.

Die Naturwissenschaften wurden seit 1776 von einem Kreis interessierter Bürger gefördert, der sich 1783 Gesellschaft „Museum“ nannte und seit 1785 am Domshof ein Klubhaus besaß. Der bedeutendste Naturwissenschaftler dieser Zeit aber war der Arzt und Astronom Wilhelm Olbers, dessen Arbeiten über Kometen und Planeten freilich erst einer späteren Zeit angehörten.

Die Irrungen der Revolutionskriege – wirtschaftliche und kulturelle Blüte am Ende des 18. Jahrhunderts

Der Ausbruch der Französischen Revolution 1789 bildete den viel beachteten Auftakt zu einer unruhigen Zeit. Die Konflikte zwischen Rat und Bürgerkonvent bzw. den Elterleuten des Kaufmanns hatten eine lange Tradition und waren nicht direkt durch die Vorgänge in Frankreich beeinflußt. 1788/89 ging es um Defizite in einzelnen Verwaltungszweigen, die von einer Kommission untersucht werden sollten. Der Konflikt hatte kein revolutionäres Ausmaß, da es in Bremen keinen absoluten Herrscher und auch keinen exklusiven Adel gab, sondern die Stände durchlässig blieben. Der Rat bestand aus Juristen und Kaufleuten, die in ihrem Beruf Erfolg gehabt hatten und die den Sprechern des Kaufmanns und der Bürgerschaft gesellschaftlich nahestanden. Auch die Gesellenunruhen, die 1791 wieder aufbrachen, hatten eine lange Tradition: Sie entzündeten sich an zunftinternen Problemen und richteten sich nicht gegen die bestehende Staatsform, wenn sie die Autorität des Rates auch gefährdeten.

Im Reichskrieg gegen Frankreich seit 1792 versuchte Bremen wieder neutral zu bleiben, um seinen Handel nicht zu gefährden. Es zahlte Beiträge ans Reich, stellte aber keine Soldaten. Seit etwa 1794 setzten einige Bremer Diplomaten bereits auf einen Sieg Frankreichs, wobei die Kaufleute die Aufrechterhaltung des blühenden Frankreichhandels im Auge hatten. England und Hannover beobachteten diese Haltung mit Mißtrauen. Als 1795 ein französischer Vormarsch aus den Niederlanden nach Norddeutschland drohte, forderten die Hannoveraner die Einrichtung eines Lazaretts in Bremen; das wurde nach einigem Zögern zugestanden. Dann fanden Truppendurchmärsche statt, schließlich glich die Stadt einem hannoverschen Heerlager. Die Neutralität der Stadt hatte sich wieder einmal nicht durchsetzen lassen.

Die bremischen Diplomaten suchten in dieser Zeit immer engere Verbindung mit Frankreich; Bremen setzte sich dadurch in Gegensatz zu Hamburg und Lübeck. Im November 1795 verließen die hannoverschen Truppen Bremen; es gelang sogar zunächst eine Neutralisierung ganz Norddeutschlands.

Als großer Diplomat Bremens bewährte sich Senator Georg Gröning, der die Kontakte mit Paris pflegte in der Hoffnung, daß man durch Entgegenkommen eine militärische Besetzung vermeiden, die hansestädtische Freiheit retten und den Handel fördern könne. Das erwies sich dann langfristig angesichts der machtpolitischen Ziele Napoleons als Illusion. Zunächst hatte Bremen jedoch durch die engen Kontakte mit Frankreich die erhofften Vorteile. Gröning vertrat die Interessen Bremens 1797 auch auf dem von Frankreich beherrschten Rastatter Kongreß und auch in Paris, wobei beträchtliche Zahlungen, u. a. an französische Politiker, geleistet wurden. Frankreich setzte sich nun für die Neutralität Bremens und für die Abschaffung des lästigen Elsflether Zolls ein. 1799 brach dann der Krieg zwischen Österreich und Frankreich erneut aus, so daß nun auch für Bremen neue Gefahren drohten.

Trotz aller politischer und militärischer Unruhe brachten die Jahre nach Ausbruch der Französischen Revolution für Bremen eine wirtschaftliche Blüte; diese resultierte im wesentlichen aus der Neutralität, die freilich nicht immer behauptet werden konnte. Ein Vorteil für Bremen war auch, daß der Rhein durch die kriegerischen Ereignisse für die Schiffahrt zeitweilig gesperrt war. Der Amerikahandel nahm ein beträchtliches Ausmaß an. Die überhitzte

Am Wall; links das Schauspielhaus, das hier 1792–1843 bestand. Kupferstich von Anton Radl, 1819.

Der erfolgreiche bremische Kaufmann Paul Friedrich Wilckens (links) und der Literat Adolph Freiherr von Knigge, der 1790–96 als hannoverscher Beamter in Bremen lebte.

Konjunktur brachte jedoch auch Gefahren. So gab es 1799 eine schwere Handelskrise.

Der steigende Bedarf der Kriegsparteien führte hier und da zu einer Liberalisierung der Produktion, vor allem einer Aufweichung des Zunftwesens. So ließen sich etwa Massenaufträge für die Lieferung von Stiefeln und Uniformen nicht mehr im Rahmen von Zunftvorschriften bewältigen. Die Grundlagen für eine industrielle Entwicklung schienen gegeben. Andererseits brachen immer wieder Gesellenunruhen aus, bei denen für die alte Zunftordnung gestreikt wurde.

Im Kulturleben entwickelte sich ein freierer Geist, der auf manchen Gebieten bedeutende Leistungen hervorbrachte. 1790/98 wurde das bremische Gebiet von Bürgermeister Heineken und Senator Gildemeister vermessen, und die Ergebnisse gingen in die von Tischbein gestochene Karte ein. 1796 schuf der Ingenieur-Kapitän Murtfeldt seinen großen, in Kupfer gestochenen Stadtplan. Der Arzt Wilhelm Olbers beobachtete und berechnete 1795/97 Kometenbahnen, 1802/07 entdeckte er einige kleinere Planeten. Der berühmte Schriftsteller Adolf Freiherr von Knigge verbrachte seine letzten Lebensjahre als hannoverscher Beamter in Bremen; er förderte das Musik- und Theaterwesen. 1792 entstand auf dem Ostertorswall das Schauspielhaus des Theaterdirektors Großmann, das viel Zuspruch fand und sogar Opern aufführte. 1799/1802 erschien die bremische Geschichte von Christian Nicolaus Roller.

Bremen zwischen Frankreich, Preußen und Hannover-Großbritannien 1802–07

Der enge Anschluß Bremens an Frankreich brachte der Stadt einige bedeutende Vorteile. Im Rahmen von Reichsdeputationsverhandlungen in Regensburg 1802/03 wurde Bremen eine Abrundung seines Staatsgebietes zugestanden, wodurch die Einbußen durch den Stader Vergleich von 1741 wettgemacht wurden. Die Stadt erhielt die Landeshoheit im Werderland bis zur Wümme und in Vegesack, im Holler- und Blockland (u. a. auch in der Vahr) zurück. Territoriale Neuerwerbungen waren: Grolland von Oldenburg, Schwachhausen, der Barkhof, Hastedt und das Domgebiet von Hannover. Bremen blieb Reichsstadt, der Elsflether Zoll sollte erst nach 10 Jahren (am 1. Januar 1813) abgeschafft werden. Der Gewinn war also im ganzen beträchtlich; es fragte sich nur, ob er Bestand haben würde.

Es war durchaus konsequent, daß Bremen nun auf jede Demonstration militärischer Stärke verzichtete, vor allem auch keine Festung mehr sein woll-

Senator Georg Gröning, bremischer Diplomat. Porträt von Fournier in Paris, um 1810.

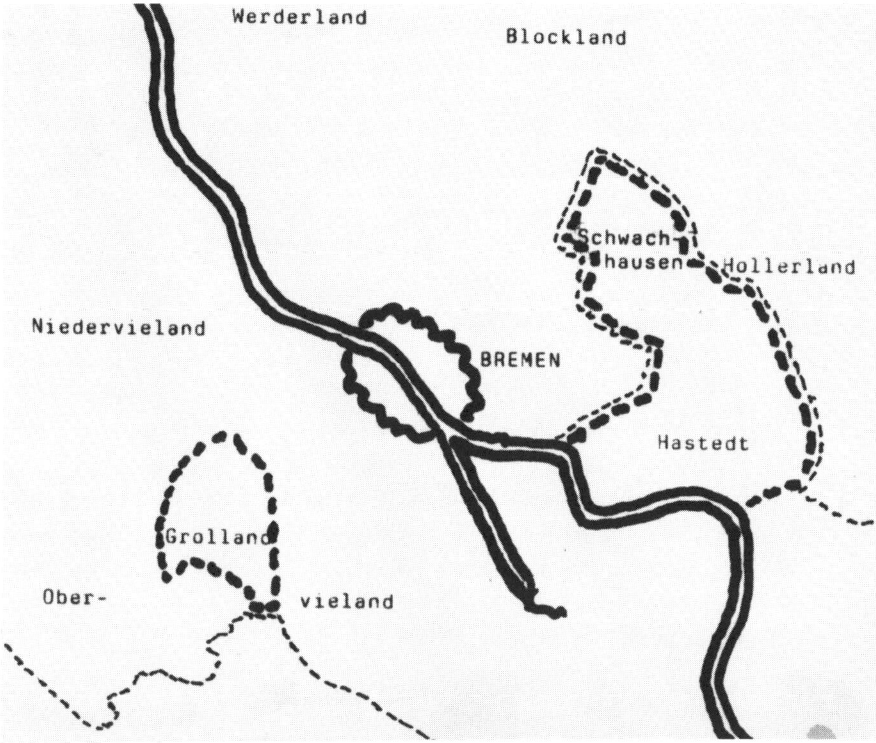

Gebietszuwachs Bremens 1802/03.

te. Die Festungswälle wurden 1802/03 unter Leitung des bremischen Landschaftsgärtners Altmann in eine Parkanlage umgewandelt. Die wirtschaftliche und kulturelle Blüte der Stadt hielt trotz großer europäischer Kriege und der vorübergehenden Besetzung Kurhannovers durch die Franzosen, dann die Preußen, weiterhin an. Im November 1805 mußte Bremen sogar ein preußisches Regiment aufnehmen.

Die große Zäsur kam 1806/07 mit der Niederlage der Preußen bei Jena und Auerstädt und der Kontinentalsperre Napoleons. Am 20. November 1806 besetzten die Franzosen Bremen. Die Briten blockierten dagegen mit ihren Schiffen die Wesermündung. Alle britischen Waren wurden konfisziert. Die bremische Seeschiffahrt kam fast zum Erliegen. Der Handel wich auf Kanäle, Flüsse und Landstraßen sowie auf den Schmuggel aus kleinen Küstenhäfen aus, wobei das von den Briten besetzte Helgoland zu einem großen Lager von Schmuggelwaren wurde. Das Risiko des Handels war groß, die Gewinne aber auch.

Die kurze Zeit der „Freien Stadt" 1806–10

Formal war Bremen immer noch eine freie Reichsstadt; als sich das Reich 1806 auflöste, blieb es dem Namen nach eine „Freie Stadt". In Wirklichkeit wurde Bremen zu einer von Franzosen besetzten und ausgebeuteten Stadt. Um den vielfältigen finanziellen Verpflichtungen nachkommen zu können, wurde die Besteuerung immer höher und vielseitiger. Dem Rat blieb nichts übrig, als den Franzosen gegenüber immer wieder nachzugeben und die Bürger zur Ruhe zu mahnen.

Eine kritische Lage entstand, als Herzog Friedrich Wilhelm von Braunschweig-Oels, ein erklärter Gegner Napoleons, mit seiner Truppe ungehindert durch Bremen nach Elsfleth zog, um dort nach England eingeschifft zu werden. Anschließend besetzte eine französisch-holländische Division Bremen.

Es wurde nun erwogen, Bremen und die anderen Hansestädte zum Eintritt in den von Frankreich beherrschten Rheinbund zu zwingen. Die französische Militärbesatzung blieb aber. Bremer Matrosen wurden gezwungen in die französische Marine einzutreten. Immer wieder waren auch große Geldbeträge an die Franzosen zu zahlen.

Bremen als französische Departementshauptstadt 1810–13

Es war nur konsequent, daß Napoleon am 10. Dezember 1810 eine Eingliederung Bremens wie des ganzen norddeutschen Küstenbereichs in das französische Kaiserreich verfügte. Die „Franzosenzeit" wurde aus der Rückschau durchweg negativ beurteilt, zum Teil gewiß aus einem verletzten Nationalgefühl. Viele Bremer empfanden die Franzosen als fremde Besatzer.

Sehr auffällig war die Einführung der französischen Verwaltungsorganisation: Es gab nun keine Freie Reichsstadt, keinen Senat, keine Elterleute des Kaufmanns, keine Zünfte und keinen Bürgerkonvent mehr. Entscheidend war jetzt bei der Durchsetzung der Staatsgewalt der Präfekt des Departements der Wesermündungen, Reichsgraf Philipp Karl von Arberg, der im Eschenhof an der Domsheide residierte. Er wurde in Verwaltungsfragen von einem vierköpfigen Präfekturat unterstützt. Ein Generaldepartementsrat aus 24 Personen beriet ihn in Steuerfragen, tagte aber nur einmal im Jahr. Die Verwaltungs-, Justiz- und Polizeiabteilungen wurden nach französischem Muster organisiert.

Das Departement war in vier Arrondissements eingeteilt; eins davon hatte Bremen als Sitz und einen Unterpräfekten an der Spitze. Ihm stand ein elfköpfiger Arrondissementsrat zur Seite und beriet ihn in Fragen der Besteue-

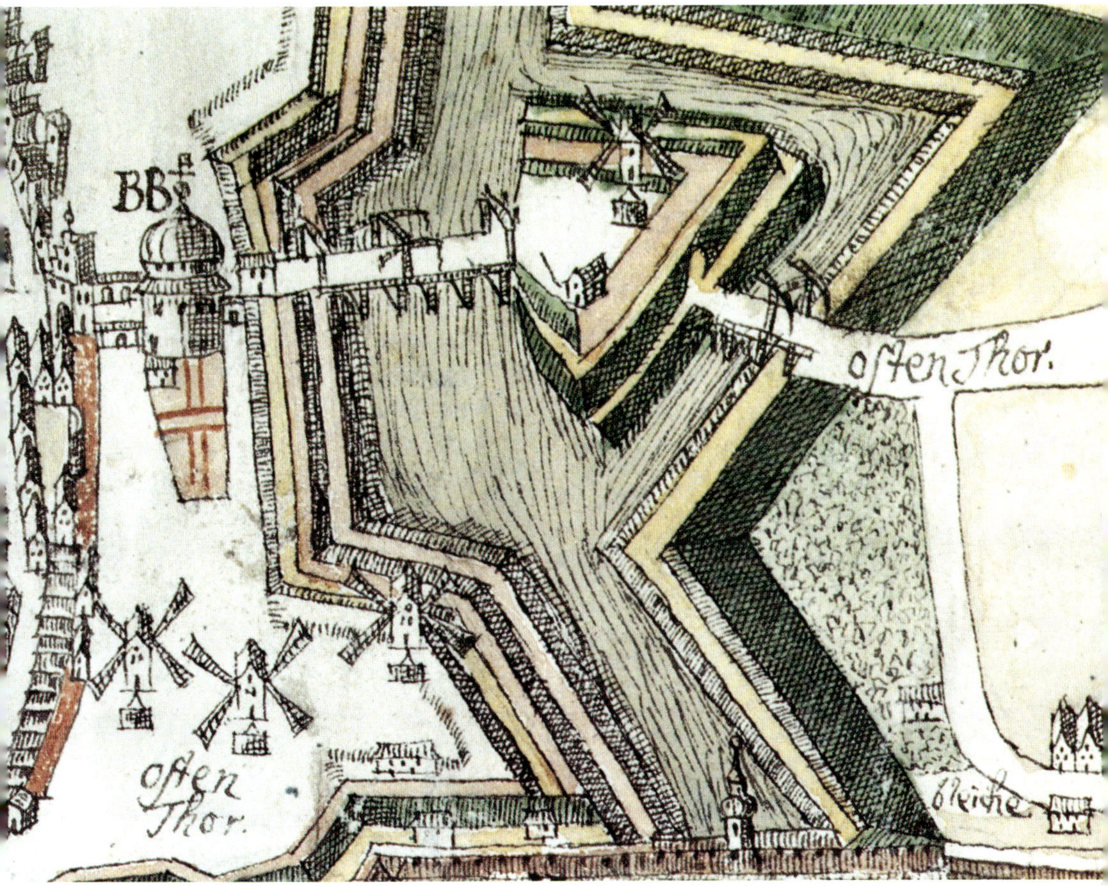

Bastion, Ravelin, Zwinger, Zugbrücken und Windmühlen am Ostertor. Ausschnitt aus einem Stadtplan von Johann Daniel Heinbach, 1757.

Das Zeughaus in der Kirche des ehemaligen Katharinenklosters nach einer Federzeichnung aus der 2. Hälfte des 18. Jahrhunderts. Chromolithographie 1870

Planung einer klassizistischen Marktplatzgestaltung in der Franzosenzeit von Jacob Ephraim Polzin 1812. Links im Hintergrund Rathaus und Dom.

rung und Gestellung von Soldaten. Das Arrondissement Bremen hatte elf Kantone, von denen drei die Stadt Bremen und ihre engere Umgebung (Ost-, West- und Neustadt) umfaßten, einer vom Landgebiet gebildet wurde. Sowohl die Stadt Bremen als auch einige Landgemeinden (Arsten, Woltmershausen, Walle, Hastedt und Borgfeld) erhielten Bürgermeisterämter, Mairien; hierbei wurde ein Rest der traditionellen Verwaltungstradition bewahrt. Maire der drei stadtbremischen Kantone wurde Dr. Wilhelm Ernst Wichelhausen, der einer Bremer Kaufmannsfamilie entstammte. Ihm stand ein 24-köpfiger Munizipalrat zur Seite.

Diese neue Organisation war im Sommer 1811 voll entwickelt. Alle Funktionsträger hatten undankbare Aufgaben: Sie waren gezwungen, französische Interessen zu vertreten, was bei der Besteuerung und der Soldatengestellung besonders heikel war; andererseits wollten sie bei ihren Mitbürgern nicht als französische Büttel dastehen. Vor allem im Bereich der Wirtschaft und der Finanzen war die Lage katastrophal. Weder der Präfekt Arberg noch der Maire Wichelhausen waren Tyrannen, sondern fleißige und tüchtige Verwaltungsbeamte, die sich nicht nur durchzulavieren suchten, sondern auch Härten vermeiden wollten.

Viele Neuerungen der Franzosenzeit waren ohne Nachteil für die Stadt, teilweise sogar vorteilhaft. Im neuen Wappen gab es zwar den Kaiseradler und die Bienen Napoleons; es blieb aber auch der Bremer Schlüssel. Auf dem

Marktplatz, dessen Umgestaltung zwar geplant, aber nicht durchgeführt wurde, blieb der Roland, trotz Bemühungen, ihn nach Paris zu bringen, stehen. Das Gerichtswesen wurde an den Code Napoléon angepaßt; dazu gehörte auch die Einrichtung eines Schwurgerichts mit 12 Geschworenen, die in Kriminalfällen auf schuldig oder nichtschuldig plädierten. Auch das Handelsgericht gehörte zu den Neuerungen. Neu war auch die Numerierung der Häuser, die Einführung von Standesämtern und die Schließung der Friedhöfe bei den städtischen Kirchen. Die Zünfte wurden aufgehoben, an ihre Stelle trat eine Gewerbeerlaubnis. Auch die Elterleute des Kaufmanns gab es nicht mehr; statt dessen wurden Handelsgericht, Handelskammer und Handelsbörse eingerichtet. Alle Bürger, auch die Juden, waren nun im öffentlichen Leben gleichberechtigt. Am schwersten waren die vielseitige und hohe Besteuerung sowie die Konskriptionen zur französischen Marine zu ertragen.

Die Wirtschaft zeigte zwei Gesichter: Die Kontinentalsperre und der Boykott britischer Waren traf den Handel schwer, vor allem den mit Kolonialwaren, für die es keinen Ersatz gab. Doch viele Kaufleute fanden neue Wege: Der Warentransport auf Kanälen und Landstraßen sowie der Schmuggel an der Küste wurde verstärkt. Lieferungen an das Militär hatten großen Umfang. Für den Absatz mancher Produkte brachte der Wegfall der britischen Konkurrenz sogar Vorteile. Der Regionalhandel war ohnehin nicht betroffen.

Das Ende Napoleons – Die Befreiung Bremens 1813

Als 1812 die große Armee Napoleons nach Rußland zog, war auch das 128. Linienregiment des Weserdepartements dabei und hatte große Verluste. Immer mehr junge Bremer wurden zum Militär eingezogen; viele von ihnen versteckten sich aber; der Druck der Polizei verschärfte sich. Die Winterkatastrophe in Rußland wurde in Bremen zwar diskutiert, löste aber keine Unruhen aus. In Hamburg, im Land Wursten und in Oldenburg gab es Aufstände, die blutig beendet wurden. In Bremen wurden vor dem Doventor sogar zwei hohe oldenburgische Beamte nach einem Standgerichtsverfahren erschossen, weil sie nichts gegen die Aufstände unternommen hatten; weitere Hinrichtungen folgten. Die Bevölkerung war eingeschüchtert.

Im April 1813 streiften Kosaken zwischen Hamburg und Bremen. Der Bremer Stadtkommandant Oberst Tuilier ließ die alten Wälle für eine Verteidigung herrichten; im übrigen aber blieb in der Stadt alles ruhig.

Am 14. Oktober erschienen dann die Kosaken des russischen Generalmajors von Tettenborn vor Bremen. Der französische Stadtkommandant wurde auf dem Wall von einer Kugel tödlich getroffen. Die russischen Truppen besetzten die Stadt, verließen sie aber bereits am 18. Oktober wieder, und die Franzosen kehrten noch einmal zurück. Am selben Tage wurde Napoleons

Armee bei Leipzig geschlagen, und am 25. April traf die Nachricht in Bremen ein. Schon am Tage darauf zogen die Franzosen endgültig aus Bremen ab, und die Kosaken marschierten erneut ein. Es wurden zunächst eine provisorische Regierungskommission von sieben ehemaligen Senatoren und ein 24-köpfiger Bürgerschaftsausschuß gebildet, dann aber wieder Senat und Bürgerschaft als Staatsorgane eingesetzt. Die meisten französischen Maßnahmen wurden vor allem in der Verwaltungs- und Finanzorganisation rückgängig gemacht. In mehreren Bereichen hielt man es aber doch für geraten, einiges zu bewahren, um ein Chaos zu vermeiden. Die Besteuerung blieb vielseitig und drückend; im Gerichtswesen behielt man zunächst das Tribunal erster Ordnung, das Handelsgericht und die Friedensgerichte bei, während das Schwurgericht abgeschafft wurde; die Zivilstandsregister wurden weitergeführt.

Sofort nach der Befreiung wurde eine Freiwilligentruppe aufgestellt, die sich der „Hanseatischen Legion" anschloß; hinzu kam das „Freiwillige Bremische Jäger-Korps" des Zuckerfabrikanten Heinrich Böse. Zum Kampf in Frankreich kamen die Bremer Freiwilligen aber zu spät.

Kosaken auf dem Bremer Marktplatz am 15. Oktober 1813, Aquarell von Daniel Albert Ernsting im Focke-Museum.

Bremen im Deutschen Bund und Deutschen Reich – Das Ringen um die innere Verfassung 1813 – 1914

Bremen als Freie Stadt des Deutschen Bundes 1813–15

Entscheidend war für die Stadt in der nächsten Zeit die Frage ihrer künftigen Rechtsstellung. Hauptvertreter bremischer Interessen, die die Wiederherstellung der Selbständigkeit zum Ziel hatten, war Senator Johann Smidt, der eng mit Hamburg und Lübeck sowie mit dem Freiherrn vom Stein, dem großen preußischen Staatsmann, zusammenarbeitete. Smidt verhandelte mit allen großen Staatsmännern jener Zeit und erwarb sich bei vielen von ihnen hohes Ansehen.

Die Entscheidung fiel auf dem Wiener Kongreß, an dem auch Smidt als bremischer Vertreter teilnahm. Als Napoleon im März 1815 noch einmal nach Paris zurückkehrte, stellte Bremen wieder Soldaten, die zu spät nach Belgien kamen, um an der Schlacht von Waterloo teilnehmen zu können. In Wien gelang es Smidt, die Anerkennung Bremens (neben Hamburg, Lübeck und Frankfurt) als Freie Stadt durchzusetzen. Das beinhaltete auch die Zugehörigkeit zum Deutschen Bund. Wichtig war, daß die Mitglieder landständische Verfassungen zu beschließen und Oberappellationsgerichte (etwa eins für die Freien Hansestädte) als Berufungsinstanzen einzurichten hatten. Ge-

Bürgermeister Johann Smidt, Lithographie von Wilhelmine Suhrland um 1833.

meinsamkeiten der Freien Städte ergaben sich daraus, daß eine von ihnen turnusgemäß die 17. Stimme des engeren Rates im Deutschen Bund wahrnahm und die drei Hansestädte ein Oberappellationsgericht in Lübeck unterhielten. Eine rechte hanseatische Gemeinschaft scheiterte aber oft an Gegensätzen zwischen Bremen und Hamburg.

Das Ringen um eine neue Verfassung 1814–19

Die Bemühungen Bremens um eine eigene Verfassung waren mühsam und im großen und ganzen erfolglos. Das Staatswesen orientierte sich theoretisch immer noch am Stadtrecht von 1433 und der Neuen Eintracht von 1534, in der Praxis aber am Gewohnheitsrecht, das sich in einer Fülle von Proklamen, Gerichtsurteilen, Satzungen usw. niederschlug. Seit der amerikanischen und Französischen Revolution gewann die Vorstellung an Gewicht, daß ein Staat eine geschriebene Verfassung haben müsse, die die Staatsstruktur sowie die Rechte und Pflichten der Bürger ordnete. In Bremen gab es zunächst einmal wieder den Senat mit Senatoren auf Lebenszeit, die Bürgerschaft, deren Mitglieder zu zwei Dritteln von Kaufleuten gestellt wurden, die Elterleute des Kaufmanns und die Zünfte, wobei Kompetenzen bisweilen zwar umstritten, im großen und ganzen aber durch die Verfassungspraxis geregelt erschienen. Dasselbe galt für die unübersichtliche Vielfalt von Deputationen, Kommissionen und Inspektionen. Eindeutig war, daß der Staat von Kaufleuten und Juristen beherrscht wurde; alle anderen Berufe bzw. Stände waren in der Staatsordnung von untergeordneter Bedeutung. Bremen war zwar eine Republik, aber keine Demokratie mit „gleichberechtigten" Bürgern. Eine solche gab es damals freilich nirgendwo. Was dem Wiener Kongreß vorgeschwebt hatte, waren zwar geschriebene, aber doch „ständische" Verfassungen. Zunächst diskutierte man in Bremen nur über „Reformen", seit 1814 aber auch über einen Verfassungstext. Man erwog eine Beschränkung des Senats auf die Exekutive, während die Legislative in der Hand von Senat, Elterleuten des Kaufmanns und Bürgerdeputierten liegen sollte. Nach und nach kam man wenigstens auf Teilgebieten zu Beschlüssen: Es gab eine neue Gerichtsordnung, die in den städtischen Gerichten (Obergericht, Untergericht, Landgericht) weiterhin Richter aus dem Senat vorsah. Es kam aber noch nicht zu einer Trennung von Justiz und Verwaltung bzw. Regierung.

Im Oktober 1814 war ein umfangreicher Verfassungstext fertig, der bei den Kompetenzen des Senats Justiz und Regierung trennte. Es wurden sogar bürgerliche Grundrechte formuliert, bei denen freilich die Frage der Pressefreiheit offenblieb, weil über diese der Deutsche Bund bestimmte. Die Senatorenwahl wurde 1816 durch ein Gesetz festgelegt; sie war kompliziert und beruhte im wesentlichen auf den Vorschlägen von Wahlmännern aus Senat und

Bürgerschaft, wobei die letzte Entscheidung jedoch beim Senat lag. Zusammensetzung und Funktion der Elterleute sowie die Konventsfähigkeit für die Bürgerschaft wurden festgelegt; das Deputationssystem sollte weiterbestehen. Überall waren Kaufleute, Akademiker und andere vermögende Bürger die Entscheidungsträger. Es gab aber beim Verfassungstext kaum eine Bestimmung, die nicht umstritten gewesen wäre. So traten denn nur Teile in Kraft: die Gerichtsordnung, Senatorenwahl und zentrale Finanzverwaltung. Viel diskutiert wurde über die Zensur, die in Bremen zunächst kaum direkt, sondern vor allem über die Konzessionierung von Druckereien wirksam wurde. Zeitweilig mußte sie aber doch schärfer durchgreifen, nachdem die Karlsbader Beschlüsse (1819) das gefordert hatten.

Die Wirtschaft blüht nach 1813 auf, kämpft aber mit Hindernissen

Die Wirtschaft, die seit 1807 durch die Kontinentalsperre behindert gewesen war, mußte sich nun umstellen. Der Handel war wieder „frei", stieß aber auf die britische Konkurrenz. Die bremische Industrieproduktion wurde zwar wieder mit Kolonialwaren versorgt, sah sich aber von britischen Importen bedrängt, die u.a. über Bremen hereinflossen. Für einige Bremer Kaufleute ergaben sich dabei gute Chancen. In der Folgezeit schloß Bremen mit mehreren Ländern, vor allem auch in Nord- und Südamerika, Handelsverträge auf der Basis der Gegenseitigkeit ab. Auch der wachsende Auswandererverkehr ging zu einem großen Teil über Bremen.

Zukunftweisend war, daß 1817 der erste bei Lange in Vegesack gebaute, mit einer englischen Dampfmaschine ausgestattete Raddampfer auf der Weser fuhr. Reeder war der Kaufmann Friedrich Schröder (1775–1835). Am mißlichsten war für die Schiffahrt das seichte Fahrwasser, das es Seeschiffen nicht gestattete, nach Bremen zu fahren; sie mußten weiterhin auf der Unterweser, zum Teil in oldenburgischen Gewässern, umgeladen werden. Oldenburg führte auch den drückenden Elsflether Zoll wieder ein, der an sich 1813 ausgelaufen war. Zudem gab es auf der Oberweser mehrere Zollstellen. Seit 1821 bestand eine „Weserschiffahrtskommission", die über alle Schiffahrtsprobleme auf dem Fluß beriet. 1823 wurde dann eine „Weserschiffahrtsakte" unterzeichnet. Die vielen Zölle auf der Oberweser sollten durch eine allgemeine Schiffahrtsabgabe abgelöst, der Elsflether Zoll aufgehoben werden. Doch durfte Bremen ein Lastgeld auf Waren und Abgaben für die Markierung des Fahrwassers mit Tonnen und Baken erheben, wobei freilich oldenburgische Schiffe befreit waren. Die Schwierigkeiten des Fahrwassers blieben, obwohl die Anliegerstaaten verpflichtet wurden, alle Schiffahrtshindernisse zu beseitigen. Technische Schwierigkeiten und das Desinteresse der Anlieger, beson-

Die„Weser", erstes deutsches Dampfschiff (Lange in Vegesack) mit einer englischen Maschine, 1817. Aquarell.

ders Oldenburgs, ließen keine Besserung erwarten. Auch auf der Oberweser gab es durch Flußwindungen und Hindernisse im Strombett Schwierigkeiten.

Die Landstraßen blieben mangelhaft; die große Militärstraße von Bremen nach Hamburg, deren Ausbau in der Franzosenzeit begonnen wurde, blieb zunächst unvollendet.

Die an sich rückständige bremische Wirtschaft zeigte doch einzelne Fortschritte: 1817 entstand eine Diskontokasse, 1825 eine Sparkasse. Die Tabakindustrie begann ihren Aufschwung; im Raum Vegesack gab es einige leistungsfähige Werften (Janssen/Sager, Lange, Ulrichs).

Das Zunftwesen war durchlöchert, blieb aber ein Hindernis für Fortschritte im Handwerk; es wurde immer schwieriger, mit Industriewaren zu konkurrieren.

Licht und Schatten der Sozialordnung nach 1813

Da sich die wirtschaftlichen Verhältnisse nicht wesentlich änderten, hielt sich auch die bisherige Sozialstruktur. Industriearbeiter gab es nur in geringer Zahl. Bestimmend blieb die Oberschicht aus Kaufleuten und Akademikern; die Mittelschicht aus Handwerksmeistern und Händlern war zahlenmäßig von erheblicher Bedeutung, ihre Lage verbesserte sich auch zusehends. Viele Angehörige der Unterschicht, darunter die vielen Dienstboten in den Haushaltungen der Oberschicht, hatten ihr bescheidenes Auskommen.

Die Armen in Gängen und Wohnkellern fristeten jedoch nach wie vor ein trostloses Dasein. Ihre Versorgung wurde vielfach als Christenpflicht angesehen; Kirchen, städtische Armenversorgung und Stiftungen entwickelten eine vielfältige Tätigkeit. 1829/32 entstand ein städtisches Arbeitshaus auf der Herrlichkeit, in dem Arbeitslose beschäftigt, aber auch „Arbeitsscheue" zu einer nützlichen Beschäftigung gezwungen wurden. Schlimm war die Lage der „Fabrikkinder", die vor allem in Tabakmanufakturen arbeiteten.

Schwierig wurde auch die Lage der 40 im bremischen Staatsgebiet lebenden jüdischen Familien, die während der Franzosenherrschaft gleichberechtigt gewesen waren und die jetzt abgeschoben werden sollten, weil sie einen „fremdartigen" Personenkreis darstellten. Doch war man bei der Ausführung nicht besonders streng.

Immer wieder ist nach der Existenz revolutionärer Gesinnung gefragt worden. Im gehobenen Bürgertum gab es durchaus Vorstellungen von einer Art Demokratie; auch in Klubs und Lesezirkeln fanden hitzige politische Diskussionen statt; doch an einen Umsturz dachten wohl nur wenige. Bei den Handwerksgesellen, von denen viele zu Aktionen neigten, ging es um den Lohn, die Frühstückspause, eine Beschäftigung fremder Gesellen und zunftfremde Arbeit, nicht aber um Verfassungsfragen.

Klassizistische Neubauten – Kunst und Kultur in Bremen in der ersten Hälfte des 19. Jahrhunderts

Das Stadtbild änderte sich nach und nach. Es war nur im Bereich der Plätze und in größeren Straßen ansehnlich, in den Nebenstraßen und Gängen aber grau und schmutzig. Hier brachen auch immer wieder Typhus-, Ruhr- und Choleraepidemien aus. In der Großenstraße wurde 1823 ein neues Krankenhaus eingerichtet. Nach und nach wurde auch das Gelände außerhalb des Stadtgrabens für die Besiedlung erschlossen; an der Contrescarpe entstanden mehrere ansehnliche Villen. In der Baukunst herrschte schlichter Klassizis-

Die klassizistischen Torhäuser am Ostertor, Lithographie um 1830.

mus, der einige eindrucksvolle Leistungen hervorbrachte. Zu diesen gehörten das Stadthaus neben dem alten Rathaus (1816), die Torhäuser am Ostertor (1825), das Arbeitshaus auf der Herrlichkeit (1831) und das Stadttheater am Bischofstor (1843). Die alten Tore und der Ostertorszwinger wurden abgerissen, die Ausfahrten verbreitert; doch blieb die Altstadt noch abgeschlossen; es entstanden neue Torgebäude.

1827 und 1830 wurden die Niederungsgebiete um Bremen nach Deichbrüchen weithin überschwemmt.

Die Bildende Kunst hatte keine Glanzzeit. Die Stadtansichten des George Ernest Papendiek (1788–1835) waren von künstlerischer Qualität, die von Messerer (1798–1865) etwas nüchtern; die späteren von Friedrich Wilhelm Kohl (1811–1864) gehören wiederum zum Besten, was Bremer Ansichtenzeichner schufen. Gute Leistungen zeigte auch die Lithographie, die in dieser Zeit neue Illustrationsmöglichkeiten bot. Die erste lithographische Anstalt wurde 1819 von der Pädagogin Betty Gleim (1781–1827), Verfasserin eines Koch- und Lesebuchs, gegründet. Blätter der Werbe- und Dekorationsgraphik entstanden (u.a. die von Dreyer, Hunckel, Jöntzen und Feilner). 1823 gründeten Honoratioren einen Kunstverein, der als eine Art Klub Kunstförderung betrieb und später die Kunsthalle gründete.

Das Theaterleben wurde von einem 1826 gegründeten Theaterverein gefördert. Er unterstützte das 1792 auf der Ostertorsbastion erbaute Schauspielhaus, in dem auch Opern aufgeführt und Konzerte gegeben wurden. Es gab manches bedeutende Gastspiel (u. a. das von Paganini 1830). Ein belebender Faktor des Musiklebens war seit 1814 Wilhelm Friedrich Riem (1779–1857).

Im literarischen Leben war Bremen eher unbedeutend. Es gab hier keine Dichter von Format. Bedeutend waren nur einige Werke zur Stadtgeschichte: Rotermunds Gelehrtenlexikon 1818, Storcks „Ansichten" 1822, Donandts Stadtrecht 1830 und schließlich Duntzes Bremische Geschichte 1845–1851. Weite Verbreitung fanden Friedrich Wagenfelds Bremer Volkssagen 1845 und Kriegsfahrten der Bremer 1846.

Die „Bremer Zeitung" war durch Konzessionen gezügelt; dennoch gab es Anzeichen einer liberalen Berichterstattung. Die zweite Zeitung, die „Bremer Wöchentlichen Nachrichten" war ein reines Anzeigen-(Intelligenz-)Blatt. Zwei Zeitschriften dienten der Unterhaltung und der Kulturinformation; sie berichteten vor allem auch über lokale Ereignisse: der „Bürgerfreund" (seit 1816) und das „Bremische Unterhaltungsblatt" (seit 1820).

Das kulturelle Leben wurde immer noch sehr stark von der Kirche bestimmt; wortgewaltige Prediger und sozial eingestellte Seelsorger, wie die Pastoren Menken und Treviranus an St. Martini, Dräseke an St. Ansgarii und Mallet an St. Michaelis sowie später Dulon an Liebfrauen, hatten hohes Ansehen. Einige von ihnen beteiligten sich an theologischen und politischen Diskussionen der Zeit. Die Katholiken erhielten 1823 die Johanniskirche und 1819 eine eigene Schule.

Das Gymnasium war in der Franzosenzeit verloschen. 1817 wurde nun auf Veranlassung von Senator Smidt eine „Hauptschule" gegründet. Die Kinder wurden dort mit 8 Jahren in eine Vorschule aufgenommen; nach 6 Jahren kamen sie in die Handelsschule für künftige Kaufleute oder in die Gelehrtenschule, die als humanistisches Gymnnasium klassische Bildung mit dem Ziel eines Übergangs an die Universität vermittelte.

Das Volksschulwesen hing immer noch weitgehend an den Kirchspielen. Die Klassen waren groß, die Lehrer schlecht ausgebildet; der Unterricht beschränkte sich im wesentlichen auf Religion, Rechnen, Schreiben und Lesen. Seit 1821 änderte sich einiges: Ein seit 1810 bestehendes Lehrerseminar wurde 1821 vom Staat übernommen, 1822 wurde eine Schulaufsicht mit fünf Schulpflegebezirken eingerichtet. Immer noch gab es freilich „Fabrikkinder", die nur an Abendkursen teilnahmen. Ein großer Fortschritt war 1823 die Gründung von unentgeltlichen „Freischulen", die nicht mit den Kirchspielen verbunden waren. Es gab zudem noch private Trivialschulen für den Elementarunterricht und Mittelschulen für Kinder des Mittelstandes.

Lesegesellschaften und Leihbüchereien befriedigten das Lesebedürfnis. Klubs wie die Gesellschaft „Museum" und der kaufmännische Verein „Union" dienten der Geselligkeit und den geistigen Interessen der Ober- und Mittelschicht.

Der Fall der Giftmischerin Gesche Gottfried, der 1829 aufgedeckt und 1831 durch die öffentliche Hinrichtung auf dem Domshof beendet wurde, veranlaßte ein lebhaftes Interesse an der Rechtspflege. Die Zeit der finsteren Kerker, des Prangers und der Folter war noch nicht ganz vorbei. Im Strafverfahren spielten aber nun das Verhör, die Indizien und das Geständnis die entscheidende Rolle. Die Zellen im „Detentionshaus" der Ostertorswache (seit 1825) für Untersuchungsgefangene und Sträflinge waren luftig und hell. Schlimmer sah es im alten Zucht- und Werkhaus an der Großenstraße aus, in dem Zuchthäusler untergebracht und zu harter Arbeit gezwungen wurden. Renitente Gefangene wurden im Keller an Ketten angeschlossen. Todesurteile und Hinrichtungen waren sehr selten und wurden in der Regel nicht mehr öffentlich vollzogen.

Die Gründung Bremerhavens 1826–30

Eins der wichtigsten Ereignisse der bremischen Geschichte bahnte sich 1824/25 an, als Oldenburg forderte, daß alle wegen des flachen Fahrwassers auf der Unterweser zu entladenden Seeschiffe ihre Waren auf den Hafen Brake deklarieren sollten. Senat und kaufmännische Kreise in Bremen fürchteten, daß die Stadt ihre Funktion als Seehandelsplatz verlieren könnte. Ein kleiner Kreis von eingeweihten Senatoren und Elterleuten beschloß nun, die Möglichkeit eines Hafenbaus auf hannoverschem Gebiet an der Unterweser zu ergründen. Wortführer war Bürgermeister Johann Smidt, der nun auch unter strikter Geheimhaltung die notwendigen Verhandlungen führte.

In Hannover sprach er mit dem einflußreichen Minister von Bremer und anderen Beamten, wobei das hannoversche Prestige ein wesentliches Hindernis war. Schwierig waren die Probleme vor allem auch dadurch, daß der Landesherr, König Georg IV., und sein Berater Graf Münster in London residierten. Schließlich wurde im Juli 1826 in Derneburg bei Hildesheim, dem Stammsitz der Familie des Grafen Münster, ein Vertrag geschlossen: Bremen sollte 500 Morgen Land an der Geestemündung kaufen, aber nur über 100 Morgen die Landeshoheit erhalten. Aus Prestigegründen sollte Bremen auch einen unbedeutenden Landstrich an der Wümme an Hannover abtreten.

Die Ratifizierung des Vertrages erfolgte im Februar/März 1827. Für die Planung und Leitung der Hafenarbeiten wurde der Holländer Johann Jacob van Ronzelen (1800–1865) gewonnen. Ein Amtmann wurde zur Wahrung bremischer Rechte im neuen „Bremer Hafen" eingesetzt. Es entstand nun zunächst bis 1830 der 752 Meter lange, 58 Meter breite und 5,50 Meter tiefe, durch eine Schleuse von der Geeste getrennte „Alte Hafen". Zur Wahrung seiner Militärhoheit baute Hannover das Fort Wilhelm (nach König Wilhelm

IV. benannt). Der Hafen wurde von der Schiffahrt angenommen; doch auch der Umladebetrieb auf der Unterweser bei Brake wurde fortgesetzt. Am Bremer Hafen entstand nach und nach eine Siedlung, die Urzelle der Stadt Bremerhaven.

Neue Verfassungsverhandlungen 1830–37

Innenpolitisch nahmen die Schwierigkeiten nach der Juli-Revolution 1830 in Paris zu. In Bremen entwickelte sich eine von Akademikern und jungen Kaufleuten getragene liberale Bewegung unter Führung der Kaufleute Johannes Rösing und Arnold Duckwitz sowie des Rechtsanwalts Dr. Ferdinand Donandt. Der Senat wich zurück und gestand neue Verfassungsverhandlungen zu, wobei die senatorischen Vertreter der Verfassungsdeputation unter Bürgermeister Smidt nur begrenzte Reformen zulassen wollten. Wieder wurde von den Liberalen Senat und Bürgerkonvent gemeinsam als Vertreter des Souveräns (der Gesamtheit der Bürger) angesehen. Die Diskussionen zogen sich hin. Schließlich entstand 1836/37 ein monströser Verfassungsentwurf mit begrenzten Grundrechten, entscheidenden Kompetenzen des Senats und einem mitbestimmenden Bürgerkonvent, in dem Honoratioren (Älterleute und Syndici des Kaufmanns, Akademiker, Mitglieder der Kammer für Handel und Gewerbe sowie Kirchenvertreter) das Übergewicht hatten. Neu war eine „Kammer für Handel und Gewerbe", die die bisherigen Funktionen der Elterleute des Kaufmanns übernehmen sollte und in der auch Senatoren und Handwerker vertreten waren. Diese Verfassung, der sowohl Konservative als auch Liberale ablehnend gegenüberstanden, trat nicht in Kraft.

Zollverein – Wirtschaftspolitik 1828–48

Parallel zu diesen verfassungsrechtlichen Problemen verlief auch die wirtschaftliche Entwicklung mit Hindernissen. Seit 1828 entstanden im Bereich des Deutschen Bundes Zollvereine, die den Freihandel einschränkten; seit 1830 wurde Bremen durch den „Steuerverein", dem Hannover, Oldenburg und Braunschweig angehörten, eingeschlossen. 1833 wurde dann der Deutsche Zollverein unter Preußens Führung gegründet. Diese Zollvereine behinderten zwar nicht den Bremer Handel mit Ländern außerhalb des Deutschen Bundes, wohl aber den mit dem Hinterland an der Oberweser.

Es begann die lange Diskussion über die Frage, ob Bremen dem Deutschen Zollverein beitreten solle oder nicht. Damit hing auch die Frage einer Verbesserung der Verkehrswege zusammen. Das Fahrwasser der Weser war ein dauernder fruchtloser Verhandlungspunkt der Anliegerstaaten.

Der Anlegeplatz an der Kalkstraße, Lithographie von Friedrich Wilhelm Kohl, um 1844.

Auf den Straßenbau außerhalb des bremischen Staatsgebietes hatte die Stadt nur geringen Einfluß. Eine Eisenbahn war seit 1827 – zunächst als Pferdebahn – im Gespräch. Die hohen Investitionen und das Risiko schreckten ab. Zudem war eine Einigung zwischen mehreren Staaten erforderlich. Seit 1842 gab es Verhandlungen mit Hannover, die dann 1845 durch einen Vertrag abgeschlossen wurden. Bis 1847 wurde die Strecke von Bremen nach Wunstorf gebaut, die Anschluß nach Hannover hatte. In Bremen entstand der eindrucksvolle „Hannoversche Bahnhof" auf der damaligen Bürgerweide.

1841 wurde Arnold Duckwitz in den Senat gewählt. Er förderte den Eisenbahnbau und trat für einen Handels- und Schiffahrtsbund der norddeutschen Staaten, dann für einen geschlossenen deutschen Wirtschaftsraum ein. Die Pläne scheiterten an der preußischen Zollvereinspolitik und am Streben Hamburgs nach uneingeschränktem Freihandel.

Ein bremischer Erfolg war es, daß 1847 von der „Ocean Steam Navigation Company" eine Postdampferverbindung zwischen New York und Bremerhaven eingerichtet wurde. Es gelang auch, mit mehreren überseeischen Staaten Handelsverträge abzuschließen (1827 mit den USA und mit Brasilien, 1837 mit Venezuela, 1843/44 mit Argentinien, 1847/48 mit Guatemala und Costa Rica). Seit etwa 1826 übernahmen Bremer Reeder einen großen Teil des deutschen Auswanderergeschäfts, zu dem nicht nur die Unterbringung und Versorgung auf den Schiffen, sondern auch ein Netz von Agenturen in Deutschland gehörten. Um 1840 stieg die Zahl der über Bremen und Bremerhaven eingeschifften Personen auf jährlich 10000 bis 30 000 an. Dadurch wurde vor allem der Frachtraum der sonst leer nach Amerika fahrenden Schiffe genutzt.

Revolutionäre Grundlagen vor 1848

Viel Beachtung fand in der Literatur die revolutionäre Bewegung von 1848 mit ihrer Vorgeschichte und ihren Ursachen. Was Bremen betrifft, so wurde sie nicht durch grundlegende Veränderungen in der Sozialstruktur ausgelöst, was freilich nicht ausschließt, daß die seit langem bei jüngeren Kaufleuten und Akademikern verbreitete Unzufriedenheit mit der bestehenden Verfassungsstruktur, vor allem mit der Allgewalt des Senats, eine Steigerung erfuhr. In dieser Zeit schrieb der junge Friedrich Engels, der einige Jahre als Kaufmannslehrling in Bremen lebte, seine satirischen Zeitungsartikel über die bremischen Zustände.

Bremen war kein Polizeistaat, es gab keinen fürstlichen Absolutismus und keinen arroganten Adel; sogar die Senatsfamilien waren nicht vom Bürgertum abgehoben. Das Geistesleben genoß sogar ein hohes Maß an Liberalität. Mittelstand und Unterschicht waren freilich ohne politischen Einfluß, auch weitgehend politisch desinteressiert. In den 30er und 40er Jahren entwickelte sich freilich in Handwerkerkreisen ein revolutionärer Geist; es entstanden sogar illegale Schriften, in denen mehr Rechte für die Bürger des Mittelstandes gefordert wurden. Das beeinflußte die Handwerksgesellen, bei denen es seit langem unzufriedene Gruppen gab, die zu Streiks bereit waren. Krawalle entstanden auch im Zusammenhang mit der Aushebung junger Bremer für das Militär.

Ein Industrieproletariat gab es zwar noch nicht, wohl aber im Rahmen der etwa 4000 Zigarrenarbeiter Ansätze dazu. Ihre politische Schwäche bestand in der unterschiedlichen Stellung bei der Produktion und in der Aufsplitterung in viele kleine Betriebe. Andere Industriezweige traten zurück: Seifensiedereien, Branntweinbrennereien, Bierbrauereien, Essigfabriken, Mühlen und Zuckerraffinerien. Diese wurden durchweg in handwerklichen Betriebsformen geführt. Nur einzelne Werften in Vegesack und Bremerhaven entwikkelten sich zu größeren Unternehmen mit einer selbstbewußten Arbeiterschaft.

Das politische Denken ist auch eine Frage der Bildung. Kirchspiel- und Freischulen, Privatschulen und die gegliederte Hauptschule wurden in herkömmlichen Formen betrieben. 1844 wurde zwar die allgemeine Schulpflicht für Kinder vom 6. bis 14. Lebensjahr eingeführt, was aber noch nichts über die Qualität des Schulwesens aussagt. Sie blieb im Volksschulbereich durch mangelhaft ausgebildete Lehrer und große Klassen doch sehr schlecht. Wichtig waren die in dieser Zeit aufkommenden Bildungsvereine wie der Verein „Vorwärts“ (1846) und die Gesellschaft „Euphrosyne“ (1837), in denen auch über politische Fragen diskutiert wurde.

Am 17. Januar 1848 entstand dann der Bremische Bürgerverein, der politisch ausgerichtet war und dessen Vorsitz der Tischlermeister Cord Wischmann übernahm. Die Zahl der Zeitungen und Zeitschriften nahm zu; in ihnen wurde der Ton freier und kritischer.

Die Revolution von 1848–1852

Es war nicht die Wirtschaftslage, die in Bremen die Revolution auslöste, sondern die Austrahlung der revolutionären Ereignisse in Paris, Wien, Frankfurt usw. Man war über die Entwicklung in anderen Städten gut unterrichtet. Erneute Forderungen nach einer Verfassung wurden laut, und es kam bereits am 6. März 1848 zu kleineren Tumulten. Unter der Leitung des Bürgervereins wurde eine Petition entworfen, die liberale Reformen und eine Verfassung forderte. Sprecher waren der Tischlermeister Cord Wischmann sowie die Lehrer Kotzenberg und Feldmann. Der Senat wurde durch eine Massenversammlung auf dem Marktplatz am 8. März gezwungen nachzugeben. Der Bürgerkonvent stimmte am 14. März allgemeinen Bürgerschaftswahlen zu. Wahlberechtigt waren alle 25jährigen männlichen Bürger unter Ausschluß der Armen und Vorbestraften; die Kandidaten wurden in Wählerversammlungen der Kirchspiele bestimmt.

In der am 19. April 1848 zusammentretenden Bürgerschaft überwogen zwar die Honoratioren; doch waren diese nun gewählt, und es gab auch zahlreiche Handwerker unter den Abgeordneten. Am wichtigsten war die Erarbeitung einer Verfassung durch eine Kommission, in der auch fünf Senatoren saßen. Ferner standen zahlreiche weitere Fragen auf dem Programm, wobei zeitweilig die Bewältigung einer Wirtschaftskrise in den Vordergrund trat. Sehr bald erfolgte eine politische Gruppenbildung, ohne daß sich organisierte Parteien entwickelten. Die Linke wurde vom „Demokratischen Verein" vertreten; zu ihm gehörten viele Handwerksgesellen und Lohnarbeiter. Politisches Gewicht hatten auch der gemäßigt linke Bürgerverein und mehrere Berufsverbände. Die gemäßigte Mitte organisierte sich im „Patriotischen Verein". Es brach nun eine Zeit der großen Volksredner an, die eine Vielfalt von Meinungen vertraten, mit denen sich auch zahlreiche Zeitungen und Flugblätter beschäftigten.

Der Entwurf der neuen Verfassung lag am 4. Dezember 1848 vor, und nun setzte eine Diskussionsphase ein, wobei vor allem die Stellung des Senats (Wahl der Senatoren auf Zeit oder lebenslänglich?) heftig umstritten war. Am 5. März 1849 wurde die Verfassung angenommen und am 25. März veröffentlicht. Sie war sehr umfangreich. Die Staatsgewalt sollte nur von jenen Einwohnern ausgehen, die das Bürgerrecht besaßen. Zu den Grundrechten gehörten die Abschaffung der Todesstrafe (mit Ausnahmen im Krieg und bei Meutereien auf Schiffen), Gewerbe- und Pressefreiheit, Petitionsrecht usw. Als Staatsorgane galten Senat, Bürgerschaft und richterliche Behörden. Von den 16 lebenslänglich gewählten Senatoren mußten acht Gelehrte (davon fünf Juristen) und fünf Kaufleute sein. Die Wahl eines Senators erfolgte indirekt durch Senat und Bürgerschaft. Die vier Bürgermeister, von denen einer im Jahreswechsel Präsident war, wurden auf vier Jahre vom Senat gewählt. Die 300 Bürgerschaftsmitglieder wurden bezirksweise in Wählerversammlungen auf vier Jahre direkt gewählt, wobei alle zwei Jahre die Hälfte abtrat. Ein großer Teil der Stadtangelegenheiten, auch die Gesetzgebung, wurden von Senat und Bürgerschaft, zum Teil in gemeinsamen Ausschüssen, wahrgenommen. Die Gerichte wurden nun vom Senat losgelöst, ein Wahlausschuß bestimmte die Richter. Für schwere Verbrechen wurde (am 7. Februar 1851) ein Geschworenengericht bestimmt.

Den Landgemeinden (mit Gemeindeausschuß, Gemeinderat, Gemeindevorsteher und Beigeordneten) wurde ein erhebliches Maß an Selbstverwaltung gewährt; das Meierrecht wurde für ablösbar erklärt. Vegesack und Bre-

Der Alte Hafen und das Amtshaus in Bremerhaven um 1845. Zeichnung von F.W. Kohl, Lithographie (koloriert) von Weinhold.

Spitzen und Locken als üppiger Kopfputz: Die Reedersgemahlin Regina Margareta Schröder. Gemälde von Bernhard Dietrich Funke, 1832, im Focke-Museum.

Liberaler Kaufmann und Senator, radikaler Pastor: Arnold Duckwitz (links) und Rudolph Dulon (im Gefängnis zu Hoya).

merhaven erhielten am 5. Juli 1850 eigene Gemeindeverfassungen. Das Kollegium der Elterleute wurde aufgelöst. Für Wirtschaftsfragen waren Kaufmannskonvent und Handelskammer, Gewerbekonvent und Gewerbekammer sowie eine Landwirtschaftskammer zuständig.

Sehr bald stellte sich die Frage, ob die Verfassung in allen Punkten zu realisieren war und ob sie vom allgemeinen Konsens der Bürger getragen wurde. Sie war ein Kompromiß, der von links und rechts heftig kritisiert wurde, in großen Teilen auch abstrakt und blutleer erschien.

Seit März 1849 radikalisierte sich die öffentliche Meinung, wobei Pastor Dulon und der gemäßigtere Tischlermeister Wischmann die großen Wortführer waren. Mit dem Lehrer Feldmann kam sogar ein „Linker" in den Senat.

Großen Einfluß auf die Stimmung in Bremen hatten die Vorgänge in der Frankfurter Nationalversammlung und in der Reichsregierung, in der der Bremer Senator Arnold Duckwitz Handels- und Marineminister war. Man sah, wie in Wien und Berlin die Revolution überwunden wurde. Andererseits hing mit der Existenz der deutschen Flotte unter Admiral Brommy der Ausbau der Häfen in Bremerhaven zusammen (Neuer Hafen 1851).

Die Krise der liberalen Bewegung wurde durch die Weigerung König Friedrich Wilhelms IV. von Preußen, die deutsche Kaiserkrone anzunehmen, im April 1849 eingeläutet. Die gegenläufige Entwicklung in Bremen, die eine starke Radikalisierung brachte, war daher nicht mehr zeitgemäß. Bürgerschaft und Senat gerieten immer mehr unter den Druck der Massen und einer aggressiven Presse, wobei nun vor allem durch Pastor Dulon und dem Journalisten Arnold Ruge verschwommene kommunistische Ideen in den Vordergrund traten.

Die Mobilisierung der Unterschicht gelang zwar, doch blieb die politische Stoßkraft angesichts der wirtschaftlichen Abhängigkeit begrenzt. Liberale und konservative Kreise rückten angesichts der Gefahr von links näher zusammen. Der Senat strebte ein Verbot politischer Vereine und eine Pressezensur an. Es gelang sogar, dafür am 19. Mai 1851 in der Bürgerschaft eine Mehrheit zu bekommen. Dennoch erhielten die Linken bei der Wahl einer Bürgerschaftshälfte im Juni 1851 die Mehrheit.

Das Ende der Revolution und die Verfassung von 1854

Die Gegenrevolution ging dann im August/September 1851 vom Deutschen Bund, besonders von Preußen und Österreich aus, wurde aber in Bremen vom Senat unter Führung von Bürgermeister Smidt unterstützt. Ende September wurde vom Senat eine Verfassungsänderung angestrebt, die die Senats- und Bürgerschaftswahl änderte sowie das Versammlungs- und Vereinsrecht einschränkte. Die Bürgerschaft lehnte den Senatsantrag am 8. Oktober mit 130 zu 90 Stimmen ab. Eine Veränderung ließ sich also nur mit Gewalt, und das hieß durch Bundesexekution, erzwingen. Bürgermeister Smidt setzte zunächst einen Beschluß des Deutschen Bundes durch, der Bremen aufforderte, seine Verfassung an Bundesregeln anzupassen; das lehnte die Bürgerschaft mit Mehrheit ab.

In dieser Zeit (16. Oktober 1851) ließ eine Gewerbeordnung 35 Innungen bzw. Zünfte bestehen, deren Ordnung nun aber liberaler gestaltet war.

Im Februar 1852 wurde gegen den radikalen Pastor Dulon wegen einer aufrührerischen Schrift ein Kriminalverfahren eingeleitet; ein Heidelberger Theologengutachten führte im März 1852 zur Suspendierung als Pastor durch den Senat; die Bürgerschaft bestritt dem Senat aber das Recht dazu; sie setzte den Senat sogar ab. Als Antwort erklärte der Senat die Bürgerschaft für aufgelöst.

Bürgermeister Smidt veranlaßte nun in Frankfurt eine Intervention des Deutschen Bundes. Am 23. März 1852 erschien der hannoversche Generalmajor Jacobi in Bremen. Bei den Linken gab es Stimmung für einen Barrikadenkampf; doch dann hätte ein Truppeneinmarsch gedroht. Der Senat unter Führung von Bürgermeister Smidt traf nun seine Maßnahmen: Pastor Dulon wurde abgesetzt und floh nach Helgoland, dann nach England und in die USA; gegen Mitglieder eines radikalen Klubs, der sich „Totenbund" nannte, wurden Gerichtsverfahren eingeleitet, einige andere Vereine und mehrere Zeitungen wurden verboten, die Bürgerwehr wurde aufgelöst. Der Senat verfügte am 29. März ein neues Gesetz über die Wahl einer Bürgerschaft nach dem Achtklassenwahlrecht.

Wie auch immer man den Versuch einer Demokratie bewerten will, er war von großem Idealismus getragen, der auch einen Teil der Oberschicht erfaßte; es zeigten sich aber Ansätze zu demagogischen Einflüssen auf die Massen, die eine permanente Unruhe erzeugten. Dennoch hätten sich die Prinzipien der Verfassung von 1849 mit zunehmender politischer Erfahrung der „Demokraten" gewähren können; doch ließ sich die Insel einer bremischen Demokratie im „reaktionären" Umfeld nicht halten. Sicher stand in diesem Augenblick auch die bremische Selbständigkeit auf dem Spiel, die nur durch die „Gegenrevolution" des Senats bewahrt wurde.

Dabei ist zu bedenken, daß sich die Unterdrückungsmaßnahmen von 1852 sehr bald lockerten und großbürgerlicher Liberalismus den Ton angab, der keine uneingeschränkte Senatsherrschaft mehr zuließ. Das Achtklassenwahlrecht begünstigte Akademiker (16 Abg.) und Kaufleute (48 Abg.); Gewerbe (24 Abg.) und Landwirtschaft (16 Abg.) hielten den mittleren Rang. Die „übrigen" Bürger von Bremen, Vegesack und Bremerhaven waren stark unterrepräsentiert (im ganzen 52 Abg.). Bei ihnen waren außerdem noch die Bürger mit hohem Einkommen begünstigt. Bei den Akademikern wählten 16 Bürger einen Abgeordneten, bei den „sonstigen Bürgern" der Stadt Bremen mit Einkommen unter 250 Talern waren es 246. Einwohner ohne Bürgerrecht waren „Genossen" ohne Wahlrecht; auch Frauen durften (wie nach der Verfassung von 1849) nicht wählen. Bei den ersten Bürgerschaftswahlen im April/Mai 1852 war die Wahlbeteiligung sehr gering. Später änderten sich die Relationen bei den einzelnen Klassen; doch blieb das Prinzip des Klassenwahlrechts erhalten.

Es gab zwar gemischte Deputationen, aber im allgemeinen war die Meinung des Senats in allen wichtigen Fragen entscheidend. Justiz und Regierung bzw. Verwaltung wurden getrennt, ein Schwurgericht wurde erst 1863 wieder eingeführt. Die Senatorenwahl durch eine gemischte Kommission blieb kompliziert. Gegen die Senats- und Bürgerschaftsmehrheit hatte kein Kandidat Chancen.

Die Verfassung vom 21. Februar 1854 übernahm die 1852 verfügten Bestimmungen über Bürgerschafts- und Senatorenwahl sowie das Deputationsrecht. Die Grundrechte wurden aus der Verfassung von 1849 übernommen, enthielten aber einige Einschränkungen. Kaufmannskonvent und Handelskammer, Gewerbekonvent und Gewerbekammer sowie die Landwirtschaftskammer blieben bestehen.

Die Verfassung von 1854 beruht auf der von 1849, dem Zustand vor 1849 und den Vorstellungen von Verfassungsjuristen des Senats. Der Einfluß des 81jährigen Bürgermeisters Smidt war immer noch sehr groß; am 7. Mai 1857 starb er und wurde auf dem Herdentorsfriedhof begraben. Man mag zu ihm stehen, wie man will: Er gehört zu den wenigen großen Persönlichkeiten der bremischen Geschichte. Aus der heutigen Parteiendemokratie gewonnene Urteile werden ihm nicht gerecht.

Wirtschaftsliberalismus 1854–61

Das Ende der demokratischen Bewegung unterbrach nicht den wirtschaftlichen Aufschwung Bremens, von dem auch die Mittel- und Unterschicht profitierte.

Heftige Diskussionen lösten Bestrebungen zur Einführung der „Gewerbefreiheit" aus, für die vor allem die Kaufleute eintraten, gegen die sich aber viele Handwerksmeister sträubten. Die Abstimmung in der Bürgerschaft am 14. Februar 1861 ergab eine knappe Mehrheit von 74 zu 69 Stimmen für die Gewerbefreiheit, die nun als Gesetz verkündet wurde. Alle alten Privilegien der Ämter und Sozietäten wurden aufgehoben; jeder Meister mit Bürgerrecht konnte sich selbständig machen; der Konkurrenzkampf steigerte Leistung und Qualität.

Die soziale Unsicherheit in Handwerkerkreisen nahm jedoch zu. Freiwillige „Innungen" bestanden weiter, ebenso überlebte die Gewerbekammer, die das ehemalige Krameramtshaus am Ansgarikirchhof übernahm.

Im kaufmännischen Bereich gab es die Handelskammer, die aus 24 vom Kaufmannskonvent gewählten Mitgliedern bestand. Ein Handelsgericht entschied über Streitfälle im kaufmännischen Bereich. Das 1849/81 geschaffene Kammersystem bewährte sich und besteht im Prinzip bis heute.

Ungelöst blieb Bremens Verhältnis zum Zollverein. Die Interessen der Kaufleute waren auf den Außenhandel gerichtet, der durch zahlreiche Verträge abgesichert wurde. Durch Zollbarrieren konnte vor allem der Transithandel geschädigt werden. 1854 wurden auch Hannover und Oldenburg Mitglieder des Deutschen Zollvereins. In Bremen entstanden Zollvereinsniederlassun-

Der erste größere Industriestandort in Bremen: die Stephanikirchenweide, um 1863. Stahlstich nach einer Zeichnung von J. Gottheil.

gen. Seit 1857 wurden Teile des bremischen Staatsgebietes zur besseren Bekämpfung des Schmuggels dem Zollvereinsgebiet angeschlossen; die Stadt selbst und damit der Hafen an der Schlachte sowie die kleineren bremischen Häfen blieben Freihandelszone. Dadurch konnten sich hier keine größeren Industriebetriebe entwickeln; sie entstanden, zum Teil mit bremischem Kapital, im benachbarten Zollvereinsgebiet (nördlich der Lesum, in Hemelingen, Delmenhorst usw.). Die erste Massierung von Fabriken im bremischen Gebiet gab es auf der Stephanikirchenweide (Reparaturwerkstatt des Norddeutschen Lloyd, eine Eisengießerei, eine chemische Fabrik usw.). Die Zollpolitik behinderte auch die einst so blühende bremische Zigarrenindustrie, die innerhalb weniger Jahre bis 1855 auf ein Drittel zurückging.

Weservertiefung, Norddeutscher Lloyd und Eisenbahn 1849–67

Probleme ergaben sich auch bei der Weser als Schiffahrtsweg. Immer wieder wurden Pläne zur Begradigung und Vertiefung entwickelt; sie scheiterten am Desinteresse der Anlieger, vor allem Oldenburgs. Dennoch verstärkte sich der Seehandel ganz erheblich. In diesem Zusammenhang spielte die Weiterentwicklung der Häfen in Bremerhaven eine entscheidende Rolle. Hier entstand 1849 ein großes Auswandererhaus. Bremer Schiffe, die Kolonialwaren aus Übersee holten, nutzten die Rückfahrt, vor allem nach Amerika, durch den Transport von Auswanderern.

Zwischendeck eines Paketsegelschiffs Bremen – New York, um 1850. Lichtdruck 1907.

In dieser Zeit wurde auch der Norddeutsche Lloyd gegründet. Initiatoren waren der Bremer Kaufmann Hermann Henrich Meier, der zunächst Schleppschiffahrtsgesellschaften gegründet hatte, sowie der junge Kaufmann und Reeder Eduard Crüsemann. 1856 entstand eine Aktiengesellschaft mit H. H. Meier als Vorsitzendem des Verwaltungsrats und Crüsemann als Direktor. Als Gründungsdatum des Norddeutschen Lloyd gilt der 18. Februar 1857. Ein Jahr später trat der Dampfer „Bremen“ die erste Fahrt nach New York an. Der Anfang war schwer, seit etwa 1864 aber erzielte die Reederei große Gewinne. In dieser Zeit wurde Bremen auch Zentrale der Deutschen Gesellschaft zur Rettung Schiffbrüchiger.

Für die Landverbindungen brachte der Eisenbahnbau Fortschritte; 1860 erhielten der Weserbahnhof (die Zollvereinsniederlage), 1862 Vegesack, Bremerhaven und Geestemünde, 1867 Oldenburg von Bremen aus Eisenbahnanschluß.

Soziale Fragen, der Wandel des Stadtbildes 1849–66

Die Wirtschaftsblüte führte zu einem enormen Bevölkerungsanstieg und sozialen Verwerfungen. Der Reichtum erfolgreicher Kaufleute und Industrieller wuchs stark an; es wurden zahlreiche üppige Kontorgebäude und Wohnhäuser erbaut. Da die Löhne relativ hoch waren, nahm auch der Wohlstand der Mittel- und Unterschicht zu. In den Vorstädten entstanden zahlreiche neue Straßen mit Ein- und Zweifamilienhäusern.

Es gab aber auch viele Arme, die nicht arbeitsfähig waren und von den vielfältigen öffentlichen und privaten Hilfsorganisationen (1849 Gründung des „Vereins für Innere Mission“) nur mangelhaft versorgt wurden. Krankenkassen bestanden für einzelne Berufsgruppen, etwa Zigarrenmacher, Seeleute, Dienstboten. 1851 wurde ein neues Krankenhaus in der St.-Jürgen-Straße in der Pagentorner Feldmark gebaut.

Die Jahrzehnte nach 1854 brachten neue Akzente in das Bild der Altstadt: Eindrucksvoll waren das von Kapffsche Haus in Tudor-Gotik an der Weserbrücke, der neue 1854/56 erbaute Turm der Stephanikirche und die Hotels in der Nähe des Bahnhofs (Hillmanns Hotel am Herdentor 1847). Alles wurde aber von der neugotischen Neuen Börse an der Ostseite des Marktes in den Schatten gestellt; sie verdrängte – leider – eine ganze Reihe von alten Giebelhäusern. Prägend für das Stadtbild waren zudem einige qualitätsvolle Denkmäler: das Olbersdenkmal (1850), die Marmorvase (1856) in den Wallanlagen und das Ansgardenkmal bei St. Ansgarii (1865) von Carl Steinhäuser sowie das Gustav-Adolf-Denkmal auf der Domsheide (1856).

Die Weserbrücke erhielt 1860 einen neuen Oberbau. Eins der größten Werke der Bremer Stadtentwicklung war 1866 die Gründung des Bürgerparks auf der alten Bürgerweide nach den Plänen Wilhelm Benques. Wesentlich war auch die Fortentwicklung der „Versorgungsbetriebe“: Seit 1853 wurde in der Nähe des Bahnhofs das Gaswerk gebaut. Die Wasserversorgung erfolgte für einige hundert Häuser der Altstadt durch ein Dampfwerk bei der Weserbrücke, sonst aber durch Brunnen.

Schule, Kirche, Kunst und Wissenschaft um 1860

Parallel mit der wirtschaftlichen und städtebaulichen Entwicklung machte das Kulturleben erhebliche Fortschritte, die auch durch die reaktionäre Politik keineswegs behindert wurden. Nach und nach wurden seit 1854 die Volksschulen der Kirchengemeinden in einen „Schulverein“ aufgenommen, an dessen Spitze ein aus Vertretern des Staates und der Kirchengemeinden zusammengesetztes Scholarchat stand. Die „Freischulen“, deren Zahl sich seit 1856 vermehrte, unterstanden ohnehin der Staatsaufsicht. Seit 1851 mußten sich die Lehrer einer Prüfung unterziehen; schließlich wurde eine Seminarausbildung gefordert. In Bremen wurde 1858 ein Lehrerseminar gegründet, an dessen Spitze der tüchtige Pädagoge August Lüben stand. Das „mittlere“ Schulwesen wurde durch eine 1855 im Katharinenkloster gegründete „Bürgerschule“ unter der Leitung des liberalen Dr. Heinrich Gräfe repräsentiert. Hier standen Fremdsprachen und Realien im Mittelpunkt des Unterrichts. 1868 wurde die „Bürgerschule“ zur „Realschule“.

Als Höhere Schule galt nach wie vor die Hauptschule (seit 1857) im Eschenhof an der Domsheide. Die Basis bildete eine Vorschule, auf der die Handelsschule und die Gelehrtenschule gründeten. Das mittlere und höhere Mädchenschulwesen blieb in privater Hand und hing in seiner Qualität von den Schulleiterinnen ab. Im Berufs- und Fachschulwesen spielte nur die Navigationsschule im Stephaniviertel eine größere Rolle.

Die Kirche war im Kulturleben immer noch von Bedeutung; sie entwickelte sich nicht einheitlich, da jede Gemeinde weitgehend ihr eigenes Leben führte. Innerhalb der einzelnen Gemeinden gab es manchen theologischen Streit unter den Pastoren. Die Aufsicht des Senats wurde sehr liberal gehandhabt.

Am 13. April 1856 wurde ein „Künstlerverein" mit fünf Abteilungen gegründet, die das ganze Kulturleben abdeckten, aber auch das gesellige Leben bürgerlicher Kreise förderten. Die lokalhistorische Forschung machte große Fortschritte: 1858 wurde Dr. Ehmck mit der Herausgabe des „Bremischen Urkundenbuchs" beauftragt, 1861 der „Verein für bremische Geschichte und Altertumskunde" gegründet, der seit 1864 das „Bremische Jahrbuch" herausgab. 1864 entstand auch der „Naturwissenschaftliche Verein".

In der Malerei herrschte noch Mittelmaß: Porträts, Schiffsbilder und Stadtansichten wurden in großer Zahl gemalt und gestochen. Die Kunsthalle erhielt zahlreiche Stiftungen. Theater und Musikleben waren sehr rege. 1856 wurde das Schauspielhaus am Bischofstor von der Stadt übernommen; ein Direktor pachtete den Betrieb. Neben Schauspielen wurden auch Opern, u. a. seit 1853 die von Richard Wagner, aufgeführt. Musik gab es zudem in vielen anderen Sälen und Lokalen. Große Konzerte fanden in der „Union" und im „Künstlervereinsgebäude" an der Domsheide statt. Unbestrittener und vielseitiger Meister des Musiklebens war seit 1859 Karl Reinthaler.

Bremen und die nationale Frage 1864–66

Politisch trat seit 1859 die „nationale Frage" an Bremen heran, zunächst nur als Ideologie im Rahmen des Nationalismus, wobei sich auch immer wieder die Frage stellte, wie man es mit Österreich, das eine Reform des Deutschen Bundes propagierte, und einer deutschen Flotte halten sollte. Es kam zu einer engen Zusammenarbeit mit den beiden anderen Hansestädten. In der Schleswig-Holstein-Frage 1864 hielt sich Bremen zurück, zumal der dänische Krieg im wesentlichen von Österreich und Preußen getragen wurde. Nationale Kreise in Bremen waren für die Gründung einer deutschen Flotte. Die Entscheidung kam zu schnell, um eine ausgedehnte Diskussion zuzulassen. Nationale Gefühle entfalteten sich aber, als in Bremen auf der Bürgerweide 1865 das „Zweite Deutsche Bundesschießen" stattfand.

Schwieriger wurde die Lage, als der Konflikt zwischen Preußen und Österreich sich vor allem in der Frage einer Reform des Deutschen Bundes zuspitz-

Durch diese Ehrenpforte am Herdentor zog König Wilhelm I. von Preußen bei einem Besuch in Bremen im Juni 1869. Architekt war Gustav Runge.

Fahnenschwingender Soldat des Kriegerdenkmals am Ansgariitor von 1875, Ansichtskarte 1900

Der Palazzo der Sparkasse an der Hutfilterstraße von 1882. Architekt J. Poppe. Gouache von D. Kropp jun. in der Urkunde zur Verabschiedung des Direktors Claußen, 1898.

Dampfer „Harzburg“ der Hansareederei verläßt den Freihafen. Ansichtskarte nach dem Gemälde des Marinemalers Willy Stöver, um 1903.

te. Bremen stand zwar im Deutschen Bund, sah aber ganz realistisch das Übergewicht Preußens in Norddeutschland. Bremen hielt sich zunächst im Konflikt zwischen Österreich und Preußen zurück, stellte sich dann aber, der allgemeinen Stimmung der Bürger folgend, auf die preußische Seite und trat aus dem Deutschen Bund aus. Es war aber nicht am militärischen Einsatz beteiligt. Das Schicksal Hannovers, die Einverleibung in Preußen, wurde so vermieden; doch waren Bremen und Bremerhaven nun, abgesehen von Oldenburg an der Unterweser, von preußischem Gebiet umschlossen.

Zwar wurde die Selbständigkeit formal bewahrt; doch trat die Stadt am 18. November 1866 dem von Preußen beherrschten Norddeutschen Bund bei. Der Norddeutsche Reichstag in Berlin wurde 1867 nach allgemeinem und gleichem Wahlrecht gewählt. Als bremischer Abgeordneter wurde der Gründer des Norddeutschen Lloyd, H. H. Meier, in dieses Parlament entsandt. Der Reichstag nahm die Verfassung des Bundes, die von Bismarck entworfen und nach der die Interessen der Länder durch den Bundesrat vertreten wurden, am 16. April 1867 an. Im Mai stimmten in Bremen Senat und Bürgerschaft zu; Vertreter des Senats im Bundesrat wurde Senator Dr. Otto Gildemeister.

Der Norddeutsche Bund verabschiedete in den nächsten Jahren viele Gesetze (so wurde etwa auch die Post vom Bund übernommen), doch blieb Bremen noch außerhalb des Deutschen Zollvereins, da es für seinen Überseehandel fürchtete. 1869 besuchte König Wilhelm I. mit Bismarck Bremen zum ersten Mal auf der Durchreise zum neu gegründeten Kriegshafen Wilhelmshaven und wurde feierlich empfangen.

Wirtschaft, Sozialdemokraten und Gewerkschaften 1867–70

Der bremische Warenhandel und auch der Schiffbau stagnierten in den nächsten Jahren. Die Eisenbahn wurde um die Strecke nach Oldenburg erweitert (1867), doch für die Wirtschaft hatte das noch keine große Bedeutung.

Die bremischen Staatsfinanzen gerieten vor allem durch den Hafenbau in Bremerhaven, die Weservertiefung, den Eisenbahnbau usw. in große Bedrängnis. Dennoch wuchs die Einwohnerzahl, und auch der Anteil der vermögenden Bürger nahm zu. Großkaufleute, Senatoren und Akademiker bildeten die vermögende Oberschicht; dem Mittelstand mit Handwerksmeistern und kleinen Kaufleuten ging es nicht gut; bescheiden oder gar bedrängt war die Lage der Handwerksgesellen, kaufmännischen Angestellten, Dienstboten und Armen.

Der erste Vorsitzende
der Bremer Lassalleaner:
Gustav Adolf Deckwitz,
1867.

Kinderarbeit 1857:
Anfertigung von
Zigarrenkisten.

Ein selbstbewußtes Industrieproletariat gab es in Bremen noch nicht. Dennoch organisierten sich Gruppen der Unterschicht, etwa einige sozialistisch gesinnte Arbeiter und Handwerker, die sich 1867 im kleinen Allgemeinen Deutschen Arbeiterverein Lassalles zusammenschlossen. Gustav Adolf Deckwitz, ein Tischlergeselle, wurde der erste Bremer Vorsitzende.

Unabhängig von den politischen Gruppen gab es 1867 wegen einer Teuerung eine größere Streikbewegung bei den Schiffszimmerern an der Unterweser, der sich andere Handwerker anschlossen; sie scheiterte jedoch im wesentlichen. In dieser Zeit entstanden auch Vereinigungen, die man als Gewerkschaften bezeichnen kann: Der „Bremer Zigarrenmacher-Verein" von 1866 und der zugleich entstandene „Allgemeine Deutsche Zigarrenarbeiter-Verein", die Anschluß an die Lassalleaner suchten. Auch andere Gewerbevereine entstanden, die dann 1870 einen Streik auslösten, bei dem es um eine Beschränkung der Arbeitszeit und um Lohnerhöhungen ging. Seit 1868 bildeten sich, gefördert vom Bildungsverein „Vorwärts", auch die gemäßigten „Hirsch-Dunckerschen Gewerkvereine", die auf Verhandlungen mit den Unternehmern setzten und vor allem einen allgemeinen sozialen Fortschritt anstrebten. Doch spielten sie nach 1870 keine Rolle mehr. Dagegen hatte die Genossenschaftsbewegung, die auf preiswerten Einkauf gerichtet war, eine dauerhafte Bedeutung. Handwerksmeister bildeten zudem Rohstoffvereine, das Sparkassenwesen blühte auf, Produktionsgenossenschaften im Sinne Lassalles entstanden.

Im Deutsch-Französischen Krieg 1870/71

Die Gemüter waren jedoch zunächst auf eine nationale Frage gerichtet: den Deutsch-Französischen Krieg von 1870/71, in dem auch das in Bremen stationierte 1. Hanseatische Infanterie-Regiment 75 zum militärischen Einsatz kam (etwa bei Loigny im Dezember 1870). Am 3. September 1870 feierte man in Bremen den Sieg von Sedan am Vortage. Die junge deutsche Marine konnte aber die deutschen Handelsschiffe nicht vor dem französischen Kaperkrieg schützen; selbst in der Wesermündung erschienen französische Kriegsschiffe; es drohte eine Invasion an der Nordseeküste. Doch die militärischen Erfolge in Frankreich verbreiteten eine optimistische Stimmung.

Am 18. Januar 1871 wurde Wilhelm I. von Preußen dann in Versailles zum Deutschen Kaiser ausgerufen; das Deutsche Reich war gegründet, und am 3. März fanden die ersten Wahlen zum Reichstag statt. In Bremen wurde der nationalliberale Kandidat und Kaufmann Alexander Georg Mosle gewählt. Bismarck und der Generalstabschef des deutschen Heeres, Moltke, wurden Ehrenbürger von Bremen; die heimkehrenden Truppen begrüßte man am 15. Juni 1871 mit Kanonendonner und Kirchengeläut. Im Dezember 1871 weihte man das Kriegerdenkmal in den Wallanlagen am Ansgaritor ein, und 1879 enthüllten die Bremer ein großes Ölbild von der Schlacht von Loigny in der oberen Rathaushalle. Schon 1873 besuchte eine Abordnung des Bundesrates und Reichstages Bremen.

Die Verfassung wurde durch zahlreiche Reichsgesetze ergänzt, u.a. der Taler durch die Mark ersetzt, das Reichsstrafgesetzbuch eingeführt und das Gewerbegericht eingerichtet; 1878 einigte man sich auf ein Hanseatisches Oberlandesgericht in Hamburg; die Eisenbahn wurde eine Angelegenheit des Reiches.

Bremen im Deutschen Reich 1871–85

Der bremische Staat hatte in dieser Zeit einen stark defizitären Haushalt, der vor allem durch erhebliche Investitionen im Hafenbau, im Ausbau der Versorgungsbetriebe, der Straßen usw. veranlaßt wurde, sich aber doch auf lange Sicht als berechtigt erwies. Alle diese Fragen wurden lebhaft diskutiert und gestalteten das politische Leben sehr lebendig. Die Pressefreiheit sowie die Vereins- und Versammlungsfreiheit brachten eine neue Blüte des Zeitungswesens, der politischen Parteien und der Vereine.

Die Bürgerschaft wurde freilich noch durch ein Achtklassenwahlrecht bestimmt, wobei die Gewichtung der Klassen sich nach und nach zugunsten der 4. Klasse verschob. Das Frauenwahlrecht gab es noch nicht; das Bürgerrecht, das mit einer Registraturgebühr verbunden war, bildete die Voraussetzung für das Wahlrecht. Das benachteiligte die wachsende Sozialdemokratie bei den Bürgerschaftswahlen.

Die Struktur des bremischen Staatsgebietes änderte sich in dieser Zeit: 1872 wurden Teile des Landgebietes in die Stadt einbezogen, so Teile des Werders (1872) und der südlichen Vorstadt (1875) sowie das spätere Hafengebiet (1885). Das Landgebiet erhielt ein begrenztes Maß an Selbstverwaltung mit Gemeindevorstehern, Gemeindeversammlungen und dem Kreistag. Bremerhaven und Vegesack erhielten 1879 eigene Stadtverfassungen.

Im Wirtschaftsbereich war die Entwicklung uneinheitlich und nicht ohne ernsthafte Krisen. 1872 schlossen sich die Baumwollkaufleute zusammen, und 1877 entstand die Baumwollbörse. Die Reedereien hatten seit 1874 große Verluste, der Auswandererverkehr ging zurück; der Baumarkt brach zeitweilig ganz zusammen. Dennoch kam die industrielle Entwicklung voran: 1872 entwickelte sich aus der Eisengießerei C. Waltjen & Co. auf der Stephanikirchenweide die AG „Weser", ein Schiffbauunternehmen, das zunächst an diesem Ort keine größeren Schiffe bauen konnte. Alle bedeutenden Industrien entwickelten sich zunächst wegen der Weigerung Bremens, in den Zollverein einzutreten, außerhalb der Stadt in Hastedt und Hemelingen (Jutespinnerei), nördlich der Lesum (Bremer Wollkämmerei in Blumenthal, Norddeutsche Steingutfabrik in Grohn) und Delmenhorst (Norddeutsche Wollkämmerei und Kammgarnspinnerei); zum Teil geschah das mit bremischem Kapital.

Die Weserkorrektion – Der Bau des Freihafens – Der Zollanschluß, 1876–88

Zwei Bereiche waren in dieser Zeit Lebensfragen für die bremische Wirtschaft: die Weserkorrektion und damit verbunden der Bau der Freihäfen sowie der Eintritt Bremens in den Deutschen Zollverein. Die Zollvereinsfrage stand unter dem Druck der Reichsregierung, besonders des Reichskanzlers Bismarck, der um 1878 eine für den bremischen Handel schädliche Schutzzollpolitik betrieb, die die Industrie und Landwirtschaft des Zollvereingebietes schützen sollte. Die Diskussion hielt an, auch nachdem sich die Wirtschaftslage seit 1879 besserte.

Seit 1886 nahm der Norddeutsche Lloyd an der subventionierten Reichspostdampferfahrt nach Ostasien teil; in dieser Zeit entwickelte sich die Reederei unter der Leitung von Johann Lohmann zur Weltgeltung. Daneben blüh-

Bau des ersten Bremer Freihafenbeckens am 28. Juli 1886. Foto von Louis Koch.

ten weitere Reedereien in Bremen, u.a. die Dampfschiffahrtsgesellschaft „Hansa" (seit 1881).

Der Hafenbau in Bremen schien schon 1876 durch den Ankauf von Gelände auf der Stephanikirchenweide in eine Vorbereitungsphase zu treten, doch die Weservertiefung scheiterte zunächst noch am Desinteresse der Anliegerstaaten; dagegen machte der Hafenbau in Bremerhaven Fortschritte. 1875 wurde dann der bisher in Berlin tätige Wasserbau-Ingenieur Ludwig Franzius als Oberbaudirektor nach Bremen berufen. Seinem Durchsetzungsvermögen und seinen fachlichen Fähigkeiten ist es zu verdanken, daß ein Plan von 1881, der eine Weservertiefung bis Bremen auf 5,5 Meter vorsah, Anklang fand und mit der Begradigung der Langen Bucht bei Lankenau 1883/86 begonnen wurde. Diese großen Investitionen rentierten sich, denn sie waren die Voraussetzung für eine erstaunliche wirtschaftliche Blüte Bremens, die bis zum Ausbruch des Ersten Weltkrieges mit Schwankungen anhielt.

Der Zollanschluß stieß nach wie vor auf den Widerstand vieler Kaufleute, während ihn Gewerbekreise forderten. Nach und nach wurden einige Gebiete zwischen Huchting und Arsten sowie an der Wümme in das Zollvereinsgebiet eingegliedert, um den Schmuggel besser bekämpfen zu können. Das ganze Stadtgebiet sowie das Landgebiet westlich und östlich von Bremen blieben freilich Zollausland. Bismarck ließ nicht locker und verband die Zollfrage mit der Weservertiefung und dem Hafenbau. Die Zollanschlußverhandlungen begannen dann 1884 und führten 1888 zum Erfolg: Es entstand ein Freihafengebiet, und im selben Jahre 1888 wurde der Hafen I eingeweiht. Ebenfalls kam die Weservertiefung, die seit 1885 mit Nachdruck betrieben wurde, zum Abschluß der ersten Stufe.

Die großen Investitionen und die Wirtschaftsblüte brachten es mit sich, daß einige Unternehmer große Vermögen erwarben und in einen üppigen

Lebensstil umsetzten. Zu ihnen gehörten der Baron Ludwig Knoop, der die russische Textilindustrie aufbaute, Christian Heinrich Wätjen, Segelschiffsreeder und vielseitiger Kaufmann, Angehörige der Familie Rickmers, die Reeder waren und Reismühlen betrieben, sowie der Petroleum-Kaufmann Franz Schütte. Bremen wurde zur Weltstadt.

Zur Wirtschaftsblüte gehörte auch die Gründung von Faktoreien in Afrika, an denen Bremer wie Lüderitz und Vogelsang beteiligt waren. Bremische Unternehmen wuchsen auf verschiedene Weise in die koloniale Politik hinein. Unter den Forschungsreisenden in Afrika nahm Gerhard Rohlfs aus Vegesack einen besonderen, aber auch vielfach kritisierten Platz ein.

Verkehrs- und Versorgungsprobleme der wachsenden Großstadt 1867–90

In den Zusammenhang des wirtschaftlichen Aufschwungs gehörten auch die Eröffnung der Eisenbahnstrecke nach Hamburg und nach Osnabrück (bzw. nach Velo) mit einem eigenen Bahnhof auf der Bürgerweide 1873/74 und der Bau eines architektonisch bedeutsamen „Centralbahnhofs" am Bahnhofsplatz 1888/89, der alle bisherigen Linien aufnahm. Der Entwicklung des innerstädtischen Personenverkehrs diente die Einrichtung einer Pferdebahn vom Herdentor nach Horn 1876, zu der bald weitere Linien kamen: nach Hastedt, Sebaldsbrück und Walle 1879/80, zum Kirchweg und nach Arsterdamm 1881/84 sowie die Ringbahn 1881. Die Nordwestdeutsche Gewerbe- und Industrieausstellung 1890 brachte die erste „Elektrische" vom Herdentor zum Bürgerpark; in den nächsten Jahrzehnten wurden die Linien der Pferdebahn elektrifiziert. Seit 1882 gab es auch die ersten Fernsprecher in Bremen.

Die rasche Entwicklung Bremens brachte in dieser Zeit manche Veränderung im Stadtbild: 1868/70 wurde der Schröderplan von 1852 überarbeitet. Eine Ringstraße sollte den Bremer Innenstadtbereich entlasten. Überall waren große Plätze vorgesehen; neue Stadtviertel sollten entstehen. Der zu erwartende Bauboom förderte die Grundstücksspekulation. Bremen blieb aber eine Stadt der Ein- und Zweifamilienhäuser: Hinterhöfe gab es nicht und waren auch nicht vorgesehen. 1875 brach der Baumarkt durch die Spekulation zusammen, viele neue Häuser mußten zwangsversteigert werden, erst seit 1884 besserte sich die Lage.

Dem wachsenden Wohnraum entsprach auch der Ausbau der Versorgungsbetriebe: So wurde 1871/73 auf dem Stadtwerder das Wasserwerk mit seinem markanten Turm gebaut; 1872/76 begann man mit der Entwicklung eines Kanalsystems, das aber erst Jahrzehnte später abgeschlossen wurde. 1876/77 entstand in der Nähe des Bahnhofs die Badeanstalt, 1879/82 der Schlachthof auf der Bürgerweide, seit 1871 das Zuchthaus in Oslebshausen,

1875/78 das Reichspostgebäude im Neo-Renaissancestil an der Domsheide sowie zahlreiche Schulen (u. a. die Hauptschule an der Dechanatstraße) und Kirchen (St. Wilhadi an der Nordstraße, St. Jakobi in der Südervorstadt). An der Schwachhauser Heerstraße baute man das St.-Joseph-Stift, ein Krankenhaus, und an der Nordstraße Kahrwegs Asyl, ein Altenheim.

Das Stadtbild wurde auch durch die Brücken geprägt: die neue Eisenbahnbrücke von 1866/67 und die malerische Kaiserbrücke von 1876, die den Anschluß an das Bahnhofsgebiet verbesserte. Überall wurden zudem Denkmäler und Brunnen errichtet, so das Kriegerdenkmal (am Ansgaritor), der Wilhadibrunnen (vor dem Dom), das Denkmal Kaiser Wilhelms I. (auf dem Liebfrauenkirchhof); durchweg wurden sie durch Stiftungen finanziert. Seit 1875 entstanden auch zwei neue Friedhöfe beim Riensberg und in Walle. Der Bürgerpark erhielt neue Gebäude, Brücken und Bänke. In der Umgebung Bremens entstanden Villen und Landhäuser der Oberschicht. In zahlreichen neuen Mittelstands- und Arbeitervierteln mit Ein- und Zweifamilienhäusern wurde die weitverbreitete Armut kaum sichtbar.

Stiefkind der Gesellschaft: Alte Frau im Armenhaus an der Großenstraße, Foto um 1910.

Es herrschte im allgemeinen wenig Arbeitslosigkeit; die Armut war aber dennoch weit verbreitet und wurde durch zahlreiche soziale Einrichtungen gemildert. Zwar litten viele Einwohner unter Mißständen und Ausbeutung, doch das Selbstbewußtsein und der Wohlstand der arbeitenden Unterschicht nahmen zu, hochqualifizierte Handwerker und Arbeiter in der Industrie erhielten verhältnismäßig hohe Löhne. Auch auf dem Baumarkt wurde gut verdient. Die Stadt übte durch ihr gutes Beschäftigungsangebot große Anziehungskraft aus.

Sicher gab es manche Katastrophen wie Brände, Überschwemmungen (vor allem die von 1881/82), aber im großen und ganzen war Bremen eine Stadt, in der die Mehrzahl der Einwohner ihr – oft sehr bescheidenes materielles – Glück finden konnten. Selbst das Heer der Dienstboten hatte bei aller Abhängigkeit sein Auskommen, solange nicht Invalidität die Tätigkeit gefährdete. Das Wohnen in Dach- und Kellerwohnungen sowie in engen Gängen war für die Unterschicht nicht die Regel, sondern auffällige und beklagenswerte Ausnahme. Es wäre freilich ungerecht, in dieser Zeit raschen Wachstums Maßstäbe des modernen sozialen Wohnungsbaus anlegen zu wollen. Ferner muß man bedenken, daß es auch selbstverschuldete Armut gab, denn Trunk- und Spielsucht sowie Arbeitsunwille waren weit verbreitet. Die bedauernswerten Armen waren die Alten, Kranken und Kinder, die nicht in ihrer Familie versorgt wurden.

Es gab wohl keine Periode der bremischen Geschichte, in der ein beständiger Aufstieg soviel berechtigten Optimismus verbreiten konnte wie in den Jahrzehnten von 1890 bis 1914, zumal sich die Absicherung durch Kranken-, Invaliden- und Unfallversicherung der Beschäftigten besserte, die Löhne stiegen, die Arbeitszeit abnahm und die Frauen- und Kinderarbeit eingeschränkt wurde. Seit 1878 gab es eine Fülle von sozialen Gesetzen und Maßnahmen.

Ein Zeichen und vielleicht auch eine Ursache für den Fortschritt war die Entwicklung der Gewerkschaften, die seit 1871 einen raschen Aufschwung nahmen. Sie setzten sich mit Agitation und Streik für eine Verbesserung der Lage ihrer Mitglieder ein; das waren durchweg Männer und Frauen, die im Arbeitsprozeß standen, nicht so sehr Personen, die den Anschluß an ihn nicht gefunden oder auch verloren hatten. Die Gewerkschaften kritisierten Armut und soziale Mißstände, „kämpften" aber nicht allgemein gegen sie. Die Sozialversicherung wurde vom Arbeitnehmer, Arbeitgeber und vom Staat getragen. Die Gewerkschaften kritisierten die geringen Renten und forderten größere Unternehmerbeiträge und eine Erhöhung der Reichszuschüsse, die von den „Besserverdienenden" finanziert werden sollten, die selbst keine Versicherungsbeiträge leisteten, aber auch keine Rentenansprüche hatten.

Die Einzelgewerkschaften hatten noch keine Dachorganisation; erst 1876 erfolgte eine „Verbrüderung" und ein engerer Anschluß an die SPD. Auch die Streiks wurden zunächst nur von einzelnen Handwerkergruppen, etwa den Schiffszimmerleuten 1875/76, geführt; in einigen Betrieben wurde versucht eine Zwangsmitgliedschaft durchzusetzen. 1887/89, in einer Zeit des Arbeitskräftemangels, waren ausgesprochene Streikjahre. Es ging dabei um Lohnerhöhungen und Arbeitszeitverkürzungen. Der Senat hielt sich dabei zurück.

Politik, Parteien 1871–90

Die zunehmende Konfrontation zeigte sich auch bei der Entwicklung der Parteien. In der Bürgerschaft spielte die SPD wegen des Achtklassenwahlrechts keine Rolle; das „gleiche" Wahlrecht zum Reichstag ließ sie bei den Reichstagswahlen jedoch zum Zuge kommen, nachdem sich ihre zerstrittenen Fraktionen geeinigt hatten; dagegen waren die seit 1868 organisierten Nationalliberalen nur ein Wahlverein, wogegen die Linksliberalen zerstritten waren. Die radikalen Bremer Sozialdemokraten hatten mit der „Bremer Freien Zeitung" 1876 ihr erstes Presseorgan und organisierten eine erfolgreiche Propaganda; doch konnten sie bei den Reichstagswahlen ihren Kandidaten gegen die Liberalen nicht durchbringen. 1878 wurden aber ihre Organisation und die „Bremer Freie Zeitung" durch die von Bismarck betriebenen Sozialistengesetze verboten. Sie konnten jedoch weiterhin ihre Kandidaten aufstellen und im Untergrund ihren Zusammenhalt wahren. Die Verbotszeit förderte eine Radikalisierung und veranlaßte die wenigen SPD-Abgeordneten der Bürgerschaft, zahlreiche Anträge einzubringen, oft freilich nur in taktischer Absicht.

Während dieser Zeit wandten sich die Bremer Nationalliberalen gegen Bismarcks Schutzzollgesetzgebung. H. H. Meier, Gründer des Norddeutschen Lloyd, war ihr unbestrittener Repräsentant und wurde 1881 in den Reichstag gewählt; die Schutzzöllner aber bekämpften ihn und konnten ihn 1887 abwählen.

1890 endeten die Sozialistengesetze, die SPD konnte ihre Organisation wiederbeleben und gab jetzt die „Bremer Bürger-Zeitung" heraus. Noch 1890 wurde mit Julius Bruns der erste sozialdemokratische Kandidat aus Bremen mit knapper Mehrheit in den Reichstag gewählt.

Schule, Kirche, Kunst und Wissenschaft am Ende des 19. Jahrhunderts

Während der wirtschaftlichen Blütezeit machte auch die Kultur Fortschritte. Das staatliche Volksschulwesen überflügelte die Gemeindeschulen, vor allem nahm die Zahl der „Freischulen" zu. Bei der politischen Diskussion ging es besonders um das Schulgeld, das Kindern ärmerer Familien den Zugang zu vielen Schulen, vor allem den Höheren und Realschulen, verschloß. Das Höhere Mädchenschulwesen war immer noch in privater Hand.

Seit 1879 mußten sich alle Lehrer einer Prüfung unterziehen, ihr Gehalt wurde verbessert, und sie nahmen beratend an der Schulorganisation teil. Seit 1884 gab es den Lehrerverein, der sich nach und nach politisierte. Das Lehrerseminar erlebte seit 1874 eine Blüte.

Das Höhere Schulwesen wurde durch die Hauptschule repräsentiert, die 1875 in einen Neubau an der Dechanatstraße umzog. Sie bestand aus Vorschule, Handelsschule und (humanistischem) Gymnassium. Es gab ferner zwei Realschulen, eine im umgebauten Katharinenkloster in der Sögestraße und eine seit 1876 am Doventor. Das waren aber nur Schulen für Knaben; für Mädchen gab es nur private Lyzeen, in denen ein relativ hohes Schulgeld bezahlt werden mußte.

Zur beruflichen Ausbildung dienten verschiedene Fachschulen sowie Kurse des Vereins „Vorwärts" und des kaufmännischen Vereins „Union". Es gab außerdem mehrere Volksbibliotheken.

In der Kirche entwickelten sich liberale Strömungen; die Anpassung an naturwissenschaftliche Erkenntnisse und zunehmende Kirchenfeindlichkeit forderte für viele ein Umdenken. Die Liberalen organisierten sich im Protestantenverein, die Orthodoxen im Evangelischen Verein. Zwar gab es seit 1876 eine gemeinsame Kirchenordnung der evangelischen Gemeinden, aber der ständige Streit zwischen „Liberalen" und „Positiven" verhinderte eine enge Zusammenarbeit. Die Gemeinden verloren nach und nach ihre Schulen, doch im sozialen Bereich blieb die Kirche recht erfolgreich: Das Diakonissenhaus entwickelte sich aus kleinen Anfängen seit 1868 und erhielt 1880 einen neuen Krankenhausbau an der Nordstraße. Sonntagsschulen, Kinderbewahranstalten, Jünglingsverein, verschiedene Zweige der Inneren Mission boten ein vielfältiges Betätigungsfeld.

Die Katholiken führten ein kirchliches Eigenleben, unterhielten eine eigene Schule und Sozialeinrichtungen.

Die Blüte der wissenschaftlichen und Kunstvereine entsprach der Stärke des bremischen Bildungsbürgertums in dieser Zeit. Der Künstlerverein war Dachverband für mehrere Zweige, die, wie die Historische und Literarische Gesellschaft, ein Eigenleben entwickelten. Vorträge, repräsentative Veröffentlichungen und Feste gehörten zu ihren Hauptanliegen. Eine ebensolche Blüte erlebten der Naturwissenschaftliche Verein und die Geographische Gesellschaft. Bremen war eine Zeitlang die Heimat bedeutender Völkerkundler: Der Reiseschriftsteller Johann Georg Kohl wurde Leiter der Staatsbibliothek, Eduard Mohr bereiste mehrere ferne Länder, Gerhard Rohlfs durchquerte Afrika, die „Deutsche Nordpol-Expedition" wurde von Bremern gefördert (1869).

Naturwissenschaftliche und ethnographische Sammlungen gab es seit 1878 im Domanbau, dann seit 1895 im Museumsneubau am Bahnhofsplatz. Die Sammlung bremischer Altertümer, die der Senatssekretär Johann Focke seit 1881 zusammentrug, waren an verschiedenen Stellen untergebracht.

Das Stadttheater am Bischofstor stand u. a., aber nicht nur, unter dem Einfluß des Juristen und Literaten Heinrich Bulthaupt sowie des Malers und Dichters Arthur Fitger. Diese hatten eine Vorliebe für historische Themen und klassische Dramen; doch kamen auch moderne Gesellschaftsdramen und der Naturalismus zum Zuge. Man wagte sich zudem an große Opern u. a. die von Richard Wagner. Hin und wieder kamen berühmte Sängerinnen und Sänger sowie Dirigenten nach Bremen. Im „Tivoli" am Bahnhofsplatz wurde die Operette gepflegt; Konzerte und Tanzmusik gab es in etlichen Sälen. Mehrere Gesangvereine erlebten eine bedeutende Blüte.

In der bildenden Kunst zeigte sich unter dem Einfluß Fitgers eine Vorliebe für den Neubarock; die Treppenhäuser und Räume öffentlicher Gebäude wurden mit riesigen allegorischen Gemälden bedacht, die Kunsthalle durch

Das Stadttheater Am Wall (rechts), erbaut 1843, später mehrmals umgebaut. Ansichtskarte 1901.

zahlreiche Schenkungen von Gemälden und Graphiken aller Stilrichtungen bereichert. Bei den anspruchsvollen Gebäuden dieser Zeit zeigt sich eine Vorliebe für Zementstuck und im Innern von Schnitzereien, Stuckdecken, Kronleuchtern und Plüsch.

Wirtschaftsblüte, Glanz und Elend der Gründerjahre 1888–1914

Nach dem Eintritt Bremens in den Deutschen Zollverein 1888 entfaltete sich eine Wirtschaftsblüte, die der Oberschicht große Reichtümer brachte. Viele ihrer Mitglieder förderten Kunst und Wissenschaft; das Mäzenatentum erreichte ein Ausmaß wie vorher und nachher nicht.

Der Eintritt in den Zollverein gab auch den Weg frei zu einer schnellen Weiterentwicklung von Industrie, Hafen und Welthandel. Dabei ergaben internationale Konflikte Schwankungen, so 1900 durch den Boxeraufstand in China, für dessen Niederschlagung deutsche Truppen von Kaiser Wilhelm II. in Bremerhaven verabschiedet wurden.

Der zunehmende Wohlstand der bürgerlichen Mittelschicht brachte einen Aufschwung des Sparkassenwesens; die „Sparkasse in Bremen" ließ 1906 eine repräsentative Hauptstelle am Brill bauen; in den Vororten entstanden zahlreiche Nebenstellen. Das Genossenschaftswesen gewann für die Arbeiter an Bedeutung: Die Konsumgenossenschaft „Vorwärts" richtete zahlreiche Verkaufsfilialen ein.

Es gab trotz aller Anzeichen großer Wirtschaftsblüte manche Krisenerscheinungen; Überproduktion, hohe Kreditzinsen, riskante Geschäfte, rücksichtslose Monopole, lange Streiks usw. brachten Unsicherheiten mit sich. Eine Senkung des Diskontsatzes durch die Reichsbank hatte wenig Erfolg. Die Konjunktur überdauerte aber im wesentlichen den Burenkrieg, die Marokkokriesen und die kostspielige deutsche Flottenpolitik. Der Norddeutsche Lloyd hatte zu dieser Zeit Weltgeltung; eine Brandkatastrophe in Hoboken (New York) 1900 und Schiffsuntergänge konnten diese Entwicklung nicht aufhalten. Als sichtbares Zeichen der Weltgeltung der Reederei entstand in Bremen 1901/10 ein neues Verwaltungsgebäude mit hohem Turm. Neben dem Norddeutschen Lloyd gab es noch andere erfolgreiche Bremer Reedereien, so die Dampfschiffahrtsgesellschaft „Hansa", die Argo-, Rickmers-, Wätjen-Reederei usw. Der Glanz der Riesenschiffe war für die Passagiere groß, doch es gab auf ihnen schwierige Arbeitsverhältnisse, so bei den Kohlenziehern und den Ladearbeitern.

Der Ausbau der bremischen Häfen entsprach der Zunahme des Seeverkehrs. Der Hafen II entstand seit 1898, wurde aber erst 1902 fertig. 1903/05 wurde dann die AG „Weser“ von der Stephanikirchenweide in das neue Hafengebiet bei Gröpelingen verlegt und entwickelte sich hier zu einer leistungsfähigen Großwerft, die auch zahlreiche Kriegsschiffe baute. Der „Bremer Vulkan“ bei Vegesack gewann an Bedeutung, nachdem 1895 die Ulrichsche Werft in ihm aufgegangen war. 1896 begann man mit dem Bau der Getreideverkehrsanlage, die seit 1913 modernisiert und vergrößert wurde. Seit 1907 entstanden die Industriehäfen. Einen Ausbau erfuhren auch die Häfen in Bremerhaven (Kaiserhafen, Vorhafen, Schleuse).

Die Weser wurde auf 7 Meter vertieft und dadurch der Bau des Weserwehrs bei Hastedt nötig. Die Kanalisierung der Oberweser, durch die ein Anschluß an den Mittellandkanal gewonnen werden sollte, kam jedoch nicht voran.

Nach dem Eintritt Bremens in den Zollverein 1888 entwickelten sich auf bremischem Staatsgebiet auch Industriebetriebe; Öl-, Reis- und Getreidemühlen, Großbrauereien, Kaffeeröstereien, die Jutespinnerei an der Nordstraße, Maschinenfabriken, die Norddeutsche Hütte usw. Das waren teilweise Betriebe von überregionaler Bedeutung. Bremen war jetzt nicht nur Hafen- und Handelsplatz, sondern auch ein bedeutender Industrievorort.

1890 zeigte die Stadt durch die Nordwestdeutsche Gewerbe- und Industrieausstellung im Südteil des Bürgerparks ihre wirtschaftliche Bedeutung. Eine elektrische Bahn mit Rollenabnehmern beförderte die Besucher vom

Arbeit in einem Industriebetrieb: Bremer Vulkan in Vegesack, Foto um 1906.

Bahnhof zur Ausstellung. Sie bewährte sich so sehr, daß die Pferdebahn bis 1899 elektrifiziert wurde. Ein weiterer neuer Schienenweg war die Kleinbahn „Jan Reiners", die seit 1900 vom Parkbahnhof auf der Bürgerweide über Lilienthal nach Tarmstedt verkehrte. In der gleichen Zeit vollzog sich eine rasche Entwicklung weiterer Verkehrsmittel: des Fahrrades, bei dem das Hochfahrrad vom englischen Tourenrad verdrängt wurde, und des Automobils, das sich wegen der hohen Kosten nur wenige leisten konnten. Das Flugzeug war zunächst noch ein Sportgerät; Heinrich Focke und Georg Wulf konstruierten 1912 ein brauchbares Flugzeug, und um diese Zeit entstanden Flugzeugschuppen auf dem Neuenlander Feld.

Die Versorgungsbetriebe wurden modernisiert: Ein Elektrizitätswerk entstand an der Schlachthofstraße, das Gaswerk wurde 1901 nach Woltmershausen verlegt, der Ausbau der Kanalisation machte Fortschritte, und die Wasserspülung der Aborte wurde zur Pflicht gemacht.

Soziale Probleme am Anfang des 20. Jahrhunderts

1910 hatte die Stadt 245 000 Einwohner; immer mehr Zuwanderer kamen. Es ist erstaunlich, daß der Ausbau der Straßen, Wohnviertel, Schulen und Versorgungsleitungen trotz steigender Bau- und Grundstückspreise dieser Entwicklung folgen konnte. Die Handwerkerlöhne stiegen erheblich, doch gab es große Unterschiede; das Elend derer, die keinen rechten Anschluß an die Wirtschaftsentwicklung finden konnten, blieb groß.

Die Besserung der Verhältnisse steigerte auch die Kritik an diesem und jenem. Oft wurde etwas gefordert, was nur in Jahrzehnten bei anhaltender Konjunktur möglich war. Sozialdemokraten verlangten eine Abschaffung der Sonntags- und Nachtarbeit, den Achtstundentag, erhebliche Lohnerhöhungen sowie die Erhöhung von Renten und die Einführung der Arbeitslosenunterstützung. Die Frage war auch damals schon, wie diese Forderungen neben enormen Investitionen, einer hohen Verschuldung der Privatwirtschaft und des Staates bei schwankendem Bedarf an Arbeitskraft und absehbaren Krisen dauerhaft durchzuführen waren. Die Betriebe waren in zu unterschiedlicher Lage, um eine einheitliche Besserung der Lage ihrer Arbeiter herbeizuführen. Einige von ihnen gaben erhebliche Mittel für soziale Maßnahmen aus (Arbeiterwohnungen, Kindergärten, Betriebsrenten). Andere wären an Aufwendungen in gleicher Höhe zugrunde gegangen.

Für Streitfälle des Arbeitsrechts standen Gewerbe-, Kaufmanns- und Innungsgericht zur Verfügung. Die Interessen der Unternehmer wurden in den Kammern und durch Absprachen der Betriebseigner formuliert; die Arbeitnehmer wurden durch Gewerkschaften der einzelnen Berufe vertreten. Die

Bürgerlichen forderten eine paritätisch besetzte Arbeitskammer, die Streitigkeiten schlichten sollte; SPD und Gewerkschaften wollten eine Arbeiterkammer, die nur von Arbeitern besetzt war.

Die Zahl der Beschäftigten und auch der Arbeitslosen war entsprechend der Konjunktur schwankend; das blieb ein soziales Problem, das noch nicht durch eine Arbeitslosenversicherung gemildert wurde; die bisherige Armenversorgung wurde diesem Problem auch nicht gerecht. Die Diskussion über einen paritätisch besetzten kommunalen Arbeitsnachweis verlief im Sande. Es ist überhaupt zeittypisch, daß trotz wachsenden Wohlstands breiter Schichten auch die Armut zunahm, zumal immer mehr Menschen als arm angesehen wurden, die es früher nicht waren. Die Armenpflege wurde zwar verstärkt, war aber in vielen Fällen nicht ausreichend. Armenhaus, viele durch Stiftungen begründete Einrichtungen, Waisenhäuser, Freischulen und das 1912 eingerichtete Jugendamt milderten die Armut. Für die Versorgung der Auswanderer wurde 1907/09 ein Heim für 2400 Personen an der Hemmstraße eingerichtet.

Zeittypisch sind auch das Wachstum und die Vermehrung der Krankenhäuser. Als vorbildlich galt das neue „St.-Jürgen-Asyl" für Geistes- und Nervenkranke, das 1897/1904 in Osterholz-Ellen eingerichtet wurde. Seit 1889 entstanden auch zahlreiche kleine Privatkliniken.

Erstaunliche Fortschritte machte auch das Vereinswesen. Es gab kaum einen Bereich, der nicht von ihm erfaßt wurde: Sport, Wandern, Tierschutz, Kegeln, Kunst und Wissenschaft usw. Der Freimarkt in der Mitte der Altstadt sowie auf dem Grünenkamp und Hohentorsplatz in der Neustadt wurde immer mehr zur jährlichen geräuschvollen Vergnügungseinrichtung, auf der viele Novitäten der Zeit (etwa Filme) zu sehen waren.

Politik und Parteien 1890–1914

Die Frage, ob der Senat den vielen Veränderungen im öffentlichen Leben gerecht wurde, ist schwer zu beurteilen. In den Grundfragen war er sich mit der liberalen Bürgerschaftsmehrheit durchweg – aber nicht immer – einig. Manche Diskussion verlief im Sande. Der Senat bestand weiterhin aus lebenslänglichen Mitgliedern. Manche Senatorenwahl, die noch immer nach dem komplizierten Ritual von 1852 vonstatten ging, vollzog sich unter Schwierigkeiten. Die Mehrzahl der Senatoren bestand aus Juristen; es war die Zeit der würdigen Herren mit Zylinder und im Kutschwagen, in üppigen Villen mit Plüsch und Stuck, die die Geschicke Bremens lenkten. Darunter waren manche, die mit Fleiß, Umsicht und Sachverstand, auch in Deputationen und

Kommissionen, ihre Aufgabe erfüllten, keiner ehrgeizigen Einflüsterer bedurften, selbst Erkenntnisse formulierten und nicht nach Mehrheiten in Parteigremien schielen und auch nicht als Volkstribunen auftreten mußten. Dafür standen Persönlichkeiten wie die Bürgermeister Gildemeister, Pauli, Barkhausen, Marcus usw. Zur jungen Generation gehörten die Senatoren Donandt, Bömers und Spitta. Andererseits gab es manchen Senator, der besser abgetreten wäre. Sicher ist aber, daß der Senat besser in der Lage war, die Interessen Bremens gegenüber dem Reich zu vertreten, als der einzige Bremer Reichstagsabgeordnete. Es gab Bürgermeister und Senatoren, denen auch der ungeduldige Kaiser Wilhelm II. zuhörte, wenn er nach Bremen kam.

Das Achtklassenwahlrecht, das vom käuflich zu erwerbenden Bürgerrecht abhängig war und bürgerliche Gruppierungen begünstigte, blieb bis 1918 erhalten. Auch gab es kein Frauenstimmrecht. Das waren immer wieder diskutierte Probleme.

Die Sozialdemokraten, deren Ortsverein einige Jahre unter vom Vorsitz von Friedrich Ebert stand, waren trotz der großen Zahl der Sympathisanten und auch der Wähler nur mit wenigen Abgeordneten in der Bürgerschaft vertreten. Bei ihnen gab es sehr bald eine revolutionäre Mehrheit, die ihr Sprachrohr in dem wortgewaltigen Alfred Henke fand.

Im politischen Leben bildete das Jahr 1890 einen Einschnitt: Die SPD und die Gewerkschaften konnten ihre Organisation neu aufbauen, ungehindert Propaganda treiben und eine Zeitung, die „Bürger-Zeitung", herausgeben. Auch konnte der Maifeiertag trotz mancher Hindernisse festlich begangen werden, wobei die Demonstranten vor allem den Achtstundentag forderten. Die SPD gab sich ausgesprochen klassenkämpferisch. Die Gewerkschaftsbewegung litt noch immer unter ihrer Zersplitterung und war seit 1891 nur durch eine „Kontrollkommission" verbunden; auch die Streiks dieser Zeit hatten noch oft einen engen berufsgebundenen Rahmen.

Die Gegner formierten sich vor allem in der nationalliberalen Partei („Reichsverein") und in linksliberalen Vereinen („Freisinnige", „Fortschrittspartei"). Es gelang diesen 1893, den sozialdemokratischen Reichstagsabgeordneten Bruns wieder abzuwählen und statt dessen den Liberalen Hermann Frese nach Berlin zu schicken.

Nach der ersten Euphorie zeigte die SPD in diesen Jahren deutliche Schwächen; es gelang ihr nicht, die Arbeitermassen mitzureißen und parteiinterne Streitigkeiten beizulegen. Andererseits gewannen die Gewerkschaften an Bedeutung, nachdem sie seit 1894 in einem „Gewerkschaftskartell" locker zusammengeschlossen worden waren. Sie konnten 1896 eine große Streikwelle auslösen, bei der es auch umfangreiche Aussperrungen gab und Arbeitswillige von Streikenden bedroht wurden. Der Verlauf der einzelnen Streiks war unterschiedlich.

Der Imperator hoch zu Roß. Kaiser-Wilhelm-Denkmal von 1893; dahinter Rathaus, Börse und Baumwollbörse. Ansichtskarte von 1906

Die Schwalbe schwebt über dem zweiten Parkhaus, das mit Stuck und Türmchen zur Nordwestdeutschen Gewerbe- und Industrieausstellung 1890 gebaut wurde. Ansichtskarte 1907

Verwaltungsgebäude des Norddeutschen Lloyd einst und jetzt; üppiger Renaissanceschmuck und ein hoher Turm des Neubaus dokumentieren die Weltgeltung der Reederei. Ansichtskarte von 1907

Straßenmacher mit Handramme auf dem Teerhof; im Hintergrund St. Martini. Ansichtskarte von 1909

Friedrich Ebert, der spätere Reichspräsident, war 1891–1905 in Bremen, wo er seit 1894 eine Gastwirtschaft unterhielt und in der Gewerkschaft sowie SPD tätig war. Seit 1900 war er Mitglied der Bürgerschaft.

In diese unruhige Zeit fielen die Reichstagswahlen von 1898. Die zersplitterten Liberalen konnten noch einmal mit knapper Mehrheit ihren Kandidaten Hermann Frese durchbringen. In der Bürgerschaft hatte die SPD nur zwei Abgeordnete. 1891 kam Friedrich Ebert, Sattlergeselle und Gastwirt, nach Bremen, wurde 1899 Sekretär des gewerkschaftlichen Arbeitersekretariats und als Sozialdemokrat in die Bürgerschaft gewählt. Er erwies sich als geschickter Organisator und Sozialkritiker. Er versuchte auch in der Partei zwischen Revolutionären und Revisionisten zu vermitteln, indem er sich oft radikal ausdrückte, aber sozialreformerisch handelte.

Wieder gab es 1901/03 eine Flut von Streiks, die nur teilweise Erfolg hatten. In dieser turbulenten Zeit gelang es den Sozialdemokraten, ihren Kandidaten, den farblosen Bremerhavener Tabakhändler und Gastwirt Johann Hinrich Schmalfeldt, bei den Reichstagswahlen mit knapper Mehrheit durchzubringen. 1904 fand dann in Bremen der Parteitag der deutschen SPD statt, auf dem es nicht an Diskussionen zwischen Revolutionären und Revisionisten fehlte. 1903/05 beherrschten die Radikalen auch einige Streiks. 1905 ging Ebert aber als Sekretär des Parteivorstandes nach Berlin, wodurch das gemäßigte Element des Ortsvereins der SPD geschwächt wurde. Vor allem richtete sich die Agitation der Partei gegen das Achtklassenwahlrecht und den Senat. Alfred Henke wurde der Sprecher der radikalen Richtung. Die „Bürger-Zeitung“, die 1911 einen Neubau Am Geeren bezog, verfolgte die gleiche Richtung; die Führung der Zeitungskommission der Partei übernahm Wilhelm Pieck, der 1906 Ortssekretär der Bremer SPD wurde.

In der Reichstagswahl von 1907 einigten sich die an sich so zerstrittenen Liberalen und brachten den linksliberalen Hinrich Hormann durch. Auch in den Bürgerschaftswahlen setzte ein Stimmenrückgang der SPD ein. Die Partei wurde immer radikaler und unterstützte in dieser Zeit einige Streiks. Die Stimmung richtete sich zunehmend gegen gemäßigte Partei- und Gewerkschaftsvorstände.

Die Gegenwehr des Staates, insbesondere des Senats, gegen diese Entwicklung war wenig erfolgreich; als 1910 einige radikale Lehrer diszipliniert wurden, brach ein Proteststurm aus, in den sich einige liberale Stimmen mischten. Auch gegen die Genehmigungspflicht von Versammlungen unter freiem Himmel wurde protestiert. Die internationalen Krisen lösten zudem seit 1911 eine „Imperialismusdiskussion" aus, in der die Radikalen Massenaktionen und die Abschaffung des Kapitalismus zur Verhütung von Kriegen forderten.

Angesichts dieser Lage fanden die Reichstagswahlen von 1912 in harter Konfrontation statt. Der Kandidat der SPD war nicht mehr der brave Schmalfeldt, sondern der radikale Alfred Henke. Er siegte über die vereinigten Liberalen und Konservativen. Es erhob sich in dieser Zeit schon die Frage, ob sich die Radikalen im Ernstfalle gegen die patriotische Grundgesinnung der Massen durchsetzen konnten. Sogar Henke stimmte zwar 1913 in der Fraktion gegen die Finanzierung der Wehrvorlage, im Plenum des Reichstages aber mit der SPD-Fraktion für sie. Für viele Radikale wurde er dadurch zum demagogischen Taktierer. Wortführer der kompromißlosen Bremer Radikalen in dieser Zeit war der Lehrer Johann Knief.

Stadtbild und Kultur vor dem Ersten Weltkrieg, 1890–1914

In dieser politisch so unruhigen Zeit ging der Aufstieg Bremens weiter. 1891 wurden Teile von Walle, 1901 weitere Gebiete im Westen, Osten und Süden in das Stadtgebiet einbezogen und durch Bebauungspläne erschlossen. Das Netz der Straßen, Kanalisation und Versorgungsleitungen wurde erweitert. Wo kanalisiert war, wurde das Spülklosett zur Pflicht gemacht.

Die Wirtschaftsblüte veränderte das Stadtbild immer mehr, wobei es schwieriger wurde, die alte Bausubstanz zu erhalten. Der Dom erhielt 1889/1901 u.a. eine neue Westfassade, der Schütting wurde 1895/99 mit einer Renaissancefront ausgestattet, der fürstliche Neubarock der Deutschen Bank und die Renaissancegiebel der Bremer Bank beherrschten nun den Domshof.

Richtfest beim Bau der Domtürme, Foto vom 17. September 1892.

Das monströse Gerichts- und das Polizeihaus entstanden, das neue Rathaus ersetzte 1909/13 das schlichte Stadthaus; 1891/1911 erhielt das Überseemuseum seine heutige Gestalt; die großen Baukörper des Lloydgebäudes und der Baumwollbörse bekamen eindrucksvolle Fassaden und auffällige Türme.

Die Zahl der neuen Kirchen, Schulen, Bibliotheken, Geschäftshäuser usw. war groß. Auch Brückenbauten veränderten das Stadtbild (die Große Weserbrücke 1893/95, die Kleine Weserbrücke 1901/03, die Kaiserbrücke 1913/16). Außerdem wurden zahlreiche Brunnen und Denkmäler gestiftet: 1890 der Centaurenbrunnen in der Schwachhauser Heerstraße (jetzt Neustadt), 1893 das Denkmal Wilhelms I. auf dem Liebfrauenkirchhof, 1899 der Teichmannsbrunnen auf dem Domshof, 1900/04 die Reiterfiguren und die Ritter zu Fuß vor den Rathausportalen, 1898 der Turmbläserbrunnen am Dom, 1901/02 der Rosselenker am Bischofstor, 1905 und 1910 die Reiterstandbilder Kaiser Friedrichs I. und Bismarcks, 1908 das Standbild Moltkes und der Marcus-Brunnen auf dem Liebfrauenkirchhof. Bremen wurde in wenigen Jahrzehnten durch ein großzügiges Mäzenatentum eine Stadt der Denkmäler.

Auch der Bürgerpark wurde verschönert. Für die Ausstellung 1890 entstand der Barockpalast des zweiten Parkhauses, das 1907 abbrannte und 1913 durch einen Neubau ersetzt wurde, und seit 1897 gab es das Kaffeehaus am Emmasee; viele Brücken und Bänke wurden gestiftet. 1905/06 wurde das Krematorium auf dem Riensberger Friedhof gebaut, seit 1910 der Osterholzer Friedhof angelegt.

Die Schule in Bewegung, 1890–1914

Erstaunlich sind auch die gleichzeitigen Leistungen auf kulturellem Gebiet. Die letzten Gemeindeschulen (bis auf die Stephanischule und die Landschulen) wurden verstaatlicht. 1897 erhielt das Lehrerseminar einen Neubau an der Hamburger Straße, und 1914 entstand ein Lehrerinnenseminar an der Karlstraße. Entscheidend aber war, daß es eine kraftvolle Reformbewegung der Lehrer gab, die einen unentgeltlichen Unterricht, eine Stärkung technisch-naturwissenschaftlicher Fächer und die „Pädagogik vom Kinde" aus forderte. Prominente Vertreter dieser Richtung waren Heinrich Scharrelmann, der später den Weg zur NSDAP fand, Johann Knief, der Kommunist wurde, und Fritz Gansberg. Seit 1891 wurden auch Hilfsschulen für lernbehinderte Kinder eingerichtet. Auffallend ist, daß sich die Diskussion politisierte und sich auf den Religionsunterricht konzentrierte, den die Radikalen abschaffen wollten. Die Schulverwaltung begann mit Disziplinierungen (1906), gegen die sich zahlreiche Lehrer wandten. Der Lehrerverein bot die Basis für die Diskussionen. Es kam auch schon das Schlagwort der „Einheitsschule" auf, die „Chancengleichheit" gewähren sollte. Da diese durch das Schulgeld behindert wurde, sollte dieses abgeschafft werden. Ob dann die Chancengleichheit hergestellt sein würde, die ja auch durch unvermeidliche soziale Unterschiede und durch ungleiche Begabungen behindert wurde, blieb offen.

Das Höhere Schulwesen wurde 1893/1906 grundlegend verändert. Die Hauptschule wurde aufgelöst, und es entstanden das (humanistische) Alte Gymnasium, die Oberrealschule, das Neue Gymnasium und das Realgymnasium, wodurch man den unterschiedlichen Bildungsbedürfnissen entgegenkam. Das Höhere Mädchenschulwesen blieb noch privat. Erst 1916 wurde das erste staatliche Mädchengymnasium an der Kleinen Helle eröffnet.

Auch mehrere staatliche Realschulen für Knaben wurden eröffnet: 1905 eine in der Neustadt und 1913 eine am Waller Ring.

Eine Ingenieurschule („Technikum" 1914, „Technische Staatslehranstalten") entstand 1892/99 am Neustadtswall. Sie erhielt 1903/06 einen Neubau. Die Seefahrtsschule wurde vergrößert; seit 1902 wurden die gewerblichen Schulen an der Weserbahn ausgebaut, und seit 1908 war der Besuch Pflicht. Noch

Mädchenturnen an der Schule von Anna Wätge in der Mainstraße, Neustadt. Foto 1912.

waren ungelernte Arbeiter und Mädchen ausgeschlossen. Der kaufmännische Nachwuchs wurde in der „Union" und die Kaufleute im Kleinhandel seit 1912 in der „Fortbildungsschule für Kleinhandel" gefördert.

Die Kirche vor dem Ersten Weltkrieg

Ein großer Teil der Bevölkerung, besonders der sozialistischen Arbeiterschaft, wollte von der Kirche und ihren theologischen Streitigkeiten nichts wissen, schätzte aber durchaus ihren sozialen Einsatz. Die Diskussion über die Einführung der Kirchensteuer verlief im Sand. Die „Kirchliche Gemeindeordnung" wurde neu gefaßt; der Kirchenausschuß bestand nun aus gewählten Gemeindevertretern und dem Kirchenvorstand; er wählte den Pastor. Zahlreiche neue Gemeinden wurden gebildet, so Woltmershausen 1902 und die Hohentorsgemeinde 1907. Besonders streitbar waren einige liberale Pastoren wie Kalthoff an St. Martini, der jede Kirchenorganisation ablehnte und die Bibel mit Christus in den Bereich der freien Dichtung verwies, Emil Felden, ebenfalls von St. Martini, der sensible Sozialdemokrat, Mauritz am Dom, der philosophische und poetische Werke gleichwertig neben die Bibel stellte, und Steudel von St. Remberti, der die Bibel entmythologisieren wollte. Ihre Gegner waren die bibelfesten Lutheraner und Reformierten.

Eine Diskussion gab es auch über kirchliche Bestandteile des Schulunterrichts. Sollte es überhaupt noch einen konfessionsgebundenen Religionsunterricht geben? Beim Staatszuschuß für die katholische Schule war der Senat sehr zurückhaltend.

Eine eigene Entwicklung nahm die jüdische Gemeinde: Seit dem Bau der Synagoge 1876 in der Gartenstraße (heute Kolpingstraße) entfaltete sie ein reges Leben, ohne daß sie sich aber isolierte. 1896 wurde ein Rabbinat eingerichtet und mit dem jungen Dr. Leopold Rosenak (1868–1923) besetzt. Die Religionsschule der Gemeinde hatte hohes Ansehen. Schwierig war die Einbürgerung der zuwandernden Ostjuden, die ihre Eigenart bewahrten und auch nur schwer Anschluß an die jüdische Gemeinde fanden. Diese Gegensätze förderten die antisemitische Strömung in Bremen.

Kunst, Theater, Musik, Wissenschaft vor dem Ersten Weltkrieg

In der Kunst stand seit etwa 1900 eine Stilrichtung, die die Natur in den Mittelpunkt stellte, in Opposition gegen den herrschenden Neubarock, wobei sich vor allem die Worpsweder Schule hervortat; sie erlangte mit den Namen Mackensen, Am Ende, Otto Modersohn und Frau, Paula Becker-Modersohn, Overbeck und Heinrich Vogeler Berühmtheit. Die Worpsweder gewannen auch Einfluß in Bremen, wo die Haus- und Wohnungsgestaltung vielfach Elemente des Jugendstils aufnahmen. In der Kunsthalle wurde Dr. Gustav Pauli 1905 Direktor (bis 1914). Er beeinflußte den Charakter des Hauses und nahm auch den Impressionismus und die Kunst der Worpsweder an.

Das Theater bevorzugte immer noch die Klassiker, verhalf aber auch den Naturalisten (sogar Gorki!) zum Durchbruch; auch die modernen Opern wurden gepflegt. Neben dem Stadttheater gab es seit 1910 das private Schauspielhaus der Eigentümer Wiegend und Ichon, das vor allem moderne Problem- und Unterhaltungsstücke aufführte. 1913 bezog es das neue Gebäude am Ostertor. Es gab noch weitere Theater („Thalia" am Neustadtswall, Schillertheater am Bahnhof und das Hansatheater), die ein gemischtes Programm boten. 1896 gab es auf dem Freimarkt den ersten Stummfilm, seit 1908 entstanden dann Kinos in Bremen.

1892 gab es ein „städtisches Orchester" mit festbesoldeten Musikern. Die Philharmonischen Konzerte erfreuten sich großer Beliebtheit, und mehrere Chöre, u. a. der 1914 vom Lehrer Hermann Böse gegründete „Arbeitergesangverein", boten anspruchsvolle Programme, vergrößerten oft auch die Opernchöre. 1895 etablierte sich die „Philharmonische Gesellschaft", deren

Träger 1898 der „Verein der Musikfreunde" war. Sie veranstaltete zahlreiche große Konzerte. Seit 1910 war Ernst Wendel der das Musikleben Bremens beherrschende Dirigent.

Auch für die Volksbildung wurde viel getan; Bildungsausschüsse und -vereine fanden großen Zuspruch; so seit 1902 eine Lesehalle am Ansgarikirchhof; der prächtige Neubau der Stadtbibliothek am Breitenweg entstand 1896. Es ist eigenartig, daß das Bremer Verlagswesen der großen Lesefreude nicht entsprach. Am bekanntesten war der Schünemann-Verlag, der Bücher über Bremen und zur Volkskunde, besonders zur plattdeutschen Literatur, herausgab (u. a. von Georg Droste). Reich und vielfältig war dagegen die Zeitungslandschaft mit den liberalen „Bremer Nachrichten", dem linksliberalen „Bremer Courir" und der sozialdemokratischen, oft radikalen „Bremer Bürger-Zeitung".

Die „Historische Gesellschaft" war ein Honoratioren-Klub, der aber gerade in dieser Zeit mit dem Leiter des Staatsarchivs, Wilhelm von Bippen, Ernst Dünzelmann und andere tüchtige Mitglieder hatte. Franz Buchenau gab zwei neue Auflagen seiner Bremer Heimatkunde heraus (1882 und 1900), der Ingenieur-Verein veröffentlichte „Bremen und seine Bauten", der Senatssyndikus Johann Focke richtete 1893 im Katharinenkloster das „Stadthistorische Museum" ein, das 1905 in die „Glocke" und 1913/15 in das Altenheim an der Großenstraße umzog. Es mag sein, daß hier manches nicht wissenschaftlich aufgearbeitet war, doch die Sammlungen wurden ansprechend und volkstümlich dargeboten. Daneben bestand an der Kaiserstraße das „Gewerbemuseum", das zunächst (bis 1914) mit der Kunstgewerbeschule verbunden war.

Einen großen Aufschwung nahmen die „Städtischen Sammlungen für Naturgeschichte und Ethnographie", die 1895 einen Neubau am Bahnhofs-

Das städtische Museum für Natur-, Völker- und Handelskunde, davor wartende Pferdedroschken. Foto 1896.

platz bezogen und seit 1887 jahrzehntelang unter der Leitung von Hugo Schauinsland standen, der einige tüchtige Mitarbeiter hatte. Die Sammlungen bevorzugten Schaugruppen und dokumentierten die bremischen Überseeinteressen. Die volkstümliche Art der Darbietung fand großen Zuspruch. Sehr eng war die Zusammenarbeit mit der „Geographischen Gesellschaft".

Die Zeit der Krisen: Erster Weltkrieg und Weimarer Republik 1914–1933

Das Ende der guten Jahre – Der Erste Weltkrieg bricht 1914 aus

Es gehört zu den tragischen Einschnitten der bremischen Geschichte, daß die vielversprechende Entwicklung im wirtschaftlichen, städtebaulichen und künstlerischen sowie – bei manchen Konflikten – auch im sozialen und politischen Bereich durch den Ausbruch des Ersten Weltkrieges beendet wurde.

Hier kann nicht die vieldiskutierte Kriegsschuldfrage oder der Kriegsverlauf im einzelnen dargestellt werden. Wir müssen uns auf die Frage nach den Folgen des Krieges für Bremen beschränken.

Zwar hatten die Sozialdemokraten Massenaktionen zur Verhinderung des Krieges angekündigt und noch am 29. Juli 1914 in Bremen sieben Anti-Kriegs-Demonstrationen durchgeführt; doch als der schöne friedliche Sommer dann

Soldaten des Infanterieregiments 75 sammeln sich auf dem Bahnhofsplatz zum Abtransport an die Westfront 1914.

durch eine Reihe von Kriegserklärungen beendet wurde, war der nationale Rausch auch in Bremen allgemein. Es gab keinen nennenswerten Widerstand gegen die Mobilmachung. Das 1. Hanseatische Infanterieregiment 75 zog aus den Kasernen ins Feld und hatte schon am 18. August 1914 in Belgien erste Verluste. Die Anfangserfolge wurden mit Glockenläuten, Flaggenschmuck und Versammlungen auf dem Marktplatz gefeiert.

Der SPD-Abgeordnete Alfred Henke stimmte am 3. August 1914 in der Fraktion gegen die Kriegskredite, am Tage darauf im Plenum des Reichstages für sie. Knief, der Ideologe des linken Flügels, wurde Soldat, und Vogeler aus Worpswede, der spätere Kommunist, eilte freiwillig zu den Fahnen. Die vaterländische Pflicht triumphierte und riß alle mit.

Die Kriegsanleihe wurde mit Riesensummen gezeichnet; doch nach und nach trafen auch Nachrichten über Verluste ein, man sprach vom Heldentod,und viele Angehörige waren neben allem Leid auch stolz auf diese Opfer.

Der Senat amtierte in alter Weise und wurde zum Vollzugsorgan der Reichsregierung; in der Bürgerschaft gab es über den Krieg keine kontroversen politischen Diskussionen. Die Kriegsdeputation bündelte alle Maßnahmen, die den Krieg betrafen, u.a. die Unterstützung der Soldatenfamilien. Eine undankbare Aufgabe übernahm die Lebensmittelkommission, die für die immer schwieriger werdende Versorgung der Bevölkerung zuständig war, allerdings von Reichsverordnungen abhängig blieb. Während des Krieges herrschte der Belagerungszustand, durch den die bürgerlichen Freiheiten, besonders im politischen Bereich, eingeschränkt wurden.

Die Umstellung der Wirtschaft setzte zunächst Arbeitskräfte frei, so daß es im Anfang des Krieges Arbeitslosigkeit gab, die aber sehr bald verschwand, so daß nun vor allem auch Frauen zu kriegswichtiger Arbeit herangezogen werden mußten. Nach und nach wurde die gesamte Industrie auf Kriegsproduktion umgestellt, so daß die Konsumgütererzeugung stark zurückging, zumal auch die Rohstoffe fehlten; Ersatzstoffe spielten dann auf allen Gebieten eine große Rolle. Die noch vor kurzem so blühende Bauindustrie kam durch Arbeitskräfte- und Baustoffmangel fast zum Erliegen. Alle Zweige der Wirtschaft wurden in zunehmendem Maße zentraler Steuerung unterworfen.

Seeverkehr gab es nur noch in geringem Maße. Die spektakulären Durchbruchsversuche, wie etwa die Fahrten des Handels-U-Bootes „Deutschland" unter Kapitän König 1916, waren ohne wirtschaftliche Bedeutung. Die Werften wurden voll für den Kriegsschiffbau eingesetzt und waren bei wachsender Größe voll beschäftigt.

Aufforderung zur Nagelung des „Eisernen Rolands“ im Winkel von Altem und Neuem Rathaus, 1917.

Der Wohnungsmangel führte zu Preissteigerungen, der Schwarzmarkt und das Hamstern blühten, Gold und Silber sollte für vaterländische Zwecke geopfert werden, Papiergeld wurde in großer Menge gedruckt. 1915 konnte man in einen „Eisernen Roland", der beim Rathaus aufgestellt war, goldene, silberne und eiserne Nägel einschlagen.

Der Krieg in der Krise, das Leben wird härter, 1916–18

Ende 1916 wurde das gesamte Leben noch straffer organisiert. Im „Hilfsdienst" wurde jeder zwischen 17 und 60 zu kriegswichtiger Arbeit verpflichtet; Kinder wurden in der Erntehilfe eingesetzt. 1917 verstärkten sich die Krisenerscheinungen. Trotz Lebensmittelmarken wurde die Versorgung immer schlechter („Steckrübenwinter"), vor den Läden bildeten sich lange Schlangen. Die Teuerung stieg trotz „Preisprüfungsstelle"; Notgeld sollte dem Kleingeldmangel abhelfen. Rote-Kreuz- und Rohstoffsammlungen sowie Wärmehallen linderten die Not. Als dann auch von den Fronten immer mehr schlechte Nachrichten eintrafen und die Verlustlisten länger wurden, war die Stimmung gedrückt. Unter diesen Umständen stieg in den Betrieben die Streikbereitschaft. Teuerung, lange Arbeitszeit und schlechte Versorgungslage führten schon im Sommer und Herbst 1916 zu ersten Arbeitsniederlegungen auf der AG „Weser". Auch politische Ursachen spielten dabei eine immer größere Rolle, zumal in dieser Zeit die SPD in eine Spaltungskrise geriet. Die Gegenmaßnahmen des Militärs in Bremen waren zurückhaltend, obwohl der „Belagerungszustand" ein schärferes Vorgehen gestattet hätte. Besonders schwerwiegend war der Streik Ende Januar 1918, der sich für einen Verständigungsfrieden einsetzte. Die Werften wurden unter militärisches Kommando gestellt, Arbeitsverweigerung mit Gefängnis und Einziehung zum Militärdienst bedroht.

In diesem Zusammenhang verdient die Spaltung der SPD Beachtung. Führender Kopf der Radikalen war in Bremen der Lehrer Johann Knief, der nach einem Nervenzusammenbruch Ende 1915 aus dem Militär entlassen wurde. Der Bremer Reichstagsabgeordnete Henke war auch radikal, blieb aber ein wortreicher Taktierer, der sich alle Wege offenließ. Immerhin hielt er sich schon im Dezember 1915 mit 20 Abgeordneten der SPD zu jenem Flügel, der die Kriegskredite auch im Plenum des Reichstages ablehnte. Die Bremer SPD war 1916 in der Mehrheit radikal. Im Juni protestierte sie öffentlich gegen die Verhaftung und Verurteilung von Karl Liebknecht in Berlin. Zu dieser Zeit gab es auch heftige Diskussionen über das Achtklassenwahlrecht für die Bürgerschaft und über das Senatswahlrecht. Die SPD forderte das gleiche Wahlrecht und fand dabei auch Verbündete bei den Linksliberalen. Im April 1917 erfolgte die Spaltung in zwei Parteien: in die gemäßigte Mehrheitssozialdemokratische Partei (MSPD) und die radikale Unabhängige Sozialdemokratische Partei (USPD) mit einem kommunistischen Flügel, dem Spartakusbund. Doch zunächst erschöpfte man sich in ideologischen Diskussionen, da der „Belagerungszustand" nur begrenzte politische Aktivitäten zuließ. In der Wahlrechtsdiskussion zeigten Senat und Bürgerschaft Entgegenkommen, doch die Friedensdiskussion verdrängte dann alle anderen Probleme, besonders nachdem US-Präsident Wilson im August 1917 seine Friedensinitiative begonnen hatte. Man hoffte jetzt verstärkt, daß sich noch ein Verständigungsfrieden erreichen lasse.

Im Januar 1918 rief die USPD zu einer Beteiligung am Massenstreik auf, doch war dieser nur von kurzer Dauer. Der Verständigungsfriede war ohnehin nicht mehr zu erreichen. Jetzt wurden für die USPD die „Bolschewiki" in Rußland das große Vorbild, Marx und Engels blieben die unbestrittenen ideologischen Lehrmeister. Die MSPD war nach wie vor für eine Verfassungsreform, ja, für die Erhaltung einer parlamentarischen Monarchie.

Die Revolution bricht 1918 aus

Die Revolution ging nicht von Bremen aus; sie erfaßte es aber stärker als manche andere Stadt, obgleich viele Einwohner der Auffassung waren, daß eine Revolution im Kriege „Vaterlandsverrat" sei. Unter dem Druck drohender Unruhen wurde der Weg zur Wahlrechtsreform frei gemacht; aber am 6. November bildete sich in Bremen der erste Soldatenrat.

Die militärische Niederlage wurde nicht durch die Revolution ausgelöst, sondern war bereits unvermeidbar, als die Unruhen ausbrachen. So oder so war Deutschland nun der Rache der Entente, insbesondere Frankreichs, ausgeliefert. Darüber herrscht heute im allgemeinen Einverständnis. Unterschiedlich ist und bleibt freilich die Beurteilung der durch die Revolutionäre geschaffenen Verhältnisse, besonders der Räterepublik.

Die politisch aktiven Massen waren in diesen Tagen vor allem die Arbeiter der großen Industriebetriebe, die seit Jahren bei gutem Lohn für die Rüstung gearbeitet hatten, und die in der Stadt stationierten Soldaten. Ein Unsicherheitsfaktor waren die bis zuletzt einigermaßen disziplinierten Truppen, die von der Front in die Hansestadt zurückgeführt wurden. Das liberale Bürgertum war zu einer Agitation in Massenveranstaltungen ungeeignet, stellte aber durch den größeren Sachverstand in der städtischen Verwaltung einen beharrenden Faktor dar.

Schon am 4. November erklärte Henke sich auf einer USPD-Versammlung für eine Systemveränderung im Sinne der russischen Revolution. Die MSPD hoffte immer noch, daß sich der Weg der Reform beschreiten ließ, doch verlor sie recht bald den Einfluß auf die Entwicklung. Am 6. November veranlaßten Kieler Matrosen die Arbeiter der AG „Weser", politische Häftlinge im Zuchthaus Oslebshausen zu befreien; auch kam es am selben Tage zu Meutereien auf dem Hauptbahnhof und in der Kaserne am Neustadtswall. Hier trat zum ersten Mal der Wehrmann Ecks auf, ein ehrgeiziger primitiver Agitator. Der Soldatenrat unter seiner Führung wurde noch am selben Tage gebildet. Er übernahm das militärische Kommando über die Stadt. Auf dem Marktplatz wurde die „Sozialistische Deutsche Republik" mit Arbeiter- und Soldatenrat ausgerufen.

Der Arbeiter- und Soldatenrat hat die Macht,
7. November 1918 – 25. Januar 1919

Eine Versammlung löste die andere ab. Am 7. November wurde durch Wahlen in den großen Industriebetrieben ein Arbeiterrat eingesetzt, der nun zusammen mit dem Soldatenrat die Macht übernahm.

Am 7. November war Großdemonstration mit Musikkapellen und Fahnen auf dem Marktplatz. Große Reden wurden gehalten, u. a. von Alfred Henke. Es zeigte sich, daß die Radikalen, die eine Diktatur des Proletariats bzw. ein Rätesystem anstrebten, immer stärker wurden.

Am Abend des 14. November wurden Senat und Bürgerschaft abgesetzt, der Arbeiter- und Soldatenrat wurde zum entscheidenden Organ. Am Tage darauf hißte man vom Rathausbalkon die rote Fahne. Die bürgerliche Opposition sprach von Verfassungsbruch und bildete einen „Bürgerausschuß" unter dem Vorsitz des bisherigen Bürgerschaftspräsidenten Dr. Quidde; er war jedoch machtlos.

Es wurde auch immer deutlicher, daß der neue Staat keine Demokratie sein sollte, in der alle Bürger das Wahlrecht hatten. Der Soldatenrat schloß Offiziere vom aktiven und passiven Wahlrecht aus; der Arbeiterrat wurde in den Betrieben nur von Mitgliedern der sozialistischen Parteien und Gewerkschaften gewählt. Die Quellen zeigen, daß es eine Unzahl von endlosen Grundsatz- und Geschäftsordnungsgebatten gab, etwa über die Bewaffnung der Arbeiter oder das Wahlrecht. Der Arbeiter- und Soldatenrat lehnte eine Beteiligung an den Wahlen zur Deutschen Nationalversammlung am 19. Januar 1919 ab, weil durch sie die Räteherrschaft gefährdet wurde. In der Frage der

Die rote Fahne weht vom Rathausbalkon, die Revolutionäre reden zu den Massen am 15. November 1918.

Bewaffnung der Arbeiter kam es zu wiederholtem Zwist zwischen Arbeiter- und Soldatenrat. Am 29. November 1918 entschied eine aggressive Demonstration das Abstimmungsverhalten: Mitglieder der MSPD wurden gezwungen, die Sitzung zu verlassen, und dann wurde in einem heillosen Durcheinander beschlossen, die Arbeiter zu bewaffnen und die „Bremer Bürger-Zeitung" den Radikalen zu überlassen.

Unter diesen Umständen ließen sich die zunehmenden Probleme, besonders die Umstellung auf eine Friedenswirtschaft, die Finanzen, die Konsumgüterversorgung, die Unterhaltung von Soldaten- und Kriegsopferfamilien, nicht regeln. Das zunächst gelähmte Bürgertum war weiterhin im „Bürgerausschuß" organisiert und setzte sich für eine parlamentarische Republik, ja für eine Monarchie ein. Für ihn waren nationale Gesinnung und eine liberale Wirtschaft eine Selbstverständlichkeit. Der Arbeiter- und Soldatenrat antwortete mit Verboten von Veranstaltungen.

Am 17. Dezember 1918 wurde das Wahlrecht zum neuen Arbeiter- und Soldatenrat verkündet: Wahlberechtigt waren nur Arbeiter und Arbeiterinnen, die Mitglieder einer „sozialistischen" Partei oder der Gewerkschaften waren; später wurden die Angehörigen der MSPD freilich ausgeschlossen.

Es ist erstaunlich, daß unter diesen Umständen überhaupt noch Beschlüsse zustande kamen und verwirklicht wurden. Im Bereich der Schulen wurde einiges durchgesetzt, was heute noch diskutiert wird: Biblische Geschichte wurde als Unterrichtsfach abgeschafft (an ihre Stelle trat Religionsgeschichte); das löste heftige Kritik bürgerlicher Kreise aus. Dem Geschichtsunterricht sollte der marxistische Materialismus zugrundegelegt werden. Die Schulleiter mußten sich einer Wahl der Kollegien stellen, was den Protest vieler bisheriger Schulleiter und -direktoren auslöste. Die Entwicklung zur „Einheitsschule", die seit langem von den Radikalen angestrebt wurde, nahm man noch nicht in Angriff.

Die Lösung einer anderen bedeutenden Frage scheiterte an den fehlenden Mitteln: die Erwerbslosenunterstützung, die wegen der großen Arbeitslosigkeit erhebliche Summen gefordert hatte.

Am Ende des Jahres häuften sich die Schwierigkeiten. Am 28. Dezember 1918 wurden einige Arbeiter bewaffnet („Rote Garde") und in den Kasernen am Neustadtswall untergebracht. Am 1. Januar 1919 wurden die Reste des 1. Hanseatischen Infanterieregimentes 75 in Sebaldsbrück entladen, um nach Bremen zu marschieren. Von den Soldaten wurden politische Forderungen gestellt, u.a. die Wiedereinsetzung von Senat und Bürgerschaft; außerdem wollte man die Kasernen am Neustadtswall beziehen. Das erschien als der Versuch einer Gegenrevolution, die die Räteherrschaft gefährden mußte. Man vereinbarte einen Kompromiß; das Regiment wurde auf dem Markt-

Ein alltägliches Bild in den Revolutionswochen: Demonstrationszüge. Zeichnung von Ida C. Ströver 1919.

platz empfangen, dann aber unter Bruch von Vereinbarungen unter den Gewehren von Arbeitern auf dem Hof der Schule an der Kornstraße entwaffnet.

Die angestrebte Sozialisierung der großen Betriebe ließ sich von Bremen aus wegen der Verflechtung mit großen Konzernen nicht betreiben. Auf allen Gebieten herrschte Mangel; die Finanzlage war katastrophal, da die Banken jegliche Kredite sperrten.

Am 10. Januar 1919 war eine große Demonstration der radikalen Massen auf dem Marktplatz und Domshof. Hier wurde die Räterepublik proklamiert; die Regierung in Berlin sollte abdanken; man erklärte sich solidarisch mit Sowjetrußland. Rußland war auch weitgehend das Vorbild für die neue staatliche Ordnung:

Der Arbeiter- und Soldatenrat gab die politischen Richtlinien. Ihm gehörten nur die USPD-Mitglieder und Kommunisten an.

Der Rat der Volksbeauftragten übernahm die Regierungsgewalt.

Die Volkskommissariate waren für die verschiedenen Zweige der Verwaltung zuständig.

Ein Vollzugsrat kontrollierte die Arbeit der Kommissariate.

Unter den Volksbeauftragten und Volkskommissaren waren zahlreiche radikale Eintagsfliegen, manche aber hatten – wie Henke – eine lange radikale Karriere hinter sich; Hermann Böse war seit langem der Vertreter eines Kommunismus mit menschlichem Antlitz. Erstaunlich ist es, daß einige radikale Funktionäre, die 1918 das Rußland Lenins als vorbildlich hielten und die Diktatur des Proletariats als ideale Staatsordnung ansahen, später Sozialdemokraten wurden. Sicher waren sie alle 1918/19 politisch intolerant, und es darf nicht übersehen werden, daß man durchaus die Verhaftung und gegebenenfalls Erschießung bürgerlicher Geiseln erwog und daß am 11. Januar die Zensur eingeführt wurde, die man früher so sehr bekämpft hatte.

Schließlich kam es zwischen dem Arbeiterrat und der Mehrheit des Soldatenrates zu Streitigkeiten; der Soldatenrat forderte die Absetzung des „Stadtkommandanten" Ecks und eine Entwaffnung der Arbeiter. Mitglieder der Garnison besetzten am 14. Januar 1919 wichtige Punkte der Stadt und verhafteten Ecks. Bei der AG „Weser" kam es zu einer Schießerei, bei der es Tote und Verletzte gab.

Wie schmal die Basis der neuen Machthaber bei der Bevölkerung war, zeigte sich bei den Wahlen zur Nationalversammlung am 19. Januar 1919, die von den Radikalen abgelehnt wurden, dann aber doch stattfanden. Die Kommunisten gingen nicht zur Wahlurne; bei hoher Wahlbeteiligung bekam die USPD nur 18,2 % der Stimmen, die MSPD aber 41,5 %, die Bürgerlichen kamen zusammen auf etwa 40 %. Das war eine schwere Niederlage der Machthaber, und es wurde deutlich, daß die Räterepublik in Bremen nur noch eine Sache der radikalen, aber lautstarken und aktiven Minderheit war.

Der Zusammenbruch der Räterepublik 25. Januar – 4. Februar 1919

Sicher war das System Ende Januar 1919 finanziell, wirtschaftlich und politisch am Ende; doch zogen die Aktivisten nicht die Konsequenzen. Die Gegner schöpften Mut: Die Banken gaben keine Kredite und stellten politische Forderungen; viele junge Bremer verließen die Stadt und bildeten unter Major Walter Caspari ein Freikorps. Mehrheitssozialisten gingen nach Berlin und bemühten sich um ein Eingreifen der Reichsregierung.

Die radikalen Funktionäre diskutierten in Bremen, ohne zu einem Entschluß zu kommen. In einem grundsätzlichen Punkt wich man angesichts einer drohenden militärischen Intervention zurück: Am 1. Februar 1919 beschloß der Arbeiter- und Soldatenrat mit Mehrheit, die Wahlen zur Bremer Nationalversammlung zuzulassen.

Die Radikalen lehnten weiterhin die Regierung Ebert in Berlin ab, und was heute beschlossen wurde, konnte morgen widerrufen werden. Andererseits lag der Reichsregierung daran, in dieser unruhigen Zeit ihre Autorität zu beweisen. Es spielte sicher auch eine Rolle, daß einige Bremer Mehrheitssozialdemokraten wie auch Mitglieder des „Bürgerausschusses" in Berlin die Verhältnisse in düsteren Farben schilderten und dabei auf eine Gefährdung der Lebensmittelimporte hinwiesen.

Am 25. Januar beschloß die Reichsregierung die Intervention unter Einsatz von Reichswehrtruppen, die unter dem Befehl des Obersten Gerstenberg standen und eines Bremer Freikorps unter Major Caspari. Die ersten Militärtransporte trafen am 29. Januar in Verden ein. Hier fanden am 30./31. Januar Verhandlungen mit Abgeordneten des Rates der Volksbeauftragten unter der Führung von Henke statt. Unter anderem wurde vom Militär die Entwaffnung der Arbeiter verlangt. Da kamen Hilfsversprechen von Revolutionären in Hamburg und Bremerhaven, so daß die Radikalen in Bremen wieder Mut schöpften. Radikale Arbeitergruppen versuchten die Verteidigung auf eigene Faust. Keiner der einst so wortreichen Aktivisten der Räterepublik war bereit, diese selbst mit Waffen zu verteidigen; sie verließen Bremen, diskutierten während der Kämpfe weiter oder blieben einfach zu Hause.

Der Angriff der Truppen begann am Vormittag des 4. Februar in Hemelingen und bei der Huckelriede. An verschiedenen Stellen im Osten und Süden wurde heftig geschossen. Vor allem der Weserübergang konnte nur unter Verlusten erzwungen werden. Um 17.30 Uhr war der Markt erreicht; eine Stunde später läuteten die Domglocken die „Befreiung" ein.

Die taktische Beurteilung der Operation ist eindeutig: Die Arbeitergruppen kämpften ohne Zusammenhalt und schossen im wesentlichen mit Gewehren aus den Häusern heraus. Hier und da setzten sie auch leichte Geschütze ein. Sie hatten keine einheitliche Führung. Die angreifenden Soldaten waren dagegen gut bewaffnet, diszipliniert und von erfahrenen Offizieren geführt. An einer Motivation zum Kämpfen fehlte es auf beiden Seiten nicht. Wenn man überhaupt derartige Kämpfe für sinnvoll halten will – und das taten beide Seiten damals –, so mußten bei allen Überlegungen seinerzeit die Erfolgschancen berücksichtigt werden. Der Einsatz der Arbeitergruppen war daher von vornherein sinnlos.

Später haben beide Seiten ihre Toten durch Denkmäler (auf dem Waller Friedhof und an der Liebfrauenkirche) geehrt. Dabei geriet die SPD in große Schwierigkeiten, weil ein Teil der Genossen bei den Verteidigern, ein anderer bei den Zerstörern der Räterepublik gestanden hatte. Immerhin waren es auch Sozialdemokraten, die den militärischen Einsatz empfohlen hatten, und die Regierung des Sozialdemokraten Ebert gab den Befehl zu diesem Einsatz.

Nur die Haltung der KPD und ihrer Sympathisanten blieb bis heute konsequent: Für sie waren die Verteidiger der Räterepublik Helden, die für eine gute Sache gekämpft und gestorben waren. Die Arbeiter hatten 28 Tote, die Soldaten 24 Todesopfer zu beklagen. Es starben aber auch 29 Unbeteiligte: 18 Männer, fünf Frauen und sechs Kinder.

Zwischen Ordnung und Chaos nach der Revolution 1919–20

Am 4. Februar wurde eine provisorische Regierung von fünf Mehrheitssozialisten eingesetzt, von denen Deichmann und Rhein die bekanntesten waren. Die Radikalen sahen in ihnen Kollaborateure des Militärs. Da die Linksradikalen weiterhin von Einfluß waren und ein neuer Staatsstreich befürchtet

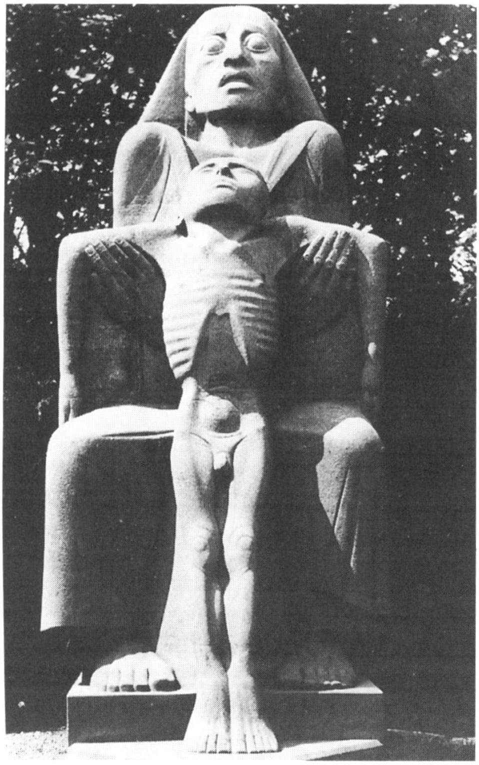

Denkmal für die gefallenen Verteidiger der Räterepublik von Bernhard Hoetger, 1922.

Denkmal für die Gefallenen der „Division" Gerstenberg und des Freikorps Caspari an der Liebfrauenkirche im Schoppensteel von Kubica, 1936. Seit 1955 in den Wallanlagen.

Werbung für die Stadtwehr, 1919.

wurde, gründeten bürgerliche Kreise die „Stadtwehr", die allen Bürgern offenstand, nur nicht der USPD und der KPD. Sie unterhielt Patrouillen und Wachen. Eine Regierungsschutztruppe unter Caspari war militärisch organisiert und sollte Aufstände niederschlagen. Die Garnison, vor allem das 1. Hanseatische Infanterieregiment 75, wurde einem Stadtkommandanten unterstellt.

Auch nach dem 4. Februar blieb die Lage gespannt: Es gab Streiks und Demonstrationen, die bedrohliches Ausmaß annahmen; vor allem ging es um die Freilassung der politischen Gefangenen. Die Radikalen bekamen auch Aufwind durch die katastrophale wirtschaftliche Lage, besonders durch die Preissteigerungen und die Versorgungsschwierigkeiten, die durch Importe aus den USA nicht behoben werden konnten. Immer wieder wurde der Sozialismus als Heilmittel propagiert und auf Rußland als Vorbild hingewiesen. Der Schwarzmarkt blühte; am schlimmsten war die Lage derer, die nicht an ihm teilnehmen konnten. Es war schwierig, die Kriegs- auf die Friedenswirtschaft umzustellen und die Teilnahme am Welthandel wieder zu beleben. Das waren Probleme, die gerade für Bremen von entscheidender Bedeutung waren, sich aber nicht schnell lösen ließen. So gab es seit 1918 magere

Jahre mit vielen Arbeitslosen. Notstandsarbeiten, Wohnungszwangswirtschaft, Hilfe für entlassene Soldaten und Schwerbeschädigte brachten Linderung, aber keine allgemeine Besserung. Im April 1919 waren die Verhältnisse durch Streiks und Plünderungen chaotisch („Stacheldrahtostern"); die Radikalen wollten die Aufhebung des Belagerungszustandes und eine Amnestie für die politischen Gefangenen erreichen. Im Juli 1919 wurde dann die Regierungsschutztruppe auf Forderung der Alliierten aufgelöst. Statt dessen organisierte man die Polizei straffer; Kommandeur der Sicherheitspolizei wurde im November 1919 Oberst Caspari, der bisherige Kommandant der Regierungsschutztruppe. 1920 gab es Lebensmittelunruhen, es kam zu Plünderungen. Doch die „Zwangsverkäufe" verschlimmerten nur die Lage, die staatliche Autorität war schwer angeschlagen. Für die ärmeren Schichten wurden Verbilligungsscheine ausgegeben, von Amerika kam Hilfe durch die Quäkerspeisung.

Die KPD und die Sozialdemokratischen Parteien 1919–23

Nach der Zerschlagung der Räterepublik mußte eine neue Ordnung geschaffen werden, die sich am Rahmen des Reiches, besonders an der Weimarer Verfassung orientieren mußte. Sie war aber auch abhängig von den Bremer Mehrheitsverhältnissen und der Durchsetzungskraft einzelner Personen.

Die KPD hatte ihren Kopf, Johann Knief, 1919 durch den Tod verloren und war durch den Zusammenbruch der Räterepublik angeschlagen; doch blieb die Partei angesichts der anhaltenden wirtschaftlichen, sozialen und politischen Schwierigkeiten von Bedeutung und konnte in Betriebsräten und Gewerkschaften großen Einfluß gewinnen. Sie blieb von Weisungen aus Berlin und letzten Endes aus Moskau abhängig. Am 9. März 1919 beteiligte sich die KPD an den Wahlen zur Bremer Nationalversammlung und bekam nur 7,7 % der gültigen Stimmen.

Eine Außenseiterrolle, die nach Bremen hineinwirkte, spielten Heinrich Vogeler in Worpswede und sein Kreis. Der Künstler war durch das Erlebnis des Krieges zum Pazifisten und Kommunisten geworden, ließ sich aber nicht in die Struktur der KPD einordnen. Er gründete eine Siedlungskommune, die anarchistisch dachte und mehr diskutierte als arbeitete. 1923 wurde Vogelers Haus, der Barkenhoff, der „Roten Hilfe" geschenkt, die hier ein Kinderheim einrichtete.

Besondere Aufmerksamkeit verdienten die Jugendgruppen der KPD, in denen der spätere SPD-Bürgermeister Ehlers und der Lehrer Argus eine Rolle spielten.

Die USPD, die die Räterepublik mitgetragen hatte, stand zwischen KPD und MSPD. Sicher hatte sie einige tüchtige Funktionäre wie Faust, Dr. Künkler und Sommer; auch das Organ, die „Bremer Arbeiter-Zeitung", zeigte guten politischen Journalismus. Die Partei hatte auch eine starke Jugendbewegung. 1922 wurde aus der Flügelbildung in Radikale und Gemäßigte die Konsequenz gezogen: Der rechte Flügel trat der MSPD bei und bildete mit ihr die VSPD (Vereinigte Sozialdemokratische Partei); der linke Flügel ging zur KPD.

Die MSPD, die die Räterepublik ablehnte und schließlich zu ihrer Niederschlagung beitrug, stellte seit dem 4. Februar die provisorische Regierung. Der junge Wilhelm Kaisen profilierte sich als Redakteur der Parteizeitung, des „Bremer Volksblattes". Für die Radikalen waren sie Verräter an der Arbeiterklasse. Die Partei bemühte sich in dieser Zeit um soziale Reformen und eine Festigung der angeschlagenen parlamentarischen Demokratie. Die Zusammenarbeit mit Gewerkschaftskreisen war intensiv. 1920 war die Partei aber auf ihrem Tiefpunkt angelangt und erhielt nur 17,8 % der Stimmen. Streit entstand immer wieder über eine Zusammenarbeit mit der USPD und KPD („Einheitsfront").

Als die USPD aufgelöst wurde, erfolgte zwar eine Zunahme der Mitglieder, die Partei wurde aber auch radikalisiert. Die VSPD erhielt im chaotischen Jahr 1923 30 % der Wählerstimmen, die KPD fast 12 %. Die Parteizeitung der VSPD nannte sich nun „Bremer Volkszeitung", die bis 1933 bestand und mit Faust, Kaisen und Hackmack tüchtige Redakteure hatte.

Die republiktreuen Sozialisten der VSPD und Linksliberale der DDP (Deutsche Demokratische Partei) bildeten eine Republikschutztruppe, die sich seit 1924 „Reichsbanner Schwarz-Rot-Gold" nannte. Diese Organisation, die uniformiert und straff organisiert war, nahm eine rasche Entwicklung.

Bürgerliche – Konservative und Antisemiten 1919–23

Genausowenig wie die „Sozialisten" sich einig waren, konnten auch die Bürgerlichen zu einer einheitlichen Linie finden. Der 1919 gegen die Räterepublik gegründete „Bürgerausschuß" zerfiel. Die Linksliberalen fanden sich in der „Deutschen Demokratischen Partei" (DDP), die alten Nationalliberalen in der „Deutschen Volkspartei" (DVP) zusammen. Sicher ist, daß beide Parteien tüchtige Politiker und Verwaltungsfachleute in ihren Reihen hatten, etwa Dr. Theodor Spitta und Wilhelm Böhmert (DDP) sowie Hermann Apelt und Prof. Dietz (DVP).

Es gab weiterhin die konservative „Deutschnationale Volkspartei" (DNVP), die die Wiederherstellung der Monarchie anstrebte und sehr national eingestellt war. Sie lehnte auch den Sozialismus und die parlamentarische Demokratie ab. Ferner hielt sie engen Kontakt zu Kriegervereinen, besonders zum 1918 gegründeten „Stahlhelm – Bund der Frontsoldaten“, der seit 1919 auch in Bremen eine starke Ortsgruppe hatte.

Die Frage des Antisemitismus ist angesichts der späteren Nationalsozialistischen Deutschen Arbeiterpartei (NSDAP) von Bedeutung. Ein großer Teil der Bremer Juden war national eingestellt. Die jüdische Gemeinde umfaßte 734 Mitglieder. Sie sahen sich sehr bald mit einer wachsenden antisemitischen Bewegung konfrontiert, die vor allem gegen die „Ostjuden“, aber auch gegen die Juden allgemein gerichtet war. Der Antisemitismus organisierte sich in mehreren Vereinen, von denen der wichtigste der „Deutsch-Völkische Schutz- und Trutzbund“ war. Von Mitgliedern dieses Bundes wurde 1922 in Bremen auch die Gründung einer Ortsgruppe der vor allem in Süddeutschland vertretenen NSDAP betrieben. Zu ihr gehörten besonders kleine Angestellte, Kaufleute und entlassene Soldaten. Die Verbindung mit der süddeutschen Organisation unter Hitler war sehr locker, dennoch wurden die Vorgänge in München 1923 mit Aufmerksamkeit verfolgt.

Nationalversammlung und öffentliche Sicherheit 1919–20

Am 9. März 1919 fanden die Wahlen zur bremischen Nationalversammlung statt, die die Verfassung entwerfen und beschließen sollte. Die Wahlpropaganda der Radikalen richtete sich vor allem gegen die MSPD; die Bürgerlichen waren zersplittert. Die MSPD erlitt gegenüber der deutschen Nationalversammlungswahl am 19. Januar 1919 schwere Verluste (32,7 %), die USPD konnte sich halten (19,2 %), die KPD brachte ihre alten Anhänger hinter sich. Die sozialistischen Parteien erhielten zwar die absolute Mehrheit, aber die Zersplitterung verhinderte eine „Einheitsfront“. Die DDP erlitt eine Schlappe (etwa 20 %), DVP und DNVP schlossen sich zusammen, blieben aber schwach (13,4 %).

Die Sitzungen der Nationalversammlung unter Vorsitz des Präsidenten Richard Dunkel (DDP) waren von Demonstrationen und Streiks begleitet. Zunächst wurde eine „Vorläufige Regierung“ (Senat) gewählt; sie bestand aus einer Koalition der Mitte (MSPD, DDP und DVP); von den 18 Mitgliedern waren sieben alte Senatoren, darunter so bedeutende Persönlichkeiten wie die Bürgerlichen Donandt, Apelt, Bömers, Spitta und die Mehrheitssozialisten Deichmann und Rhein.

Wichtige Entscheidungen mußte die Nationalversammlung im Bereich der Finanzen und Wirtschaft, auch im sozialen und Versorgungsbereich treffen: Das konnte nicht zur Zufriedenheit aller gelingen. Die Gesetzgebung wurde durch unendliche und emotionale Diskussion erschwert; die Nationalversammlung wurde zur Propagandaplattform der Parteien. Die Auflösung der Stadtwehr blieb weiterhin in der Diskussion, da sie zunehmend als Schutztruppe des Bürgertums bekämpft wurde. Der Druck der Massendemonstrationen hielt 1920 an, besonders nachdem der nationalistische Kapp-Putsch in Berlin im März die Reichsregierung mattgesetzt hatte.

Die bremische Verfassung von 1920 und die schwierige Senatsbildung 1921

Als diese heiße Phase 1920 abgeschlossen war, kam man in der Nationalversammlung mit der Verfassung voran. Der Entwurf von Dr. Spitta sah eine parlamentarische Verfassung nach dem Vorbild der Reichsverfassung vor, der Text des führenden Kopfes der USPD, Dr. Künkler, plante einen „sozialistischen“ Staat mit einem „großen Arbeiterrat“, der das Vetorecht besitzen sollte. Die Mehrheit der Nationalversammlung stand hinter dem Entwurf von Dr. Spitta, verlangte aber einige Änderungen.

Die Bürgerschaft sollte aus 120 in allgemeiner und gleicher Wahl aus Parteilisten („Verhältniswahl“) bestimmten Abgeordneten bestehen und die Le-

Bürgerliche Politiker, die die Geschichte Bremens Jahrzehnte hindurch entscheidend mitgestalteten: Bürgermeister Donandt (links) und Senator (später Bürgermeister) Spitta.

gislaturperiode drei Jahre betragen. Es waren Deputationen für einzelne Fachbereiche vorgesehen, die aus Vertretern der Bürgerschaft und des Senats gebildet werden sollten. Der Senat wurde auf unbestimmte Zeit gewählt, fügte sich also nicht in den Zyklus der Legislaturperioden. Aus seiner Mitte wählte man zwei Bürgermeister, von denen einer Präsident des Senats war. Die Grundrechte wurden nicht aufgenommen, da sie durch die Reichsverfassung gegeben waren.

Am 18. Mai 1920 trat die Verfassung in Kraft. Dann gab es am 5. Juni nach dem neuen Wahlgesetz Bürgerschaftswahlen. Die USPD erzielte bedeutende Erfolge (30,7 %); MSPD (18,3 %) und KPD (4,5 %) erlitten eine deutliche Niederlage. Bei den bürgerlichen Parteien erzielte die DVP Erfolge (20 %), die DDP erlitt Verluste (13,9 %), und auch die DNVP schnitt nicht gut ab (6,8 %).

Die Koalitionsbildung war schwierig; schließlich kam ein bürgerlicher Senat zustande; Donandt und Spitta wurden Bürgermeister. Bald wurde aber deutlich, daß der Senat den Angriffen der vereinigten Linken nicht gewachsen war, zumal die bürgerlichen Herren das Gesetz der Straße nicht beherrschten. Sicherheitspolizei und Stadtwehr waren Hauptangriffsziele der Linken. Schließlich beschloß die Bürgerschaft die Auflösung der Stadtwehr. Der Senat strebte nun einen Volksentscheid an und trat zurück; doch der Volksentscheid am 9. Januar 1921 brachte eine Mehrheit für Senat und Stadtwehr. Nun wurde die Bürgerschaft neu gewählt (20. Februar 1921). Dabei verlor die USPD; die MSPD gewann Stimmen hinzu, die bürgerlichen Parteien, die sich aber keineswegs einig waren, erhielten zusammen eine knappe Mehrheit. Sicher war die Mehrheit der Bevölkerung trotz der großen Not der Unruhen überdrüssig. Der Geschäftssenat mit den Bürgermeistern Donandt und Spitta blieb im Amt.

Wirtschaftliche und soziale Probleme 1920–23

Die Kette der Demonstrationen erreichte nach der Ermordung von Erzberger und Rathenau (1921/22) einen Höhepunkt. Niemand konnte Maßnahmen vorschlagen, die zum Erfolg führten. Unter diesen Umständen gab es erbitterte Diskussionen über die Organisation des Staates und der Wirtschaft, obwohl jedem klar sein mußte, daß jedes System mit den Folgen des Krieges konfrontiert sein würde. Trotz aller Maßnahmen und mancher Erfolge verschlechterte sich aber die Versorgungslage der ärmeren Schichten katastrophal. Preisbindung und Maßnahmen gegen das Hamstern bewirkten wenig.

Die verschiedenen Wirtschaftsinteressen wurden von mehreren Organisationen vertreten. Die Arbeitgeber befanden sich nach dem Kriege weitgehend in Verteidigungsstellung gegenüber Gewerkschaften und sozialistischen Par-

Bremisches Dollargeld und Inflationsschein von 1923.

Die Valutaverhältnisse begünstigten die Bremer Reedereien; Werbung des „Norddeutschen Lloyd“ im Mai 1923.

teien. Sie waren nur sehr locker organisiert, beim Handwerk gab es zahlreiche Innungen. Eine bedeutende Rolle kam den Kammern zu, von denen die Handelskammer mit 30 gewählten Mitgliedern die längste Tradition hatte und die Interessen von Handel und Schiffahrt vertrat. Daneben gab es die Gewerbekammer mit 28 gewählten Mitgliedern, die für Handwerk und Industrie zuständig war. Außerdem etablierten sich eine Kleinhandels- und eine Landwirtschaftskammer.

Die Arbeitnehmerinteressen wurden ebenfalls von verschiedenen Organisationen vertreten. Während der Räterepublik gab es in den Großbetrieben Arbeiterräte, dann Arbeiter- und Angestelltenausschüsse, die ein Mitspracherecht in sozialen Fragen hatten und durch das Reichs-Betriebsrätegesetz von 1920 Arbeiter- und Angestelltenräte genannt wurden. In großen Betrieben gab es gewählte Betriebsräte, in kleineren Betriebsobleute. Die Linkssozialisten lehnten diese in der bestehenden Form ab, da sie keine Kompetenzen im politischen und wirtschaftlichen Bereich hatten.

Schon vor dem Kriege gab es eine Diskussion über Arbeiterkammern; die Verfassung von 1920 konstituierte eine Angestellten- und Arbeiterkammer, die die „wirtschaftlichen und kulturellen Interessen der bremischen Arbeiterschaft" fördern sollten, aber ohne politischen Einfluß blieben.

Die Radikalen bildeten kommunistisch beherrschte Kontrollausschüsse, die die Maßnahmen der Behörden mit aggressiver Kritik begleiteten. Dabei ging es um Teuerung, Lohnerhöhung, Arbeitszeit, das Demonstrationsrecht und Streiks. Die Gewerkschaften unterstützten bisweilen diese Forderungen.

1919 entstand als Dachorganisation der Gewerkschaften der „Allgemeine Deutsche Gewerkschaftsbund", der in Bremen einen Ortsausschuß hatte. Vor

„Hungerblockade" nannte Ida C. Ströver ihr Bild von 1919; nach dem Kriege herrschten Arbeitslosigkeit und Geldentwertung.

allem bei der Radikalisierung der Gewerkschaften 1923 wurden klassenkämpferische Töne laut. Auch gab es angesichts wachsender Arbeitslosigkeit zahlreiche Austritte. Andererseits waren organisatorische Fortschritte zu verzeichnen: Die „Konsumgenossenschaft Vorwärts“ hatte zahlreiche Mitglieder; die „Volksfürsorge“ (Lebensversicherung) und das „Gemeinnützige Bestattungs-Institut“ waren erfolgreich, die Gewerkschaftsbibliothek wuchs.

Der weit verbreitete Nationalismus, der vor allem auch ein Anti-Sozialismus war, hing immer noch an der Monarchie. Es fanden zahlreiche Veranstaltungen von Traditions- und Soldatenverbänden statt, und dabei spielten die Reichsfarben eine zentrale Rolle. Die Konservativen waren für die Erhaltung von Schwarz-Weiß-Rot als die traditionellen Farben der Monarchie; die Republikaner waren für Schwarz-Rot-Gold der Revolution von 1848.

Verkehrsverhältnisse – Landgebiet 1921

Obwohl die Verhältnisse 1918–1923 im ganzen chaotisch waren, wurde doch manche Maßnahme getroffen, die in die Zukunft wies. So wurden 1921 die Wasserstraßen und damit auch die Weser dem Reich unterstellt, das damit auch den weiteren Ausbau übernahm. Die Tiefe des Fahrwassers bis Bremen von sieben Metern mußte wiederhergestellt werden, die Strombauverwaltung wurde 1922 Ludwig Plate unterstellt, der Bau von Häfen auf dem linken Weserufer geplant, die Kanalisierung der Oberweser mit Anschluß an den Mittellandkanal propagiert („Hanse-Kanal“). Die zivile Luftfahrt war aber durch den Versailler Friedensvertrag nicht berührt. Seit 1920 benutzten mehrere Luftfahrtlinien den Flugplatz im Neuenlander Feld, und es wurde auch eine neue Flugzeughalle eingeweiht; 1921 gründete man die „Bremer Flughafenbetriebsgesellschaft“.

1921 wurden Landgebiete zwischen Osterholz und Horn, Oslebshausen und ein Teil von Grambke, auch Neuenlande, Teile von Arsten/Habenhausen und Lankenau zum Stadtgebiet geschlagen. Die Gemeinden bzw. der Kreis des Landgebietes erhielten eine neue Landgemeindeordnung, die Städte Bremerhaven und Vegesack Städteordnungen und Stadtverfassungen.

Kultur der Nachkriegsjahre 1919–23

Tiefe Einschnitte gab es im Schulwesen. Zwar wurden die Maßnahmen der Räterepublik größtenteils rückgängig gemacht, aber darüber, daß Reformen nötig waren, war man sich einig. Die sozialistischen Parteien wollten die „Einheitsschule“ mit Elementen der „Arbeitsschule“ bzw. der „Pädagogik vom Kinde aus“. Die Bürgerlichen waren für eine Beibehaltung der Volks-,

Real- und Höheren Schulen, wobei die „Lernschule" von modernen pädagogischen Elementen durchsetzt sein sollte. Entscheidend waren organisatorische Maßnahmen: Das gesamte Schulwesen wurde verstaatlicht, auch nach und nach die Höheren Mädchenschulen. Erstaunlich ist die Aufgeschlossenheit für Reformen: So wurden 1920 „Versuchsschulen" eingerichtet, an denen statt der Klassen Arbeitsgemeinschaften von Schülern und Lehrern eingerichtet wurden und die eine „Lernschule" ausdrücklich ablehnten. Von der biblischen Geschichte, die die Sozialisten abschaffen wollten, konnten die Schüler auf Antrag befreit werden. Schon im Juli 1919 wurde die Schulgeld- und Lernmittelfreiheit für die Volksschulen beschlossen; die Schulleiter wurden weiterhin vom Kollegium gewählt. Das Lehrerseminar wurde aufgehoben und die Lehrerbildung an die Universitäten verlegt. Das Seminargebäude an der Hamburger Straße wurde künftig von der Aufbauschule genutzt. An sieben Volksschulen wurden „Gehobene Züge" mit Englisch eingeführt. Die Hilfsschulen wurden weiter ausgebaut. Die Fortbildungsschule bezog 1921 das Gebäude am Wandrahm.

Im November 1919 wurde von bürgerlichen Kreisen die Volkshochschule mit nebenamtlichen Lehrkräften gegründet. Ihr leitender Kopf war der Studienrat Dr. von Hoff, der später in der NS-Zeit Bildungssenator war. Auch mehrere Bildungsvereine (Vorwärts, Union, Lessing, Goethebund) wurden wiederbelebt. Die sozialistischen Parteien und Gewerkschaften hatten eigene Bildungseinrichtungen, die von großem Idealismus getragen waren.

Das Stadttheater wurde wie bisher privatwirtschaftlich betrieben, doch das Gebäude und der Fundus gehörten der Gemeinde. Das städtische Orchester wurde zum Teil vom Verein für Musikfreunde, von der Stadt und vom Theater bezahlt. Seit 1922 beherrschte Prof. Wendel das Musikleben. Es erlebte eine große Blüte. Die Sozialisten forderten eine Verstaatlichung und Annäherung des Theater- und Konzertwesens an den Geschmack der Arbeiter. Tivoli und Schauspielhaus waren privatwirtschaftlich organisiert und kamen dem Zeitgeschmack entgegen. Zudem gab es zahlreiche Chöre, die qualitätsvolle Konzerte gaben. Auch der Arbeiter-Gesangverein unter Hermann Böse widmete sich nicht nur dem Arbeiterlied.

Einen stürmischen Aufschwung nahm das Kino. Die Firma Hagens & Sander beherrschte mit seinen „Vereinigten Theatern" das bremische Kinowesen seit 1920. Die Qualität des Gebotenen war oft mangelhaft.

An Denkmälern und repräsentativen Bauten entstand nach dem Krieg zunächst nichts Wesentliches; nur Hoetgers Revolutionsdenkmal auf dem Waller Friedhof verdient Beachtung. Die Zeit der üppigen Villenmalerei war vorbei, der Anschaffungsetat der Kunsthalle und der anderen Museen sank trotz hoher Besucherzahl zur Bedeutungslosigkeit ab.

Die historische Forschung stagnierte, der Leiter des Archivs, von Bippen, starb 1923; sein letztes Werk war die Smidt-Biographie von 1921. Sein Nachfolger Hermann Entholt war mehr Förderer als Forscher.

Das Katastrophenjahr 1923

1923 schien der totale Zusammenbruch bevorzustehen. Überall, so auch in Bremen, trieb die Inflation dem schwindelnden Höhepunkt zu; große Teile des Mittelstandes und alle Sparer verloren ihr Vermögen. Es gab den Ruhrkampf und den Hitler-Putsch in München. Die Arbeitslosigkeit stieg; die Links- und Rechtsradikalen hatten Zulauf. Die Bürgerschaft war durch endlose Debatten und Obstruktion der Radikalen gelähmt, der Senat wurde nicht von einer Mehrheit unterstützt. Die „nationale" Bewegung von links bis rechts war sich gegen die Franzosen einig: Die einen sahen diese als Handlanger des Kapitalismus, die anderen als Erbfeinde. Die innen- und außenpolitischen Forderungen der Radikalen stiegen ins Ungemessene. Wenn die deutsche Wirtschaft dennoch exportierte, so lag das an den für Deutschland katastrophalen Valutaverhältnissen, die deutsche Waren im Ausland billig machten. Sachwerte und US-Dollar waren gefragt.

Arbeitslosigkeit, Wohnungsnot, Teuerung und politischer Radikalismus kennzeichneten das Jahr 1923. Die Zeit des bewaffneten Aufruhrs schien bevorzustehen. Im September 1923 wurde der Ausnahmezustand verhängt, das Militär stand in Bereitschaft. Die KPD bereitete sich auf illegale Arbeit vor. Bei den Rechtsextremen war die NSDAP zwar verboten, arbeitete aber illegal weiter.

Der Hitlerputsch in München löste auch in Bremem Hektik aus, die Lage beruhigte sich jedoch wieder. Als die Bürgerschaftswahlen am 19. November 1923 stattfanden, waren die Gemüter aber noch immer sehr erregt. Die Deutsch-Völkischen erhielten immerhin 7, die Kommunisten 18, die DNVP 12 Mandate. Alle Parteien der Mitte (VSPD, DDP und DVP) erlitten Verluste, hatten aber doch noch zusammen die absolute Mehrheit, nur war die VSPD nicht bereit, mit den Bürgerlichen zu koalieren. Die KPD und die Deutsch-Völkische Freiheitspartei (DVFP) wurden am 23. November verboten; zahlreiche Durchsuchungen und Verhaftungen fanden statt. Der Radikalismus wurde dadurch nur noch gesteigert.

Das Ende der Inflation – Die Lage bleibt kritisch, 1924–28

Am 15. November 1923 wurde die Rentenmark, am 30. August 1924 die Reichsmark eingeführt und damit die Voraussetzung für finanzielle Stabilität geschaffen; doch zunächst hielt das durch die Krise bewirkte Elend noch an. Es war überhaupt die Frage, ob sich die neue Währung als stabil erweisen werde.

Bremen war in dieser Zeit eine Stadt von etwa 330 000 Einwohnern; die Zuwanderung blieb immer noch erheblich. Das schuf manche Probleme im Wohnungsbau und in der Infrastruktur. Die Arbeitslosigkeit nahm allmählich ab, doch die Sparer hatten ihre Vermögen verloren; das traf vor allem ältere Menschen. Lohndruck und Streiks kennzeichneten die Lage 1924/25.

Der Export litt teilweise unter den neuen Valutaverhältnissen, die Kreditbasis blieb schmal. Nach und nach wurde die Handelsflotte wieder aufgebaut (Dampfer „Columbus“ 1924), wodurch die Werften bis 1928 einigermaßen beschäftigt waren. Die Wirtschaft unterlag aber erheblichen Schwankungen. Es kam nun auch wieder zu Streiks, die Lohnerhöhungen und Arbeitszeitverkürzungen zum Ziel hatten; doch nur relativ geringe Lohnkosten machten es möglich, sich auf dem Weltmarkt durchzusetzen; durch die Streiks aber stiegen die Löhne an. Die weiterhin unsichere Wirtschaftslage führte zur Fusion einiger großer Betriebe, vor allem bei den Werften („Deschimag“ 1926), aber auch zu zahlreichen Konkursen. Jedes kritische Anzeichen ließ die Forderung nach Verstaatlichung wieder laut werden.

1926 stand die Diskussion über den Achtstundentag und eine soziale Verbesserung der Arbeitsverhältnisse im Mittelpunkt. Die Handels- und Gewerbegerichte wurden in einer einheitlichen Arbeitsgerichtsbarkeit mit je einer Kammer zusammengefaßt; daneben gab es ein Handwerkergericht. 1927 wurde auch die Arbeitslosenversicherung eingeführt.

Die Gewerkschaftsbewegung blieb zersplittert, doch hatten die Veranstaltungen zum 1. Mai großen Zulauf. 1926 – 1928 wurde das Gewerkschaftshaus („Volkshaus“) an der Nordstraße gebaut. Die Arbeit der Kommunisten wurde vor allem in die großen Betriebe verlagert, und seit 1929 entstand die „Revolutionäre Gewerkschaftsopposition“ (RGO), die Fraktionen in den „Freien Gewerkschaften“ bildete.

Sowie die wirtschaftlichen Verhältnisse sich 1925 etwas besserten, begannen Staat und Firmen wieder zu investieren. 1924 – 1928 wurde die Weser, die eine Reichswasserstraße war, auf acht Meter vertieft; nur so konnte der Lloyddampfer „Bremen“ auf der AG „Weser“ gebaut und mittlere Seeschiffe in die Lage versetzt werden, die Bremer Häfen zu erreichen. Die Lösch- und Ladeeinrichtungen wurden verbessert, der Hafen II, die Kalianlage und die Getreideverkehrsanlage ausgebaut. Das große Postamt 5 am Bahnhofsplatz konnte eingeweiht werden. Die Firma Focke-Wulf baute Flugzeuge wie die „Ente“, der Flughafen im Neuenlander Feld wurde 1924–1927 ausgebaut und von mehreren Linien genutzt.

Die „Ente“ der Focke-Wulf-Flugzeugwerke über Bremen, 1927. Mit einem solchen Flugzeug verunglückte Georg Wulf 1923 tödlich.

Auch nach 1923 gab es manche sozialen Probleme, zumal die Arbeitslosigkeit nur langsam zurückging. Es herrschte große Wohnungsnot, weil die Begrenzung der Mieten und die Hauszinssteuer nicht gerade den privaten Bau von Mietwohnungen förderten. Seit 1924 wurde dann der Wohnungsbau staatlich subventioniert. Es entstanden mehrere genossenschaftliche Bauvereine. Überall wurde nun viel gebaut, doch das Elend blieb groß, und es gab viele Obdachlose. Der Senat erließ Verordnungen, die eine Art Bewirtschaftung einführten. Erst 1928 hatte sich die Lage vielfach gebessert.

Die Parteien vor der Wirtschaftskrise 1924–28

Die Besserung der wirtschaftlichen Verhältnisse hatte auch politische Wirkung: Die KPD konnte seit Aufhebung des Ausnahmezustandes am 1. März 1924 zwar wieder offen auftreten; doch die Reichstagswahl vom 4. Mai brachte einen Mißerfolg, gleichwohl unterhielt die Partei seit 1925 das „Rote Haus“ am Buntentorsteinweg und baute den „Rote Frontkämpferbund“ als Kampftruppe der Partei auf. In der Bürgerschaftswahl im November 1927 schnitt die Partei schlecht ab, und 1929 gab es mehrere Ausschlüsse aus der Partei. Diese erhielt eine neue Organisation, die auf illegale Arbeit vorbereitete und eine intensive Basisarbeit in Betriebs- und Straßenzellen ermöglichte.

Die SPD profitierte von der Besserung der Wirtschaftslage und hielt zur Gewerkschaftsbürokratie engen Kontakt. Sie hatte in ihrer Führung einige tüchtige und integre Persönlichkeiten, die in verschiedenen Gremien konstruktive Arbeit leisteten wie Rhein und Deichmann. 1924 schlug die Partei noch sehr scharfe Töne an, denn sie stand in den Betrieben in Konkurrenz zur KPD; doch die „Einheitsfront aller Sozialisten" lehnte ihre Funktionäre ab.

Das Ergebnis der Bürgerschaftswahl von 1927 führte dann zu einer Senatsbeteiligung. Eine Jugendorganisation (SAJ) und zahlreiche locker mit der Partei verknüpfte Nebenorganisationen (Arbeiterwohlfahrt, Kinderfreunde) vervollständigten das Bild. Das „Reichsbanner Schwarz-Rot-Gold" war eine uniformierte Schutztruppe der Republik, die zwar selbständig, doch weitgehend von SPD-Mitgliedern getragen war. Dasselbe gilt für den Arbeitersport.

Die linksliberale DDP mit dem Direktor des Statistischen Amtes, Dr. Böhmert, als Vorsitzendem schwankte immer wieder, ob sie sich an Koalitionen beteiligen solle, in denen die SPD oder die DNVP beteiligt waren. 1928 fand die Partei dann ihren endgültigen Standort: sie ging eine Senatskoalition mit SPD und DVP ein. Die rechtsliberale DVP mit ihrem tüchtigen Fraktionsvorsitzenden Prof. Dietz, dem Direktor der Oberrealschule, hielt engen Kontakt mit der DNVP; doch durch den Eintritt in eine Senatskoalition mit der SPD 1928 verlor sie ihren rechten Flügel an die Konservativen.

Die DNVP strebte die Monarchie an, war nationalistisch und hielt Kontakt zum Stahlhelm, dem Bund der Frontsoldaten. Besondere Aufmerksamkeit verdienen die „Völkischen", die gestärkt aus der Staatskrise 1923/24 hervorgingen (9,3 % der Stimmen). Sie lehnten die SPD kompromißlos ab, gingen aber mit der KPD gelegentlich taktische Bündnisse ein. Die „Deutsch-Völkische Freiheitspartei" (DVFP), die vor allem Ludendorff als eine Art Führer anerkannte, fand ihre Anhänger vor allem bei mittleren Beamten, Angestellten und beim kaufmännischen Mittelstand. Daneben gab es die Hitler-Partei, die NSDAP, die vor allem bei Arbeitern und Angestellten Zustimmung fand, aber in Bremen zunächst sehr schwach blieb. Ihre Propaganda war aggressiv-nationalistisch und antisemitisch, in manchen Programmpunkten auch sozialistisch („Brechung der Zinsknechtschaft", Verstaatlichungen). Es gab zudem eine größere Zahl sehr labiler völkischer Vereine und Jugendgruppen (etwa die „Reichskriegsflagge"). Seit 1925 nahmen die völkischen Gruppen dann sehr stark ab. Die NSDAP hatte in Bremen nur 50 bis 100 Mitglieder, besaß aber seit 1926 eine straff organisierte Sturmabteilung („SA"). 1928 gab es einige spektakuläre Überfälle auf jüdisch aussehende Passanten. Der Gauleiter Röver (Oldenburg) versuchte vergebens, die Bremer Ortsgruppe zu bändigen.

Das vielfältige Parteienspektrum mit seinem hemmungslosen Gruppenegoismus, die Profilierungssucht einiger Demagogen und die geringe Bereitschaft zu Kompromissen bestimmten die Schwierigkeiten der parlamentarischen Demokratie.

Wahlen 1924–1927, nationale Ereignisse 1928

Die Reichstagswahlen vom 4. Mai 1924 zeigten, daß die Gefahr in den radikalen Flügeln bestand, die aktiv und aggressiv waren. Der bürgerliche Senat wurde 1924 mit mehreren Mißtrauensanträgen konfrontiert und trat im Oktober zurück. Einen Monat später löste sich auch die Bürgerschaft auf. Die Neuwahl am 7. Dezember 1924 brachte Überraschungen: Die SPD konnte sich halten (36,2 %), die KPD erlitt eine schwere Niederlage; die bürgerlichen Parteien hatten Verluste. Es war keine Mehrheitskoalition ohne die SPD möglich, wenn man nicht die DNVP in sie hineinnehmen wollte. Das geschah dann aber: Der Senat wurde von den Parteien der bürgerlichen Mitte und den Konservativen gebildet; Donandt und Spitta wurden wieder Bürgermeister.

Das Jahr 1925/1926 brachte dann einige nicht-bremische Ereignisse, die die Gemüter bewegten: die Wahl eines neuen Reichspräsidenten (Hindenburg), den Locarno-Vertrag, den Streit um die Reichsfarben und das Volksbegehren über die Fürstenabfindung. Ein großes bremisches Ereignis war die Hundertjahrfeier Bremerhavens.

Die politische Beruhigung kam der SPD zustatten. Die Bürgerschaftswahl von 1927 brachte Zusammenschlüsse der rechtsbürgerlichen Parteien (DNVP und DVP). Die SPD und KPD waren für eine „Einheitsfront" zu unterschiedlich. Die SPD hatte einen großen Erfolg (40,3 %), die KPD konnte sich auf niedrigem Niveau halten (9,6 %). Die rechtsbürgerliche Gruppe errang immerhin 28,8 %; die bürgerliche Mitte und die Hausbesitzer kamen auf zusammen etwa 18 %. Der bürgerlich-konservative Senat war nicht mehr zu halten; er mußte 1928 fünf Sozialdemokraten, darunter Rhein, Deichmann und Kaisen aufnehmen, die Deutschnationalen aber ausschließen. Donandt und Spitta blieben Bürgermeister.

1928 gab es dann einige Ereignisse, auf die Bremen besonders stolz war: Im April wurde Graf Luckner und sein Segelschiff „Vaterland" empfangen; am 18. Juni war ganz Bremen auf den Beinen, als die Ozeanflieger (Junkers-Flugzeug „Bremen") Köhl, Fitzmaurice und Hünefeld in die Stadt kamen, und am 18. August 1928 vollzog der Reichspräsident von Hindenburg den Stapellauf des Lloyddampfers „Bremen" auf der AG „Weser", ein Ereignis, das einen Rückgang der Beschäftigten auf der Werft einläutete. Anfang 1929 wurde die bürgerlich-sozialdemokratische Koalition dann arg strapaziert, als die Bürgerschaftsmehrheit es ablehnte, den 1. Mai als gesetzlichen Feiertag anzuerkennen.

Stapellauf der „Bremen" auf der AG „Weser" in Anwesenheit des Reichspräsidenten von Hindenburg 1928.

Kultur und Kunst vor der Krise 1924–29

Die Versuchsschulen blieben unter dem Einfluß junger sozialdemokratischer Pädagogen, und über sie wurde weiterhin heftig gestritten. Die Aufbauschule blieb erhalten. Die Höheren Schulen waren durch die soziale Staffelung des Schulgeldes keine Einrichtung für die vermögenden Kreise mehr. Die Realschulen in der Neustadt und im Westen erhielten 1926 eine gymnasiale Oberstufe.

Die Sportvereine fanden großen Zuspruch; 1928 wurde das Weserstadion eingeweiht; hier fanden künftig auch politische Großveranstaltungen statt.

Die Wissenschaft fand nun stärkere staatliche Förderung. 1924 entstand die Vortragsgemeinschaft „Bremer Wissenschaftliche Gesellschaft". Förderer der lokalhistorischen Wissenschaft war der Direktor des Staatsarchivs, Prof. Entholt; er fand einige tüchtige Mitarbeiter. Alle Vereine pflegten das Vortrags- und Veröffentlichungswesen. Wichtigster und vielseitigster Vertreter der bremischen Kulturgeschichte wurde Dr. Grohne, der das Focke-Museum im ehemaligen Altenheim an der Großenstraße leitete. Die Geographische Gesellschaft blieb eng mit dem „Museum für Natur-, Völker- und Handelskunde" unter ihrem Leiter Dr. Schauinsland verbunden. Die Olbersgesellschaft eröffnete 1924 eine Sternwarte in der Seefahrtsschule. Auch der „Naturwissenschaftliche Verein" gab seit 1925 Abhandlungen heraus.

Die Architektur brachte einige große Leistungen hervor, vor allem die so gegensätzlichen Seiten der Böttcherstraße von Runge und Scotland in bodenständigem Stil (1923/26) sowie von Hoetger in eigenwilliger und skurriler Art (1926/27). Auffällig waren auch die Türme der Rolandmühle am Holzhafen (1925) und der Brauerei Beck & Co. am Neustadtsdeich (1929). Besonders die klare Architektur der „Glocke" an der Domsheide gefiel allgemein (1928). Von guter Qualität, aber sehr umstritten waren zudem die Warenhäuser von Karstadt in der Obernstraße und von Bamberger am Doventor. Das repräsentativste Gebäude ließ sich aber die Nordwolle an der Contrescarpe durch die Architekten Eberhard und Hermann Gildemeister errichten (1928/29, heute Haus des Reichs). Viele dieser Bauten beeinflußten das Stadtbild sehr stark. Die damaligen Bauten waren im Unterschied zur Allerweltsarchitektur unserer Tage so beschaffen, daß sie Bremen in unverwechselbarer Weise prägten. In den Vororten entstanden zudem zahlreiche solide Wohnbauten.

Die bildende Kunst wirkte durch Hoetger von Worpswede nach Bremen herein (Figuren am „Volkshaus", 1928). Die Worpsweder Malerei hatte auch nach dem Fortgang Vogelers nach Rußland eine Nachblüte. Carl Dannemann, der u. a. den Bacchuskeller und den Bürgerschaftssaal in der Börse ausmalte (1926, 1929), wurde zwar in Bremen geboren, arbeitete aber in Berlin; Slevogt, der die Ausmalung des Hauffkellers im Ratskeller schuf (1927), war kein Bremer. Die Kunsthalle unter Waldmanns Leitung öffnete sich der modernen Kunst.

Das Stadttheater hatte unter dem feinsinnigen Intendanten Dr. Willy Bekker hohen Rang, vor allem auch durch zahlreiche Gastspiele. Es erhielt als Dreispartentheater Zuschüsse, die damals hoch erschienen (1926: 600 000 RM). Die Kommunisten lehnten es als bürgerliches Theater ab. Das private Schauspielhaus hatte mit Problem- und Unterhaltungsstücken sogar wirtschaftlichen Erfolg. Junge Talente wurden gefördert, und sogar Stars kamen gerne zu Gastspielen. Die Anfänge von Ernst Waldaus plattdeutschem Theater fallen ins Jahr 1929. Das städtische Orchester, das von der Philharmonischen Gesellschaft verpflichtet wurde, fand in der neu errichteten „Glocke" einen Konzertsaal. Es spielte auch bei Opern- und Operettenaufführungen des Stadttheaters, und Prof. Wendel leitete es souverän.

Die „Norddeutsche Rundfunk AG" (NORAG) in Hamburg wurde 1924 gegründet; Bremen erhielt einen Nebensender, der 1927 in der Stadtwaage eine Geschäftsstelle einrichtete. Die Anfänge waren recht bescheiden. Im Kino wurden zunächst noch Stummfilme mit Musikbegleitung, seit 1929 auch Tonfilme gespielt. Gute Qualität war selten.

Die Wirtschaftskrise beginnt 1929/31

Die Wirtschaftskrise war keine Erscheinung, die nur Bremen betraf; doch die Stadt litt unter ihr besonders schwer. Sie hatte etwa 370 000 Einwohner. Die wichtigsten Wirtschaftszweige waren Industrie und Handwerk sowie Handel und Verkehr. Schon im Herbst 1928 deutete sich eine Verschlechterung der Lage an. Die Arbeitslosigkeit stieg, und dennoch mehrten sich auch die Streiks. 1929 fusionierten einige wichtige Betriebe aus Rationalisierungsgründen: So gerieten die Hansa-Lloyd-Werkc (Kraftwagen) in Abhängigkeit von Borgward und Tecklenborg, und die „Norddeutsche Waggonfabrik" ging in ein nicht-bremisches Kartell ein. Im Juli 1929 war der Umschlag zur Krise endgültig.

Hier ist nicht der Ort, ihre Ursachen zu untersuchen; sicher gibt es eine Vielzahl von krisenauslösenden und -fördernden Elementen: riskante Geschäfte, Überproduktion, hohe Staatsausgaben, die mit Krediten finanziert wurden, zahlreiche Streiks, hohe Lohn- und Soziallasten usw. In Bremen schädigten auch Abschottungsmaßnahmen verschiedener Staaten den Handel. In der Hafenwirtschaft gab es eine ruinöse Konkurrenz. Werften wurden stillgelegt (Rickmers und Tecklenborg in Bremerhaven). Die Arbeitslosenversicherung und Arbeitsbeschaffungsmaßnahmen des Staates konnten nicht in ausreichendem Maße finanziert werden, zumal die Staatsverschuldung ohnehin schon sehr hoch war.

Arbeitslos – eine Folge der Wirtschaftskrise. „Bremer Volkszeitung" 1928.

1930 wurde der Versuch gemacht, die Zusammenarbeit zwischen Bremen und Preußen im Unterwesergebiet zu verbessern. Ein Staatsvertrag betraf die Koordinierung der Hochseefischerei, die Aufhebung der Industrieverbotsklausel für Bremen; weitere Punkte betrafen die Wasserpolizei, kommunale Zusammenarbeit und Verkehrsregelungen.

Manch wichtige Unternehmung stagnierte, so die Kanalisierung der Mittelweser, wogegen der Ausbau der Häfen (Nordschleuse in Bremerhaven, Hafen II in Bremen) und des neuen Speichers der Getreideverkehrsanlage fortgesetzt wurde. Die AG „Weser" hatte nach Fertigstellung der „Bremen" keine großen Neubauten mehr. Auch der Kraftfahrzeug-, Waggon- und Maschinenbau wurde eingeschränkt, andere Industriezweige gerieten in Schwierigkeiten. Der Luftverkehr erfuhr dagegen eine Steigerung.

Am deutlichsten schlug sich die Krise im Anstieg der Arbeitslosenzahlen nieder. In der Stadt waren 1930 immerhin 17 000 Personen ohne Arbeit, im März 1931 waren es 30 000, und immer noch war der Zenit nicht erreicht. Hinter dieser Zahl verbargen sich Elend und Verzweiflung. Weniger bewußt wurde den Menschen das Ansteigen des staatlichen Sozialetats und der Staatsverschuldung. Die Reaktion des Staates war: Reduzierung der Investitionen, Kürzung der Beamtengehälter, Verringerung der Zahl der Senatoren am 2. November 1931 auf acht, Erhöhung und Einführung neuer Steuern (Bürgersteuer) usw. Vorschläge zur Abhilfe kamen von allen Seiten, insbesondere auch von den Linksradikalen: Sozialisierung der Wirtschaft, hohe Besteuerung der Besserverdienenden, Verkleinerung des Beamtenapparates, besonders der Polizei usw. Es fragt sich, ob das die Krise beseitigen konnte.

Der Zusammenbruch der Nordwolle und von Banken 1931

1931 kam es dann zu Firmenzusammenbrüchen, die Bremen an den Rand des Abgrunds brachten. Im Sommer geriet die „Norddeutsche Woll- und Kammgarnspinnerei" (Nordwolle), die eben ihr Verwaltungsgebäude an der Contrescarpe bezogen hatte, in Schwierigkeiten. Entscheidend waren der Preisverfall der Wolle und Absatzprobleme. Das Unternehmen war jahrzehntelang unter Leitung der Familie Lahusen erfolgreich gewesen und hatte sich zu einem riesigen Konzern entwickelt. Der Niedergang wurde zunächst in den Bilanzen verschleiert. Hauptkreditgeber war die Darmstädter und Nationalbank (Danatbank), deren Vorsitzender des Präsidiums, der Bremer Senator Bömers, ein Verwandter der Lahusens war. Als die Lage immer schwieriger wurde, unternahm die „Hansa-Bank", die 1928 vom Staat und der Privatwirtschaft gegründet worden war und in deren Aufsichtsrat Bürgermeister Donandt und Senator Bömers saßen, Stützungsversuche. Auch die Bremer J. F. Schröder Bank wurde in diesen Versuch hineingezogen.

Lange Schlangen vor den Schaltern nach einer Lockerung der Banksperre. Juli 1931 in der „Bremer Volkszeitung".

Nun setzte eine von KPD und SPD-Presse geförderte Kampagne gegen die Nordwolle ein, und es wurde immer deutlicher, wie schlecht das Unternehmen dastand; auch gab es den Verdacht des Konkursverbrechens und Betruges, so daß die Bremer Oberstaatsanwaltschaft ermittelte. Die Danatbank schloß am 13. Juli ihre Schalter, am 21. Juli wurde der Konkurs der Nordwolle beantragt und eröffnet. Auch die Schröderbank, die die bremische Wirtschaft mit Kapital versorgt hatte, und die „Beamtenbank Bremen" öffneten die Schalter nicht mehr. Jeder versuchte nun zu retten, was zu retten war: An den noch offenen Banken und Sparkassen bildeten sich lange Schlangen. Danat-, Schröder- und Beamtenbank gingen in Konkurs; viele Sparer verloren einen Teil ihres Vermögens. Die Propaganda überschlug sich und sprach von Korruptionssumpf und Verfilzung. Senator Bömers, der viele Kreditaktionen eingefädelt hatte, trat am 13. August 1931 zurück (er starb am 1. April 1932).

Als der Pulverdampf sich etwas verzogen hatte, zog man Bilanz, um die Verluste des Staates festzustellen. Natürlich hatten die Akteure viel gehofft und nichts gewußt, als man staatliche Kredite zur Verfügung stellte; letzten Endes ermittelte man Verluste des Staates von 30 bis 40 Millionen RM; ganz sicher war man allerdings nicht. Die Verknüpfung von privaten Interessen und staatlicher Finanz- und Wirtschaftspolitik wurde offensichtlich. Der Nordwolle-Konkurs hatte ein gerichtliches Nachspiel, das bis in die NS-Zeit andauerte und mit Gefängnis- und Geldstrafen für G. Carl und Heinz Lahusen endete (Urteil vom 29. Dezember 1933, rechtskräftig am 28. Juni 1934). Senator Bömers war geopfert worden, damit der Senat, der die Probleme nicht durchschaut hatte, weiterleben konnte. Die antikapitalistische Propaganda erhielt aber unerhörten Aufwind.

Bremen im Strudel der Krise 1931–32

Nach den Konkursen setzten mühsame Sanierungsmaßnahmen ein. Das Wirtschaftsvolumen nahm aber im ganzen noch mehr ab. Daß sich der Abstieg 1932 verlangsamte, wurde schon als „Silberstreif am Horizont" begrüßt. In dieser Zeit gab es 42 000 Arbeitslose bei 80 000 Beschäftigten. Notstandsarbeiten im Hafen- und Straßenbau, bei der Bereitstellung von Kleingärten und beim Ausbau des Flugplatzes usw. konnten kaum finanziert werden. Seit 1932 gab es den „freiwilligen Arbeitsdienst", der von verschiedenen politischen Organisationen gefördert wurde. Alle diese Maßnahmen beseitigten nicht die Wirtschaftskrise; das Anwachsen der Radikalisierung war angesichts der Hoffnungslosigkeit der Lage nicht aufzuhalten. Vernünftige Argumente zählten nicht mehr; immer mehr Menschen hörten auf schreiende Demagogen und wollten eine radikale Änderung der Staatsform, ohne daß sie wußten, wohin das führen werde.

1931 baute die NSDAP eine Bremer Betriebsstellenorganisation (NSBO) auf, die sich ausgesprochen arbeiterfreundlich, ja sozialistisch gab und die „Bonzen" der Gewerkschaften angriff. Viel Erfolg hatte sie zunächst nicht.

Entsagungsvolle Arbeit leisteten die Wohlfahrtsverbände; die Winterhilfe, die Obdachlosenheime usw. milderten manches Elend. Erstaunlich ist es, daß der Wohnungsbau große Anstrengungen unternahm, um Unterkünfte, zum Teil mit staatlicher Unterstützung, zu schaffen. Vor allem entstanden kleine Häuser wie etwa 1930 in Hastedt („Klein Mexiko") oder Barackenwohnungen. Notverordnungen schrieben Mietobergrenzen vor. Es entstand auch eine von Kommunisten gelenkte Mieterbewegung, die Aktionen gegen „Exmittierungen" organisierte.

Kommunisten und Sozialdemokraten 1931–32

Vor diesem düsteren Hintergrund vollzog sich die Entwicklung der Parteien, wobei die Radikalen es auf Obstruktion und Krawalle angelegt hatten, um zu zeigen, daß die parlamentarische Demokratie nicht in der Lage sei, mit den Schwierigkeiten fertig zu werden. Die KPD, die in der Krise viele (zahlende) Mitglieder verlor (in Bremen noch etwa 3000 Mitglieder), organisierte eine Fülle von Aktionen, bei denen sie vor allem auf die Arbeitslosen baute und die gegen alle anderen Parteien sowie gegen den Senat und seine Einrichtungen, besonders gegen die Polizei, gerichtet waren. Die Frage ist, welche Gefahr der Republik von dieser Seite drohte. Die KPD lehnte den „Individualterror" ab, verurteilte daher auch offiziell ein kommunistisches Sprengstoffattentat in Grambke am 10. Juli 1932, das der SA gegolten hatte, bei dem aber ein Polizist getötet wurde. Zur Revolution wurde der Befehl aus Moskau

Fanfarenzug des „Roten Frontkämpferbundes" beim Marsch durch Gröpelingen, Foto um 1928.

bzw. Berlin erwartet; doch fürchtete man die Reichswehr, die Polizei und schließlich auch die SA. Sicher ist auch, daß die KPD von Spitzeln durchsetzt und die Polizei über alle Pläne unterrichtet war.

Eine Absplitterung der Partei, die auch eine starke Jugendorganisation (SAJ) hatte, war die SAP. Sie wurde 1931 gegründet und sogleich zusammen mit Reichsbannermitgliedern in eine Prügelei verwickelt, bei der ein SA-Mann, Wilhelm Decker, erstochen wurde, der später als einer der Bremer „Blutzeugen" der NSDAP galt. Die politische Führung der SAP übernahm der spätere SPD-Bürgermeister Ehlers.

Die SPD war durch die Senatsbeteiligung gebunden; sie galt einerseits als eine Stütze der parlamentarischen Demokratie, mußte aber dennoch verbal radikale Töne anschlagen, sich auch für Arbeitslose und Arbeiter einsetzen. Die Mitgliederzahl war rückläufig; dennoch war die Zahl der von der Partei organisierten Versammlungen und Demonstrationen beeindruckend. Ihr Organ war die „Bremer Volkszeitung", der der beredte Kritiker Alfred Faust („Mephisto") seinen Stempel aufdrückte.

Beim Reichsbanner, das für die Republik kämpfen wollte, war umstritten, ob man sich bewaffnen solle oder nicht. SPD, Reichsbanner, Gewerkschaften und Arbeitersport organisierten sich am 16. Dezember 1931 in der „Eisernen Front" mit dem Zeichen der „drei Pfeile", die vor allem gegen die NSDAP,

Lob der „Eisernen Front" für die zahlreichen Fahnen mit den drei Pfeilen in Gröpelingen, „Bremer Volkszeitung" 23./24. Juli 1932. Die Kommunisten bezeichneten das Bild als Fälschung; Gröpelingen war eine Hochburg der KPD.

aber auch gegen die KPD gerichtet war. Es war eine Koalition der republiktreuen Sozialisten.

Die bürgerliche Mitte wird rechtslastig und zerrieben 1930–33

Die bürgerliche Mitte wurde als Träger der Weimarer Republik und des Bremer Senats mitverantwortlich für die staatliche und wirtschaftliche Misere gemacht. Die DDP nannte sich nun Deutsche Staatspartei und schmolz zur Bedeutungslosigkeit zusammen. Die DVP wurde vor allem von Kaufleuten und höheren Beamten getragen, driftete immer mehr nach rechts und berührte sich dort mit der DNVP. Es war für die DVP ein schwerer Schlag, als einer ihrer führenden Köpfe, Senator Bömers, in den Nordwolle-Konkurs verwickelt wurde. Die DNPV mußte keine Rücksicht auf eine Regierungsbeteiligung nehmen und suchte in Einzelfragen Anschluß an die NSDAP, ohne aber deren Antisemitismus und Radikalismus zu teilen. Eng war auch die Zusammenarbeit mit dem uniformierten und militärisch organisierten „Stahlhelm", von dem sich nach Führerquerelen der „Kampfbund Niedersachsen" abspaltete.

Böttcherstraße mit dem Roseliushaus, das sich der Ratsherr Jacob von Bobart 1588 bauen ließ und das 1928 durch einen Treppengiebel verfälscht wurde (rechts), und mit der 1924–26 von Runge und Scotland geschaffenen westlichen Seite (links). Auch in der NS-Zeit, als die Hoetgerbauten als Musterexemplare für „entartete Kunst" galten, warb Bremen mit der Böttcherstraße, wie das Farbbild aus einem Mappenwerk von etwa 1938 zeigt.

Ein beliebter Blick weserabwärts auf die Stadt mit ihren Brücken, Türmen und Häusern an beiden Seiten des Stromes. Das war etwa 1938; wenige Jahre später war die Idylle in ein Trümmerfeld verwandelt.

Der Siegeszug der NSDAP 1930–32

Für die NSDAP begann 1930 in Bremen der Aufstieg; SA, Hitlerjugend und NS-Schülerbund waren angeschlossene Organisationen. Die Partei wurde von München aus gesteuert, litt aber zunächst unter innerer Disziplinlosigkeit: Die Bremer Ortsgruppe widersetzte sich immer wieder den autoritären Eingriffen des Gauleiters Weser-Ems, Carl Röver, eines bauernschlauen, demagogischen Mannes. Noch in der Reichstagswahl vom 14. September 1930 erhielt die Partei in Bremen nur 12 % der Stimmen; dann aber wuchs sie sehr schnell; auch SA und Hitlerjugend hatten großen Zulauf, doch war es immer noch nicht leicht, die Bremer Parteiorganisation zu bändigen; vor allem fehlte es an Führern, die mitreißen konnten. So waren denn der Kaufmann Otto Bernhard und der Rechtsanwalt Dr. Emanuel Backhaus willkommene Zugänge. Vor der Bürgerschaftswahl am 30. November 1930 kam auch Hitler nach Bremen und redete im überfüllten Casino. 52 000 Bremer wählten nun schon die NSDAP, 32 zum Teil völlig unfähige Abgeordnete zogen in die Bürgerschaft ein.,

Nun änderte sich die Struktur der Partei sehr schnell: Viele Konjunkturritter schlossen sich an, auch viele Arbeiter wählten nun die Partei. Nach meh-

Wenn Hitler in der „Kampfzeit" nach Bremen kam, wohnte er beim Konsul und Tabakkaufmann Otto Bernhard, der auch Ortsgruppenleiter der NSDAP war. Das Bild entstand am 28. Oktober 1932.

reren fehlgeschlagenen Anläufen erschien seit dem 10. Januar 1931 eine Parteizeitung: Die „Bremer Nationalsozialistische Zeitung" (BNZ), die immer in finanzieller Bedrängnis war und mit ihren Redakteuren viel Pech hatte. Im benachbarten Oldenburg wurde der Gauleiter Carl Röver am 16. Juni 1932 Ministerpräsident. In Bremen wurde die SA vom fähigen Paul Wegener, dem späteren Kreis- und Gauleiter der Partei, diszipliniert. Ortsgruppenleiter in Bremen war seit dem 2. Mai 1932 der Tabakkaufmann Otto Bernhard. Am 1. Juli wurde die Ortsgruppe Bremen zum Kreis aufgewertet. Bernhard wollte sich nun von Gauleiter Röver lösen, was ihm jedoch nicht gelang. Im November 1932 kritisierte der NS-Bürgerschaftspräsident Backhaus die rüpelhafte Agitation seiner Partei und trat zurück. Es schien, als ob die Partei ihren Zenit überschritten hätte.

Senat und Bürgerschaft in Schwierigkeiten 1930–33

Es gab in Bremen mehrere Hindernisse für eine legale Machtergreifung der NSDAP: Der Senat war ohne zeitliche Begrenzung im Amt, bedurfte aber des Vertrauens der Bürgerschaft. Den Bürgerschaftswahlen am 30. November 1930 ging ein harter Wahlkampf voraus, in dem sowohl Hitler als auch Thälmann (KPD) als Redner auftraten. Die NSDAP war die einzige Partei, die Stimmen hinzugewann (25,4 %). Alle anderen Parteien hatten Verluste, selbst die KPD. Die SPD wurde dennoch wieder stärkste Partei (31 %). Die bisherige Senatskoalition wurde von 60 Abgeordneten gestützt, waren also auf die Zustimmung kleinerer bürgerlicher Parteien angewiesen. Der Nationalsozialist Otto Bernhard wurde Bürgerschaftspräsident. Sogleich begannen auch die Bemühungen um einen Sturz des Senats aus SPD, DVP und DDP, wobei das Ziel eine Koalition aus NSDAP, DNVP und DVP war. Entscheidend war dann, daß die DVP zurückwich unter dem Vorwand, einige der vorgeschlagenen NS-Senatoren seien völlig unfähig. Die Bürgerschaftssitzungen waren oft der totalen Obstruktion der NSDAP und KPD ausgeliefert und Abstimmungen nur unter großen Schwierigkeiten zu erreichen. Der NS-Bürgerschaftspräsident Bernhard war dem Chaos, das zum Teil seine eigene Partei entfesselte, nicht gewachsen und trat im März 1931 zurück. Im Juli 1931, als die Firmenzusammenbrüche die Gemüter erhitzten, steigerten sich die Tumulte. Im August 1931 wurde wieder ein Nationalsozialist Bürgerschaftspräsident, Dr. Emanuel Backhaus. Er verließ, angewidert durch die Rüpelhaftigkeit seiner eigenen Partei, NSDAP und Bürgerschaft.

Der parlamentarischen Demokratie blies immer heftigerer Wind ins Gesicht. Im April 1932 mußten die Sozialdemokraten bei der Reichspräsidenten-

Obstruktion in der Bürgerschaft: Ein NS-Dauerredner heizt die Stimmung an. In der „Bremer Volkszeitung" 27./28. Juni 1931.

wahl sogar für Hindenburg stimmen, um die Wahl Hitlers zu verhindern. In der Reichstagswahl vom 31. Juli 1932 erhielten die Gegner der Republik (KPD, NSDAP und DNVP) in Bremen 56 % der Stimmen, im November 1932 noch 55 %. Dennoch scheiterten in der Bürgerschaft alle Versuche, den Senat zu stürzen. Wichtig war die Einstellung der Polizei. Die Mehrheit der Polizisten stand nicht mit Überzeugung hinter der Demokratie, war aber auch nicht nationalsozialistisch, zumal die SA sich polizeifeindlich zeigte. Vor allem die kasernierte Schutzpolizei war für einen rechtsautoritären Staat.

NS-Zeit und Zweiter Weltkrieg 1933–1945

Die Parteien und die Regierung Hitler/Papen 1933

Als Reichspräsident von Hindenburg Adolf Hitler am 30. Januar 1933 zum Reichskanzler ernannte, war also auch in Bremen die antidemokratische Stimmung sehr groß, es trifft aber zu, daß die NSDAP nicht die absolute Mehrheit hinter sich hatte und daß sie zahlenmäßig sogar schwächer war als die SPD; doch war sie sehr aktiv und aggressiv. Mit der KPD war sie der Meinung, „daß es so nicht weitergehen könne".

A

Rüstet zu den Betriebsrätewahlen: Im Zeichen der Einheitsfrontaktion

13. Jahrgang - Dienstag, 31. Januar 1933 - Nr. 27

Arbeiter-Zeitung

Antifaschistische Aktion

Organ der KPD (Sektion der Kom... ...en Internationale) Bezirk Nordwest

Generalstreik!

Berliner Betriebsräte beschließen Kampf gegen Hitler-Papen-Hugenberg

Einheitsfront geschlossen — 15er-Ausschuß der Berliner Betriebsräte gebildet

Gestern abend fand eine von über 2000 Betriebsräten besuchte Vollversammlung der Berliner Betriebsräte statt, in der nach ausführlicher Diskussion über die zu treffenden Kampfmaßnahmen ein 15er-Ausschuß der Berliner Betriebsräte gewählt wurde, in dem 5 Mitglieder der SPD und über die Hälfte Freigewerkschaftler sind. Einstimmig wurde ein Resolution angenommen, in der die Betriebsräte geloben, am Dienstag in allen Fabriken Betriebsversammlungen durchzuführen, um den Massenstreik zu beschließen und die Belegschaften zum Kampf für den Sturz der Hitler-Regierung zu führen. Die Resolution schließt:

„Durch die Wucht unseres Generalstreiks 1920 brach der Kapp-Putsch zusammen, ebenso muß die Hitler-Regierung gestürzt werden. Vereinigen wir uns ohne Ansehen der Partei- und Gewerkschaftszugehörigkeit zum Kampf.

Es lebe die unbesiegbare kämpfende Einheitsfront! Hinweg mit Hitler-Papen-Hugenberg! Es lebe der Sozialis-

Belegschaften, Stempelstellen, auf zum Kampf!

Das Kabinett Hitler-Papen-Hugenberg-Seldte der faschistischen Diktatur braunen Banden, vor dem noch vor wenigen Monaten die Bourgeoisie aus Angst vor dem Widerstand der Arbeitermassen zurückschreckte, ist ernannt.

Das ist eine ungeheure Provokation, das ist eine schwere Bedrohung der Arbeiterklasse, der werktätigen Massen.

Was soll das Hitler-Kabinett?

Es soll im Auftrage der bankrotten deutschen Kapitalistenklasse den neuen Frontalangriff gegen das arbeitende Volk durchführen: neuen Abbau der Löhne und Gehälter, neuen Abbau der Unterstützungen und Renten und vor allem — die blutige faschistische Niederschlagung und Knebelung des werktätigen Volkes!

Die Millionenmassen der Arbeiter, Angestellten und Beamten und die breiten Schichten der kleinen Gewerbetreibenden und kleinen Bauern — sie alle zusammen und jeder einzeln und unmittelbar

Als Hitler Reichskanzler geworden war, proklamierte die KPD den „Generalstreik" – vergebens. Die Parteizeitung des Bezirks Nordwest der KPD am 31. Januar 1933.

Es wurde bisweilen darauf hingewiesen, daß die Furcht vor der kommunistischen Revolution das Bürgertum in die Arme der „nationalen Revolution" getrieben habe, ohne zu sehen, daß die eigentliche Gefahr von der NSDAP drohte. Sicher wurde die KPD aus Moskau dirigiert und unterstützt; auch war sie straff organisiert und verbal revolutionär; doch hatte sie in Bremen nur 16 – 18 % der Wähler auf ihrer Seite und hätte im Falle einer Revolution gegen Reichswehr, SA, Stahlhelm und vielleicht sogar das Reichsbanner keine Chance gehabt. Die Möglichkeiten einer linksradikalen Revolution waren 1933 wohl wesentlich geringer als 1918/19 nach dem verlorenen Krieg, als neben der Reichswehr noch keine NSDAP oder eine ähnliche rechtsradikale Partei den Kommunisten entgegenstand. Das Bürgertum wurde zum Teil in die Arme der NSDAP getrieben, weil die parlamentarische Demokratie – aus welchen Gründen auch immer – mit den entstehenden Problemen nicht fertig wurde.

Die Einsetzung der Regierung Hitler/Papen, die ja auf verfassungsmäßigem Wege erfolgte, wurde in Bremen keineswegs allgemein als Auftakt einer dauerhaften Partei- und Führerdiktatur angesehen, obwohl die politischen Gegner in Demonstrationen, Flugblättern und Zeitungen eine kommende Katastrophe prophezeiten. Damals herrschte der Glaube oder die Hoffnung vor, daß das neue Kabinett sehr bald an den unüberwindlichen Schwierigkeiten scheitern werde. Bei der KPD wurde zwar der bewaffnete Aufstand erwogen, aber aus Moskau kam aus guten Gründen kein Befehl dazu. So wurde nur mit großen Worten der Generalstreik proklamiert, doch nicht befolgt.

Die Sozialdemokraten waren gute Republikaner, die sich um Mehrheiten bemühten. Sie konnten keine Gegenrevolution entfesseln, zumal – nach ihrer Auffassung – der Hitlerspuk sehr bald von selbst ein Ende finden mußte. Bei den bürgerlichen Parteien herrschte Resignation; die DNVP saß ohnehin mit der NSDAP in einem Boot.

Sogleich setzte ein Wahlkampf für die Neuwahl des Reichstages am 5. März ein, in dem die KPD durch Zeitungs- und Versammlungsverbote behindert wurde – in Bremen freilich später und etwas milder als anderswo. Erst am 25. Februar wurde die „Arbeiter Zeitung" der KPD verboten; weitere Verbote, auch Haussuchungen und Verhaftungen gab es nach dem Reichstagsbrand am 27. Februar. Sozialdemokraten und Senat trugen diese Maßnahmen mit.

Die Reichstagswahl vom 5. März 1933

Die „Eiserne Front" konnte zunächst noch Wahlveranstaltungen abhalten; am 1. März 1933 wurde nach einer Versammlung ein Reichsbannermann von SS-Rabauken erschossen. Die „Bremer Volkszeitung" wurde am 3. März auf Druck der Reichsregierung für einige Tage verboten.

Die Reichstagswahl vom 5. März zeigte in Bremen, daß die bürgerliche Mitte zerrieben wurde und ihre Stimmen vor allem an die NSDAP (32,6 %) und die DNVP bzw. den „Kampfbund Schwarz-Weiß-Rot" (14,5 %) abgab. Die SPD verlor geringfügig (30,3 %), die KPD hatte einen durchaus respektables Ergebnis (13,2 %). Die Senatskoalition hatte aber nur noch 37,4 % der Stimmen hinter sich. Einer legalen „Machtergreifung" der NSDAP in Bremen standen freilich die Mehrheitsverhältnisse in der 1930 gewählten Bürgerschaft im Wege.

Der Druck der Straße – Ernennung von Kommissaren, Rücktritt des Senats, Ende der Bürgerschaft 6. März – 28. April 1933

Die „Machtergreifung" in Bremen vollzog sich am 6. März in der Form eines Staatsstreichs. An diesem Tage geriet der Senat unter den Druck einer Massenveranstaltung der Nationalsozialisten auf dem Marktplatz und dem Domshof. Die bürgerlichen Senatoren beschlossen als Kompromiß das Hissen der schwarz-weiß-roten Fahne, was die drei sozialdemokratischen Senatoren, darunter Wilhelm Kaisen, als Anlaß für ihren Rücktritt nahmen. Die Schutzpolizei verweigerte ein Eingreifen, um ein Blutvergießen zu vermeiden. Der Reichsinnenminister Dr. Frick (NS) ernannte als Kommissar für die Polizei den stellvertretenden Arbeitsamtsleiter Dr. Richard Markert, einen durchaus fähigen und ehrgeizigen Mann, der aber als ehemaliger Freimaurer und Neu-PG keinen Rückhalt in der Partei hatte. Die Ernennung erfolgte angeblich, weil Ruhe und Ordnung (durch die NSDAP!) gefährdet seien. Am Abend wurde das Rathaus durch die SA besetzt und die Hakenkreuzfahne gehißt. Der bürgerliche Rumpfsenat blieb noch im Amt, die Bürgerschaft löste sich am 10. März auf, und zwar mit Zustimmung der SPD, aber unter dem Protest der KPD.

Dr. Markert, der Polizeikommissar, stellte nun eine „Hilfspolizei" aus Mitgliedern der „nationalen Verbände" auf, die Razzien und Haussuchungen durchführte. Kommissarischer Polizeipräsident wurde der Schmierölkaufmann Theodor Laue. Dr. Markert ernannte am 11. März für die einzelnen Verwaltungsbereiche „Spezialkommissare", die die Senatoren und Amtsleiter kontrollieren sollten; darunter waren einige völlig unfähige Emporkömmlinge, aber sie verfügten die ersten Entlassungen und Beurlaubungen.

Am 18. März trat der machtlose Senat zurück, und die Spezialkommissare traten kommissarisch an seine Stelle; auch einige Deutschnationale erhielten Posten, so der Kaufmann Otto Flohr das Finanzressort. Bürgermeister wurde Dr. Markert. Die Amtsübernahme konnte nur deshalb einigermaßen reibungslos erfolgen, weil die höheren Beamten übernommen wurden und ein Treuebekenntnis zur neuen Ordnung abgaben.

Alle diese Maßnahmen geschahen aufgrund der Notverordnung gegen „kommunistische Umtriebe" vom 28. Februar 1933 und waren keineswegs legal, aber doch eine politische Tatsache. Nennenswerten Widerstand dagegen gab es nicht. Ähnliche „Gleichschaltungsmaßnahmen" gab es in Vegesack und Bremerhaven.

Nach der Vorstellung der NSDAP war die Bürgerschaft eine überflüssige und nutzlose Quasselbude. Die Frage war nur, ob man sie nicht – wie den Reichstag – als Propagandaforum bewahren solle. Die Reichsregierung entschied, daß die Länderparlamente nach den Ergebnissen der Reichstagswahl vom 5. März zusammenzusetzen seien, wobei die KPD-Stimmen aber verfielen, so daß die Parteien der „nationalen Erneuerung" eine absolute Mehrheit hatten. Es fand aber nur eine einzige Sitzung der neuen Bürgerschaft am 28. April statt. Am 14. Oktober 1933 wurde sie formal aufgelöst. Der Senat wurde nun nicht mehr gewählt, sondern die Mitglieder vom Reichsstatthalter ernannt.

Am 6. März 1933, dem Tage nach der Reichstagswahl, versammelten sich viele Menschen auf dem Marktplatz; die bürgerlichen Senatoren gestanden zu, daß die schwarz-weiß-rote Fahne gehißt wurde.

Das Ende der Gewerkschaften und Parteien April – Juli 1933

Die Gewerkschaften mahnten zur „Besonnenheit" und hofften auf diese Weise ihre Unterstützungskassen und ihr Betriebsvermögen zu retten. Doch schon am 18. April 1933 wurde das Volkshaus durch SA vorübergehend besetzt; der Vorwurf der „Korruption" gegen die „Gewerkschaftsbonzen" wurde immer lauter. Die NSBO (Nationalsozialistische Betriebszellenorganisation) drängte nach vorn. Der 1. Mai wurde von der NSDAP als „Tag der Arbeit" festlich begangen, und viele Arbeiter machten mit, in der Hoffnung auf eine bessere Zukunft. Am 2. Mai wurde das Volkshaus erneut besetzt, und die Gewerkschaften wurden nun in die „Deutsche Arbeitsfront" (DAF) eingegliedert. Diese vertrat zwar hier und da durch Betriebsobmänner die Interessen der Belegschaft, war aber eher auf Schlichtung als auf Konflikte ausgerichtet. Im November 1933 wurde innerhalb der DAF die NS-Gemeinschaft „Kraft durch Freude" gegründet, die auf vielseitige Art die Freizeitgestaltung der Arbeitnehmer organisierte. Eine entscheidende Aufgabe sah die DAF in der Schulung ihrer Mitglieder.

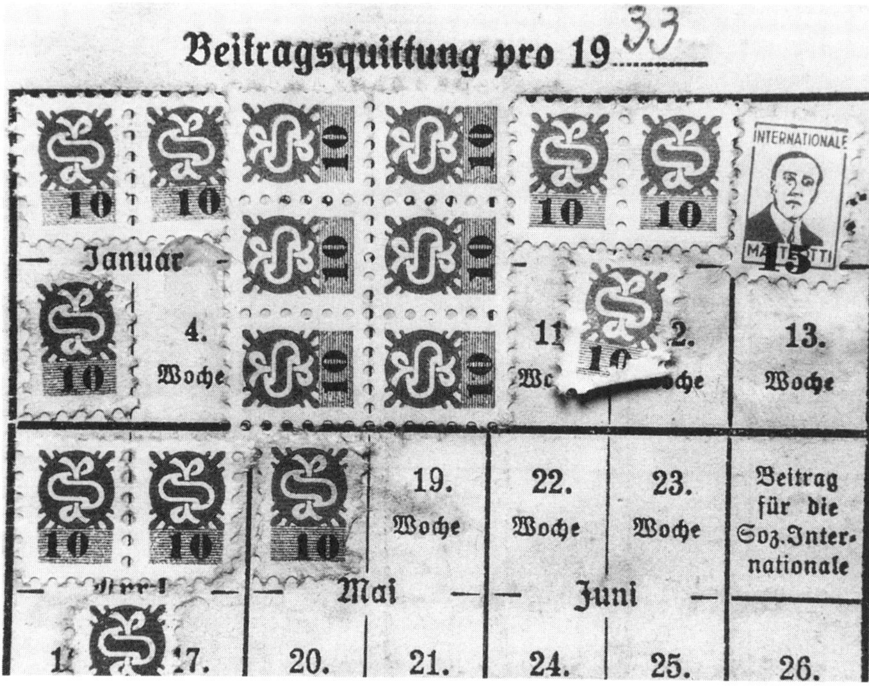

Die letzte Seite eines Bremer SPD-Parteibuches; geklebt wurde bis Anfang Mai 1933.

Am 10. März erschien die letzte Nummer der sozialdemokratischen „Bremer Volkszeitung" und am 18. März wurden Reichsbanner und „Eiserne Front" verboten. Am 12. Mai wurden die Parteizentrale der SPD sowie die Druckerei und Redaktion der „Bremer Volkszeitung" Am Geeren besetzt, am 22. Juni 1933 dann die SPD verboten, nachdem bereits mehrere Funktionäre verhaftet worden waren. Die Tätigkeit der Partei wurde in kleinem Kreise illegal fortgesetzt. Die bürgerlichen Parteien lösten sich selber auf (DVP am 4. Juli, die „Deutschnationale Front" am 27. Juni 1933). Im Juli 1933 wurde die Neubildung politischer Parteien verboten.

Judenboykott am 1. April 1933, „Hilfspolizei" und erste Verfolgungen politischer Gegner

Entscheidendes Staatsorgan für Bremen wurde Carl Röver, der Reichsstatthalter für Oldenburg und Bremen, der zugleich NS-Gauleiter war. Dieser suchte alle Selbständigkeitsgelüste von Bürgermeister und Senat zu unterdrücken und hielt am 13. Mai seinen pompösen Einzug in die Stadt. Seit dem

1. Oktober 1933 war der Senat auch kein Kollegialorgan mehr, denn der „Regierende Bürgermeister“ übernahm die Weisungsbefugnis gegenüber den Senatoren.

Inzwischen erlebte die Verfolgung politischer Gegner und der Juden einen ersten Höhepunkt. In der Stadt lebten 1933 etwa 1300 Glaubensjuden; soziologisch gehörten sie der kaufmännischen und akademischen Mittelschicht, aber auch der Gruppe der Kleinhändler und Rentner an. Am 1. April 1933 gab es einen ersten Judenboykott, bei dem Judengeschäfte besonders gekennzeichnet und angeprangert wurden. Die Maßnahmen wurden aus Rücksicht auf das Ausland sehr bald abgebrochen. Manche Juden bekundeten Wohlverhalten und beurteilten ihre eigene Lage viel zu optimistisch. Ende April wurde der Staatsdienst und der Beruf des Rechtsanwalts für sie gesperrt; nur für ältere Rechtsanwälte und Kriegsteilnehmer machte man zunächst Ausnahmen.

Aus politischen Gründen wurden einige Personen schon im März 1933 aus dem Staatsdienst entfernt, vor allem Kommunisten und aktive Sozialdemokraten. Im ganzen waren es etwa 170 Entlassungen wegen politischer „Unzuverlässigkeit“ und wegen „nichtarischer“ Abstammung. Hinzu kamen etwa 160 Versetzungen in den Ruhestand wegen „Verwaltungsvereinfachung“. Im Juli 1933 wurden alle Staatsdiener zum Hitlergruß verpflichtet, eine intensive politische Schulung setzte ein, und Ernennungen und Beförderungen wurden vom politischen Wohlverhalten abhängig gemacht.

Eine besondere Stellung hatte die Polizei, die durch die „Hilfspolizei“ der nationalen Verbände verstärkt wurde. Der „Polizeiherr“, Senator Laue, war ein Nationalsozialist mit eigenen Rechtsvorstellungen und immer bemüht, seine politischen Gegner zu „bekehren“. Er entließ den militärisch ausgerichteten Kommandeur der Schutzpolizei, Oberst Caspari; am 1. Juli 1934 wurde dann die Polizei reichseinheitlich neu organisiert.

Die KPD war zunächst im „Widerstand“ recht aktiv, beschränkte ihre Tätigkeit jedoch auf kleine Kader. Ein großer Teil der Funktionäre war ohnehin in Haft oder hatte Bremen verlassen. Die SPD, die an sich nicht auf illegale Arbeit eingestellt war, verteilte nun auch heimlich Zeitungen und Flugblätter, führte aber auch Geldsammlungen durch und versuchte die Organisation zu halten. Die Verhaftungen von Kommunisten und auch einigen Sozialdemokraten wurden zunächst durchweg unter der Bezeichnung „Schutzhaft“ vollzogen.

Appell im KZ Mißler; Foto in der kommunistischen Zeitschrift „Tribüne der Demokratie" 1956.

KZ Mißler, „Verhöre" der SA, Gestapo, politische Prozesse, 1933–35

Die Häftlinge kamen ins Untersuchungsgefängnis, dann seit dem 1. April 1933 ins Konzentrationslager in den Mißlerhallen an der Walsroder Straße (Findorff), wo sie der SA-Hilfspolizei ausgeliefert waren. Es waren etwa 200 Häftlinge, die militärischem Zwang ausgesetzt und zum Teil schwer mißhandelt wurden. Polizeisenator Laue griff ein und ersetzte die SA-Wachmannschaft durch SS; doch besserten sich die Verhältnisse nicht wesentlich. Das KZ Mißler wurde am 11. September 1933 aufgelöst und Lager auf einem Kahn beim Ochtumsand und im Marinefort Langlütjensand II bei Bremerhaven eingerichtet. Bis Mai 1934 wurden auch diese Lager aufgelöst. Zugleich unterzog die SA im Gosselhaus am Buntentorsteinweg (ehemals „Rotes Haus" der KPD) mehrere politische Gegner einem „verschärften Verhör" mit schweren Mißhandlungen.

Nachdem zunächst die Polizei und die Hilfspolizei die politischen Gegner bekämpft hatten, übernahm in zunehmendem Maße die Geheime Staatspolizei (Gestapo) diese Aufgabe. Diese ging aus der Zentralpolizeistelle, einer Nachrichtenstelle der Polizeidirektion, hervor. Die Umbenennung in „Gestapo" erfolgte am 16. Juni 1933. Im Sommer 1933 wurde der Leiter der Bremer Gestapo in politische Intrigen verwickelt; seither war ein altgedienter Polizeihauptmann an der Spitze, der die schlimmsten Auswüchse zu bremsen versuchte. Dennoch war die Dienststelle äußerst aktiv bei der Verfolgung politischer Gegner. Ende 1933 wurde der Reichsführer der SS, Himmler, formal Kommandeur der politischen Polizei in Bremen.

Die großen politischen Prozesse fanden nicht vor einem Bremer Gericht statt, sondern vor dem Sondergericht des Oberlandesgerichts Hamburg, das freilich gelegentlich in Bremen tagte, und vor allem vor dem Volksgerichtshof in Berlin. Noch waren beide Gerichte bei der Verhängung von Strafen – verglichen mit der Blutjustiz der späteren Kriegszeit – verhältnismäßig milde, wenn auch gelegentlich Zuchthausstrafen verhängt wurden, deren Höhe abschreckend wirken sollte. Oft kamen die Verurteilten in Zuchthausaußenlager, in denen sie zu schwerer körperlicher Arbeit gezwungen und brutal mißhandelt wurden.

Die NSDAP und ihre Organisation 1933–34

Die Parteiorganisation durchdrang nach und nach den gesamten Staat. Schon seit 1930 hatten sich zahlreiche Personen aller Schichten um eine Mitgliedschaft beworben, weil sie in der Partei den künftigen Verteiler von „Posten" sahen, und nach der Machtergreifung gehörte der Parteieintritt zur Karriereförderung. Die „alten Kämpfer" kritisierten diese Entwicklung, weil sie sich oft von Aufsteigern überholt sahen.

NS-Gau-Hauptstadt war Oldenburg; Gauleiter Röver war ein machtbewußter Demagoge und immer bestrebt, Bremen unter seine Gauleitung und Reichsstatthalterschaft zu zwingen. Die Kreisleitung mit verschiedenen „Ämtern" unterstand seit dem 11. März 1933 dem jungen und ehrgeizigen Paul Wegener, einem Arztsohn aus Varel (Oldenburg). Er war vorher in Bremen SA-Standartenführer gewesen und ging 1934 in die Parteizentrale. Er erhielt im beschränkten und aufgeblasenen Bernhard Blanke einen Nachfolger, der dem Gauleiter hörig war. Der Kreis hatte Ende 1933 18 Ortsgruppen, 1934 waren es 29. Die Partei hatte eine Fülle von Nebenorganisationen, die mit ihren Amtswaltern im Kreis und in den Ortsgruppen vertreten waren. Zellen- und Blockwarte vervollständigten das Bild, ganz zu schweigen von den vielen Parteivertretern in Ämtern und Betrieben.

Zwei Organisationen müssen besonders genannt werden, da sie eine beherrschende Rolle spielten: SA und SS. Die SA-Gruppe Nordsee mit mehreren Brigaden, Reiter- und Marine-SA unterstand dem Gruppenführer Freiherr Wilhelm von Schorlemer, einem machtbewußten Führer, der eine Rolle im Staat spielen wollte und dabei in Konflikt mit dem Polizeiherrn, Senator Laue, geriet. Die SA inszenierte den ersten Juden-Boykott und erhob Ansprüche auf einflußreiche Staatsposten; sie beherrschte auch die Hilfspolizei. Schließlich forderte von Schorlemer die Absetzung Senator Laues; die Lage spitzte sich im Mai/Juni 1934 zu. Da wurde der Stabschef der SA, Röhm, und einige hohe SA-Führer am 30. Juni 1934 erschossen. Der Berliner SA-Führer Ernst, der sich auf seiner Hochzeitsreise in Hillmanns Hotel aufhielt, wurde von der Gestapo verhaftet, im Flugzeug nach Berlin gebracht und dort sogleich erschossen. Gruppenführer von Schorlemer, der auch auf der „Abschußliste" stand, konnte sich der Verhaftung entziehen.

Die SS war eine rücksichtslose und absoluten Gehorsam fordernde Gliederung, die sich von der SA löste und bald entscheidenden Einfluß auf die Polizei unter Einschluß der Gestapo ausübte. Schließlich waren einige wichtige Bremer Senatoren ebenfalls SS-Führer. Nach dem „Röhm-Putsch" wurde der Sicherheitsdienst (SD) als Nachrichten- und Abwehrdienst ein Anhängsel der SS.

Für die Eingliederung der Jugend in den neuen Staat spielte die Hitlerjugend (HJ) die entscheidende Rolle. Angegliedert waren das Deutsche Jungvolk (DJ) für die 10- bis 14jährigen sowie der BDM für die 14- bis 18jährigen und die Jungmädel (JM) für die 10- bis 14jährigen Mädel. Die Hitlerjugend trat bei verschiedenen Parteiveranstaltungen auf und hielt sich für eine Art Interessenvertretung der Jugendlichen gegenüber der Schule und in der Öffentlichkeit.

Gauleiter Carl Röver wird in Bremen empfangen und schreitet die Ehrenkompanie vor dem Rathaus ab, am 13. Mai 1933. Links Bürgermeister Dr. Markert.

Bürgermeister Markert versucht, Bremen vom Reichsstatthalter zu lösen; sein Sturz am 23. Oktober 1934

Der neue Staat veränderte auch in Bremen manches: Bremen blieb zwar formal noch als Land erhalten; der Senat war aber in seinen Kompetenzen durch den Reichsstatthalter eingeengt. Überhaupt drängten Reichsgesetze und -verordnungen die Rechte des Landes immer mehr zurück. Bremen versuchte sich bei Hitler beliebt zu machen, indem es ihn am 20. März 1933 zum Ehrenbürger machte. Die Zahl der Senatoren wurde auf sechs verringert. Der „Regierende Bürgermeister" war der „Führer" des Senats; die höheren Beamten wurden nur teilweise ausgewechselt. Manche tüchtige Fachleute waren bereit sich anzupassen und blieben im Amt. Das Deputationswesen verschwand.

In der Reichsstatthalterfrage gab es manchen Streit. In Bremen favorisierte man sehr zum Ärger Rövers schließlich einen Reichsgau Bremen, zu dem nicht nur die Stadt mit ihrer engeren Umgebung, sondern auch das preußische Gebiet nördlich der Lesum, Delmenhorst und Bremerhaven-Wesermünde gehören sollten. Das führte zu Haßgefühlen zwischen Bürgermeister Markert und Röver, die am 23. Oktober 1934 zum spektakulären Sturz des Bürgermeisters führten. Röver ernannte den unfähigen und gefügigen Otto Heider, einen Elektroingenieur, zum Nachfolger Dr. Markerts.

NS-Wirtschafts- und -Sozialpolitik 1933–34

Die Hauptaufgabe der neuen Machthaber war neben einer Entmachtung der politischen Gegner und einer Gleichschaltung aller Verwaltungszweige der Kampf gegen die Wirtschaftskrise. Die NSDAP hatte die Autarkie Deutschlands zu einem wichtigen Programmpunkt gemacht; das ließ für den Bremer Außenhandel Schlimmes befürchten. Insofern war die Begrüßung der Machtergreifung durch die Vertreter der bremischen Wirtschaft unehrlich. Am 18. Juli 1933 wurde die Landesbank (Staatsbank) gegründet, für die der bremische Staat haftete und die Aufgaben gesamtwirtschaftlicher Art erfüllen sollte.

Der Außenhandel war durch die Devisenbewirtschaftung behindert, doch besserte sich der Handel mit ost- und südeuropäischen Ländern. Die erwarteten Maßnahmen gegen Konzerne, Konsumgenossenschaften und Warenhäuser blieben aus – sehr zum Ärger des gewerblichen Mittelstandes.

Der Staat tat einiges, um die Wirtschaft von Konflikten freizuhalten. Dabei bot sich vor allem die Deutsche Arbeitsfront an, die am 2. Mai die Gewerkschaften übernommen hatte.

Die Stadt profitierte von Arbeitsbeschaffungsmaßnahmen, die zwar mit Krediten finanziert, die aber dann auch von einer Gesundung der Binnenwirtschaft gestützt wurden. Dazu gehörte der Bau der Reichsautobahn, von Eigenheimen, der Hafenbau und Flußregulierungen. Im Juni 1934 gab es mit der „Braunen Hansamesse" auf der Bürgerweide eine Leistungsschau der bremischen Wirtschaft. Der Rückgang der Arbeitslosigkeit wurde vor allem durch eine Stärkung der Binnenwirtschaft, die Steigerung der Staatsverschuldung und niedrige Löhne sowie das Fehlen von Streiks bewirkt. Später kam die Rüstung mit einer noch höheren Staatsverschuldung hinzu.

Auf sozialem Gebiet hatte der „neue Staat" zunächst noch mit großen Schwierigkeiten zu kämpfen; dabei übte er einen Zwang zur Arbeit aus, der die Unkosten für Sozialhilfe minderte. Im Teufelsmoor richtete Bremen im Mai 1934 ein Arbeitslager ein. Besondere Fürsorge aber galt kinderreichen Familien, jungen Ehen und der Kindererholung. Immer noch herrschte jedoch große Wohnungsnot.

Wichtig waren die Verhältnisse in den großen Betrieben: Hier gab es nun Führer und Gefolgschaft, die gemeinsam das vorgeschriebene Soll zu erfüllen hatten. Die Wirtschaft wurde „durchorganisiert", doch die Kompetenzen mehrerer Instanzen überschnitten sich. Niemand durchschaute sie, aber jeder schlaue Wirtschaftler versuchte, sich mit eigenen Vorstellungen durchzuschlängeln, und er wußte auch, wer wichtig und wer nur ein wortreicher Blender war. Die Eigendynamik der Wirtschaft war stark genug, um sehr bald auf vielen Gebieten eine Besserung zu bewirken, die durch ein Abflauen der Weltwirtschaftskrise begünstigt wurde.

Der Seeschiffsverkehr und der Handel mit traditionellen Gütern wie Baumwolle, Wolle und Tabak stagnierten. Deutsche Erzeugnisse, auch Ersatzstoffe, gewannen an Bedeutung. Im Rahmen der Lebensmittelversorgung wurde die deutsche Landwirtschaft stark gefördert. Der Kaffee wurde vielfach durch Ersatz verdrängt, der Teekonsum ging zurück; bei Wein und Spirituosen spielte die deutsche Erzeugung eine wachsende Rolle. Reedereien und Schiffbau blieben zunächst noch in einer schwierigen Lage. Der Luftverkehr genoß die Förderung der neuen Machthaber; die ebenfalls geförderte Motorisierung begünstigte die Kraftwagenindustrie, vor allem die Goliath- und die Hansa-Lloyd-Werke Borgwards. Der Baumarkt besserte sich langsam; seit 1934 begann eine Blüte des Siedlungsbaus.

Kultur und Kunst passen sich an, 1933–35

Der kulturelle Sektor wurde sehr bald von der Partei dirigiert. Am deutlichsten wurde das bei der Presse: Die „Bremer Nationalsozialistische Zeitung", die die Maschinen und Gebäude des ehemaligen SPD-Organs „Bremer Volkszeitung" übernommen hatte, bestand fort und nannte sich seit dem 1. November 1933 „Bremer Zeitung". Die erfolgreichen, bisher rechtsliberalen „Bremer Nachrichten" der Brüder Schünemann waren zunächst manchen Angriffen der NSDAP ausgesetzt.

Ein besonders bevorzugtes Feld des NS-Einflusses war das Schulwesen. An entscheidenden Stellen der Unterrichtsverwaltung und in manchen Schulleitungen wurden mehr oder weniger stramme Nationalsozialisten eingesetzt. Doch Senator Dr. von Hoff war trotz seiner rassistischen Einstellung für eine bedächtige Entwicklung und geriet dadurch in einen Gegensatz zum „Nationalsozialistischen Lehrerbund" (NSLB).

Die Versuchsschulen wurden nun zu normalen Volksschulen, einige kommunistische und sozialdemokratische Lehrer entlassen; der Lehrerverein wurde gleichgeschaltet und die Lehrerschaft mußte an Schulungskursen und -lagern teilnehmen. Neue Lehrbücher wurden eingeführt, Rassenkunde und Vererbungslehre waren wichtige Unterrichtsgegenstände. Die HJ beanspruchte die Mitgestaltung des Schulwesens; doch wurde dieses auf unterschiedliche Weise vom NS-Geist durchdrungen: am wenigsten in der Volksschule, am meisten in einigen Höheren Schulen, vor allem dort, wo Schulleitung und einzelne einflußreiche Lehrer der NSDAP positiv gegenüberstanden.

Einweihung des Ehrenmals für die Gefallenen des Ersten Weltkrieges auf der Altmannshöhe am 13. Oktober 1935. Die „Ringmauer" enthielt etwa 10000 Namenssteine.

Theater und Konzertwesen wurden in die NS-Kulturpolitik einbezogen, auch von der Partei gegängelt und überwacht. Die Reichskulturkammer gab manche Richtlinien heraus. Im Stadttheater, das seit dem 22. August 1933 „Staatstheater" hieß, wuchs die Zahl der deutschen Heldenstücke, im privaten Schauspielhaus gab es Verbote. Vorwiegend aber wurde weiterhin bewährtes gutes Theater geboten. Das Staatsorchester und der Domchor waren politisch nicht anfällig und konnten ungestört weiterarbeiten.

Die Nationalsozialisten waren an sich Förderer nationaler Denkmale; in Bremen blieben sie eher zurückhaltend. Das einzige größere Monument dieser Zeit war das Gefallenen-Ehrenmal auf der Altmannshöhe. Einige Plastiken aber wurden zerstört, vor allem Hoetgers Denkmal für die gefallenen Kämpfer der Räterepublik und die Leidensfiguren am Volkshaus an der Nordstraße. Der Kunstverein erhielt 1934 einen relativ besonnenen Vorsitzenden, und der Leiter der Kunsthalle, Emil Waldmann, ein Freund des Impressionismus, blieb trotz mancher Anfeindungen im Amt, konnte aber dann die Entfernung der „entarteten Kunst" nicht vermeiden. Die Kunstgewerbeschule wurde 1934 zur „Nordischen Kunsthochschule" aufgewertet, deren Leitung Fritz Mackensen in Worpswede übernahm. Man erhoffte sich eine Förderung „nationalsozialistischer" und bodenständiger Kunst. Es wurden auch einige tüchtige Künstler wie Gorsemann, Müller-Scheeßel, Schultz-Walbaum usw. gewonnen. Dann holte man sich als neuen Leiter den Schwiegervater von Rudolf Heß, „Stellvertreter des Führers", den Kunstmaler Karl Horn; Fritz Mackensen schied nun im Zorn aus der Schule.

Auch das „Städtische Museum für Natur-, Völker- und Handelskunde" am Bahnhofsplatz wurde „staatlich" und erhielt in Carl Friedrich Roewer, einem NS-Studienrat und Spinnenspezialisten, einen neuen Leiter. Beim Focke-Museum blieb der bewährte Ernst Grohne im Amt.

Die „Bremer Wissenschaftliche Gesellschaft" erhielt im Staatsarchivleiter Hermann Entholt einen Präsidenten, der nicht einmal der Partei angehörte; die Politisierung hielt sich in engen Grenzen, ebenso in der Historischen Gesellschaft, deren „Vereinsführer" ebenfalls Hermann Entholt blieb. Ludwig Roselius kam mit seinem „Norddeutschen Thing" und dem „Väterkunde-Museum" in schwärmerischer Weise dem neuen Geist entgegen. Doch die Hauptsorge des Kaffee-Kaufmanns galt der Böttcherstraße, dessen Hoetger-Seite von Hitler persönlich zum Beispiel für entartete Kunst gestempelt wurde.

In den Bibliotheken fand eine „Säuberung" von „marxistischer" Literatur statt. Der Direktor der Stadt- bzw. Staatsbibliothek, Hinrich Knittermeyer, war ein gelehrter Philosoph, der zwar die „neue Zeit" begrüßte, aber das hohe Niveau seiner Bibliothek zu halten verstand. Die Volkshochschule ging in das von der DAF betreute „Deutsche Volksbildungswerk" auf, das vor allem weltanschauliche Schulung betrieb.

Die Deutschen Christen und Landesbischof Weidemann 1933–34

Turbulenzen gab es in der evangelischen Kirche, deren Gemeinden selbständig gewesen waren. Hier waren es die „Deutschen Christen" unter Dompastor Heinz Weidemann, die die Kirche an den NS-Geist anpassen wollten: Die Bibel sollte „entjudet" und das Führerprinzip in die Kirche eingeführt werden. Es bildete sich aber eine starke Opposition von Pastoren und Laien, deren konsequenter Kern die „Bekennende Kirche" wurde. Senator Heider, ein völlig unchristlicher Mann, griff im Sommer 1933 als Senatskommissar diktatorisch ein, verhinderte demokratische Kirchenausschußwahlen und ließ sich zum Kirchenpräsidenten wählen. Auch sorgte er für eine Eingliederung in die Reichskirche. Einige Bremer Gemeinden protestierten, aber am 27. Januar 1934 wurde der ehrgeizige Pastor Weidemann zum „Landesbischof" ernannt, nachdem der Kirchentag aufgelöst worden war. Er gebährdete sich in abstoßender Weise als „Führer", doch alle seine NS-Bekenntnisse verschafften ihm keine allgemeine Anerkennung, auch nicht bei der Partei.

Die katholische Kirche behielt ihre Sonderstellung, die zunächst durch das Reichskonkordat vom 22. Juli 1933 gedeckt schien. Auf Nebengebieten war sie zur Anpassung bereit, im Bereich der katholischen Schulen aber gab es Versuche, diese über die staatliche Unterstützung zu kontrollieren. Es ist keine Frage, daß die katholische Gemeinde in allen grundsätzlichen Fragen geschlossen hinter ihrem Bremer Dechanten Hardinghaus stand.

Das „Dritte Reich" auf dem Höhepunkt – Die Aufrüstung beginnt, 1935–38

Man kann sagen, daß die Entwicklung bis 1934 zu einem gewissen Abschluß kam. Die Gleichschaltung war auf allen Gebieten mehr oder weniger vollzogen; es zeigte sich kein Widerstand, der dem Staat gefährlich werden konnte; wahrscheinlich begrüßte der größte Teil der Bürger die neue Entwicklung, ohne darüber nachzudenken oder gar zu ahnen, was noch kommen würde. Nur wenige trauerten der Vergangenheit nach. Die Mehrheit sah auch über die Rechtsbrüche hinweg („wo gehobelt wird, fallen Späne") und bedachte nicht, welche Gefahren in einer konsequenten Verwirklichung der NS-Politik in der Zukunft lagen.

Einstweilen begrüßte die Mehrheit die Besserung der wirtschaftlichen Verhältnisse, vor allem den Rückgang der Arbeitslosigkeit. Es ergibt sich ein zwiespältiges Bild. Bis 1935 kann man eine Stärkung des Binnenmarktes und eine sehr hohe Staatsverschuldung beobachten; ab 1935 führte die Rüstung, die allgemeine Wehrpflicht und die Reichsarbeitsdienstpflicht sehr bald zu einem Arbeitskräftemangel; auch nahm die Zahl der Beschäftigten erheblich zu, und die Löhne, insbesondere die der Facharbeiter, stiegen zum Teil erheblich. Das führte zu einem Konsumschub, dem ein Mangel auf vielen Gebieten des täglichen Bedarfs entgegenstand. Der Außenhandel besserte sich mit dem Abflauen der Weltwirtschaftskrise; doch die immer noch knappen Devisen wurden weitgehend dazu verwandt, Rohstoffe für die Rüstung zu beschaffen. Die planwirtschaftliche Steuerung nahm erheblich zu, die Inflation versuchte man mit Preisvorschriften zu dämpfen. Nach und nach behinderte auch die feindselige Haltung im Ausland den Außenhandel, jedoch nicht in bedrohlichem Ausmaß. Im Mai/Juni 1938 versuchte die Stadt, durch die Ausstellung „Bremen – Schlüssel zur Welt“ ihre wirtschaftliche Bedeutung unter Beweis zu stellen. Die bremischen Häfen waren recht gut ausgelastet und wurden mit geringen Mitteln modernisiert. Der Hafenbetriebsverein war der Träger des Gesamthafenbetriebes. Der Import von Baumwolle wurde zunehmend durch den Einsatz deutscher Zellulose geschmälert; der Wollimport nahm ebenfalls ab, denn deutsche Wolle gewann an Bedeutung. Ähnlich war es beim Tabak. Bei den Zigaretten wurden die billigen Sorten bevorzugt. Die Kaffeeröstereien waren gut beschäftigt. Der Getreideimport ging zurück, da die deutsche Landwirdschaft gute Ernten erzielte. Die Mühlenbetriebe wurden in die deutsche Planwirtschaft eingeordnet, Öle und Fette kontingentiert. Die Fischerei und die Fischereiindustrie nahmen einen beachtlichen Aufschwung. Überall war der Import freilich von Devisen abhängig. Wo deutsche Waren und Ersatzstoffe bereitstanden, ging er zurück; wo Kompensierungsgeschäfte möglich waren, stieg der Import zum Teil erheblich.

Der Flugplatz im Neuenlander Feld wurde modernisiert und erhielt 1935 ein neues Abfertigungsgebäude. Der Focke-Wulf-Flugzeugbau, dessen tech-

Die AG-„Weser“-Werft, die für die Kriegsmarine arbeitet, hatte Konjunktur. Foto um 1933.

nische Leitung Kurt Tank übernahm, baute zahlreiche gute Flugzeuge, u. a. das Verkehrsflugzeug „Condor“. 1934 gründete die Deschimag (AG „Weser“) die „Weser-Flugzeugbau-Gesellschaft“, die zunächst nur Flugzeugteile für andere Firmen, seit 1936 auch ganze Flugzeuge baute. Der Kraftfahrzeugbau expandierte erheblich, am spektakulärsten die Borgwardwerke. Die Werften waren seit 1935 gut beschäftigt, doch litten sie zunächst unter einem Mangel an Material und Facharbeitern.

Flugzeug- und Kraftfahrzeugbau sowie die Werften wurden immer mehr in die Aufrüstung einbezogen und dann auch bevorzugt mit Material und Arbeitern versorgt. Die Bauindustrie lief auf Hochtouren, denn die Industriebetriebe wurden erweitert, Kasernen und Arbeitersiedlungen gebaut. Im Handwerk ging es jenen Betrieben am besten, die der Rüstungsindustrie zulieferten. Die Konsumgüterindustrie wurde immer mehr vernachlässigt.

NS-Sozialpolitik vor dem Kriege, 1935–39

Die Organisation in den Betrieben wurde weiter ausgebaut. Die DAF hatte mit Betriebsfeiern, Kulturveranstaltungen und politischer Bildung ihren festen Platz. Angeschlossen war die NS-Gemeinschaft „Kraft durch Freude“, die Reinhold-Muchow-Schule, das Heimstättenwerk „Haus und Heim“, die Organisation „Schönheit der Arbeit“ usw. Auch gab es DAF-Straßenzellen. Es wurde viel über aufgeblasene DAF-Funktionäre gelästert, jedoch die Mehrzahl der Arbeitnehmer erkannte die Arbeit der Organisation durchaus an. Die Betriebsführer mußten mit dem großen Einfluß der DAF rechnen. Sie organisierte in Betrieben auch Kantinen, Berufswettbewerbe, zeichnete Unternehmen als Musterbetriebe und mit dem Gaudiplom aus; sie organisierte 1935 auch eine Arbeitskammer, die in sozialpolitischen Fragen beraten sollte.

Es stellt sich nun die Frage, wie die sozialen Verhältnisse der Bevölkerung Bremens vor dem Zweiten Weltkrieg waren. Es ist unbestritten, daß die Arbeitslosigkeit bis 1938, als die Aufrüstung bereits in vollem Gange war, zu einer unbedeutenden Größe (etwa 3000 im Lande Bremen) schrumpfte. Der Kaufwert der Löhne sank im allgemeinen. Nur bei den Facharbeitern in der Industrie und bei den Bauarbeitern stieg er. Es wurden ferner in einigen Bereichen viele (bezahlte) Überstunden geleistet. Durchweg hatte sich die Lage der Arbeitnehmer seit 1933, als enorme Arbeitslosigkeit herrschte, wesentlich verbessert.

Es blieb freilich ein Bestand an Wohlfahrts- und Fürsorgeempfängern. Aus ihm versuchte die Behörde für Wohlfahrt und Versorgungswesen jene auszusondern, die im Arbeitsprozeß einzusetzen waren. Sie wurden zwangsweise in weitgehend staatlich finanzierten Arbeitsunternehmen im Straßen-, Deich- und Kanalbau, bei Flußregulierungen, Moorkultivierung usw. einge-

Bevölkerungspolitik im Dritten Reich: Wagen mit Mutter und Kind als Werbung für das Ehestandsdarlehen im Umzug am „Tag der Arbeit", 1. Mai 1934.

setzt. Andere mußten am Buntentor in Arbeitsstätten ihre Unterstützung „abarbeiten". Der Lohn war niedrig und entsprach dem geringen Nutzen der Arbeit. Das Ziel war, niemanden zu unterstützen, der arbeiten konnte. Die Behandlung jenes Personenkreises aber, der dazu nicht in der Lage war, bildete ein besonderes Problem. Bei zahlreichen „Pflegeamtsfällen" wurde die Zwangssterilisation durchgeführt, eine Unterbringung in Landespflegestellen und städtischen Pflegeheimen angeordnet. Sie wurden mit verhältnismäßig geringen Mitteln unterhalten.

Die Art des Umgangs mit Bedürftigen wurde nach 1945 heftig kritisiert; Maßnahmen, die auf die planmäßige Vernichtung Behinderter und Kranker hinausliefen, wurden für die Zeit vor 1939 nicht nachgewiesen. Dennoch läßt sich manche Maßnahme nicht mit unseren Rechtsvorstellungen vereinbaren. Dabei spielt das Gesetz zur Verhütung erbkranken Nachwuchses vom 14. Juli 1933 eine entscheidende Rolle. Es gab bei seiner Anwendung (Zwangssterilisation) Mißbrauch und ärztliche Fehlleistungen.

Für Empfänger von Niedriglöhnen und Fürsorgeunterstützung blieb das Wohnungsproblem von entscheidender Bedeutung. Der Klein-Wohnungsbau wurde staatlich gefördert, 1939 auch ein „Familienasyl" eingerichtet. Außerdem wurden für „Gefolgschaftsmitglieder" von großen Rüstungsbetrieben Siedlungen gebaut.

Ein großer Teil der Sozialarbeit lag in der Hand von Parteiorganisationen, etwa der NS-Volkswohlfahrt (NSV), die u. a. auch Volksküchen, Versorgungsstellen für „Mutter und Kind", das Winterhilfswerk sowie die Kinderlandverschickung organisierten.

Der Sturz des Bürgermeisters Heider, die Ernennung SA-Gruppenführers Böhmckers zu seinem Nachfolger, 1937

Im großen und ganzen wurde die bremische Verwaltung ihrer durchaus schwierigen, von zahlreichen Verordnungen geprägten Arbeit gerecht; daran änderten auch einige unfähige NS-Senatoren und Karrieristen nichts. Ein geradezu abstoßendes Bild lieferten die Bürgermeister dieser Zeit. Schon der erste NS-Bürgermeister, Dr. Markert, war einem Streit mit Gauleiter Röver zum Opfer gefallen. Der zweite, Otto Heider, war völlig unfähig, wurde aber von der SS gestützt. Es gab jedoch einflußreiche Personen, darunter Senator Laue, die ihn loswerden wollten. Den Anlaß zum Sturz lieferten dann Vorgänge, die auch bei heutigen Politikern Diskussionen in den Medien auslösen: Heider nahm es mit Reisekostenabrechnungen nicht so genau; vor allem aber verwandte er Gelder einer Stiftung, die er verwaltete, zweckentfremdet

NS-Größen aus Anlaß der Gebietsreform in Bremen am 1. November 1939. Von links nach rechts: Gauleiter Röver, Bürgermeister Böhmcker, Stellvertretender Gauleiter Joel.

für Parteispenden und Geschenke. Es wurde gespottet, daß er keine „silbernen Löffel geklaut habe" oder daß man im Bremer Wappen den Schlüssel durch einen silbernen Löffel ersetzen solle. Heider wurde am 22. Juni 1937 entlassen. Er hatte vor allem die SA gegen sich gehabt; die SS aber ließ ihn nicht fallen und ermöglichte ihm eine Karriere in ihren Reihen.

Nachfolger wurde der SA-Gruppenführer Johann Heinrich Böhmcker, der gerade sein Amt als Regierungspräsident von Eutin verloren hatte. Er stammte aus einer holsteinischen Bauernfamilie und war Rechtsanwalt in Eutin. In der SA betätigte er sich als Schläger („Lattenheini") und war in jeder Beziehung kein Kostverächter, dessen Eskapaden Anlaß zum Gespött und für staatsanwaltliche Ermittlungen gaben. Senator Laue hatte über seinen abstoßenden Lebenswandel Material gesammelt; aber Gauleiter Röver, der selbst kein Mann guter Manieren war, setzte seine Ernennung zum Bürgermeister durch. Röver sollte aber Böhmckers Ernennung sehr bald bereuen. Dieser war nicht nur ein zügelloser Mensch, sondern auch ein machtbewußter SA-Führer mit den Allüren eines Landesfürsten, der sich dem Gauleiter und Reichsstatthalter nicht unterordnete. Es ist auch unbestritten, daß er tüchtige Verwaltungsfachleute stützte, die bremische Interessen gegen Röver vertraten.

Der Einfluß der NSDAP und ihrer Gliederungen 1937–39

Die Partei, die in der Kreisleitung an der Hollerallee einen großen Apparat unterhielt, in Ortsgruppen, Zellen und Blocks die ganze Stadt zu erfassen schien, war von den großen Entscheidungen ausgeschlossen und wurde zunehmend auf Propaganda, Schulung und Fragen des Alltags beschränkt. Sie organisierte zahlreiche Veranstaltungen, kontrollierte auch das Wohlverhalten der Bevölkerung, besonders der Staatsdiener, schrieb Stimmungs- und Lageberichte, auch Denunziationen. Ihr standen dafür zahlreiche Unterorganisationen wie die NSV (Nationalsozialistische Volkswohlfahrt), DAF usw. zur Verfügung.

In der SA blieb Gruppenführer Böhmcker der starke Mann. Zu seinen vielen Sünden gehört es, daß er den „schlagkräftigen" SA-Geist unterstützte, auch Führer duldete und förderte, die – wie er selbst-rüpelhafte Landsknechtstypen waren. Die SA hatte in Bremen mehrere Brigaden, auch Reiterabteilungen und Teile des Fliegerkorps (NSFK). Das Nationalsozialistische Kraftfahrerkorps (NSKK) war selbständig.

Die SS aber entzog sich dem Einfluß Böhmckers, und der Bremer SS-Abschnitt XIV war streng diszipliniert und hatte häufig wechselnde Führer. Sie hatte in der Wirtschaft einen einflußreichen Förderkreis und beherrschte auch den SD (Sicherheitsdienst), eine Sammelstelle politischer Nachrichten. Die

Gestapo, die 1936 ohnehin der bremischen Verwaltung entzogen und dem Reich unterstellt wurde, geriet ganz unter den Einfluß der SS. Ein Konzentrationslager gab es in Bremen in dieser Zeit nicht, daher auch keinen kasernierten SS-Totenkopfverband.

Die HJ mit ihren Gliederungen Deutsches Jungvolk (DJ), Bund Deutscher Mädel (BdM) und Jungmädel (JM) war äußerst aktiv: Sie wirkte bei Veranstaltungen mit, organisierte Ferienlager und versuchte sehr zum Ärger der Lehrer Einfluß in der Schule, besonders der Höheren Schule, zu gewinnen. Es wurde sicher hier und da gute Jugendarbeit geleistet, aber die Jugendlichen waren doch einem militärischen Zwang unterworfen und wurden auch politisiert.

Die Verfolgung politischer Gegner und der Juden – Gestapo und Sondergericht, 1936–39

Wohl das widerwärtigste Kapitel dieser Zeit vollzog sich, ohne daß es von Bremen aus wesentlich beeinflußt werden konnte, aber doch mit Unterstützung der lokalen Partei und ihrer Gliederungen: die Verfolgung und Unterdrückung politischer Gegner und der Juden.

Dabei galt der Leiter der Gestapo, Erwin Schulz, als ein „korrekter" Polizeioffizier, führte das Amt jedoch im Sinne der neuen Machthaber; aber gerade wegen der pflichtbewußten Arbeit war die Verfolgung in Bremen recht gründlich und effektiv. Sie verletzte Recht und Menschenwürde. Die Gestapo wurde 1936 dem Chef der Deutschen Polizei unterstellt und damit der Zuständigkeit des bremischen Innensenators entzogen. Die bremische Gestapo war mit Spitzeln und V-Männern sowie einer reichhaltigen Kartei sehr erfolgreich. Sie war eine fleißige Dienststelle und beobachtete die Kirchen, politische Gegner, Juden, Ausländer, Vereine usw. Sie belieferte die Gerichte mit Material, verhängte oft „Schutzhaft" und überwies Verdächtige ins Konzentrationslager. Dabei handelte es sich nicht nur um politisch unzuverlässige, sondern auch um andere Personen, deren Verhalten nicht den von den Machthabern gesetzten Normen entsprach. Die Gestapo erhielt zahlreiche Denunziationen aus der Bevölkerung und vom Sicherheitsdienst (SD).

Die Gestapo war vor allem für politische „Fälle" zuständig. Die allgemeine öffentliche Sicherheit überwachte weiterhin der Polizeipräsident bzw. die Polizeidirektion mit Kriminalpolizei, Schutzpolizei, die zum Teil kaserniert war, und Ordnungspolizei. Dabei ist zu bedenken, daß auch für diesen Bereich der Reichsführer der SS und Chef der Deutschen Polizei, Heinrich Himmler, oberster Dienstherr war. Seit 1938 war ein SS-Oberführer bremischer Polizeipräsident. Er war ein primitiver, unfähiger Mann, so daß seit

1938 der Kommandeur der Schutzpolizei, Oberst Johannes Schroers, entscheidenden Einfluß gewinnen konnte.

Die politischen Strafprozesse fanden vor dem Volksgerichtshof in Berlin und dem Sondergericht beim Oberlandesgericht Hamburg statt.

Der Widerstand beschränkte sich in dieser Zeit auf einen organisatorischen Zusammenhalt politischer Oppositionsgruppen, auf die Verteilung illegaler Literatur, kritische Äußerungen, Parolen auf Wänden usw. Gewaltsamen Widerstand gab es nicht. Vor allem durch Denunziation wurde manche „politische Straftat" aufgedeckt. So gab es 1934/35 den großen Waldheim-Prozeß gegen Kommunisten und den Prozeß gegen Sozialdemokraten und Reichsbannerleute (Dehnkamp, Hackmack, Osterloh, Anna Stiegler usw.), die mit Zuchthausstrafen endeten. Als besonders schwer angesehene Fälle von „Hoch- und Landesverrat" gingen an den Volksgerichtshof in Berlin. Viele Verurteilte wurden in berüchtigte Zuchthaus-Außenlager im Emsland gebracht, kamen auch nach der Strafverbüßung ins KZ Sachsenhausen.

Der Widerstand der SPD erlahmte nun, die illegale KPD arbeitete mit russischer Unterstützung in begrenztem Umfang weiter. In großen Betrieben gab es kommunistische Zellen. Es erfolgten 1936/37 zahlreiche Verhaftungen und Verurteilungen. Dann aber war seit den außenpolitischen Erfolgen Hitlers 1938 die illegale Tätigkeit fast erloschen, zumal sie keine Resonanz in der Bevölkerung fand.

Besonders spektakulär und verwerflich waren die Übergriffe gegen die Juden in der „Kristallnacht" am 9./10. November 1938, die von der SA organisiert wurde. Die Unterdrückung der Juden hatte sich vor allem seit 1935 gesteigert; die Nürnberger Gesetze entwürdigten sie, auch aus dem Wirtschaftsleben wurden sie völlig ausgeschaltet. Viele Juden emigrierten; soweit sie blieben, gerieten sie in wirtschaftliche Not und sahen sich aus der bürgerlichen Gesellschaft ausgeschlossen. In der „Kristallnacht" wurde die Synagoge in der Gartenstraße verbrannt, jüdische Geschäfte verwüstet und geplündert. In der Neustadt wurden eine Jüdin und ein Jude, in Burgdamm ein angesehenes jüdisches Arztehepaar und in Platjenwerbe ein weiterer Jude erschossen. Die Mörder waren teils primitive, teils fanatische Nazis, die meinten, daß sie einen Befehl „von oben" durchführen müßten. Hauptschuldiger war SA-Gruppenführer Böhmcker, wie auch immer sein telefonischer Befehl aus München gelautet haben mag. Die männlichen Bremer Juden wurden in der „Kristallnacht" zusammengetrieben und vorübergehend ins KZ Sachsenhausen gebracht. Nach ihrer Rückkehr wurde ihnen die Emigration nahegelegt. Einige verließen, von ihrem restlichen Vermögen entblößt, Deutschland, andere blieben, ohne zu ahnen, daß das ihren Tod bedeutete.

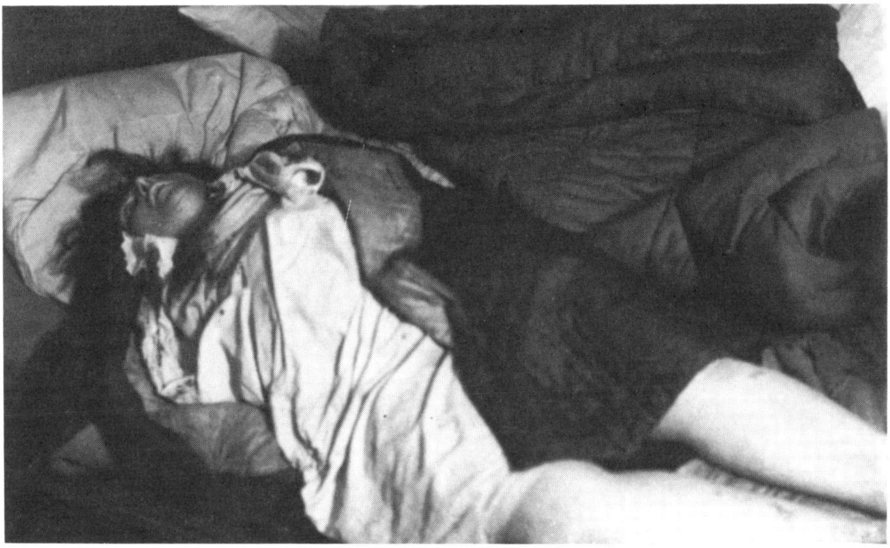

In der „Kristallnacht" von SA-Leuten in Bremen ermordet: Selma Zwienicki, am 10. November 1938.

Bremen und das Reich – Gemeindeordnung und Gebietsneuordnung, 1933–39

Unabhängig von den politischen Turbulenzen in Bremen, die bisweilen auch das Reichsministerium und Hitler beschäftigten, deuteten sich wesentliche Veränderungen in der Stellung Bremens zum Reich an. Durch den Reichsstatthalter war eine Zwischeninstanz eingeschaltet. Der Senat wollte 1934 (wie Hamburg) einen „Reichsgau Bremen" unter einem eigenen Reichsstatthalter; Röver dagegen trat für einen Reichsgau Weser-Ems mit Oldenburg als Hauptstadt ein und setzte sich damit durch.

Gleichzeitig wurde über die deutsche Gemeindeordnung diskutiert, bei der sich für Bremen das Problem ergab, daß der Regierende Bürgermeister und der Senat sowohl für die Stadtgemeinde als auch für das Land (mit Stadt-, Landgebiet sowie die Gemeinden Bremerhaven und Vegesack) zuständig waren. Bremen wollte vor allem die Häfen in Bremerhaven für die Stadtgemeinde Bremen retten. Das gelang 1938.

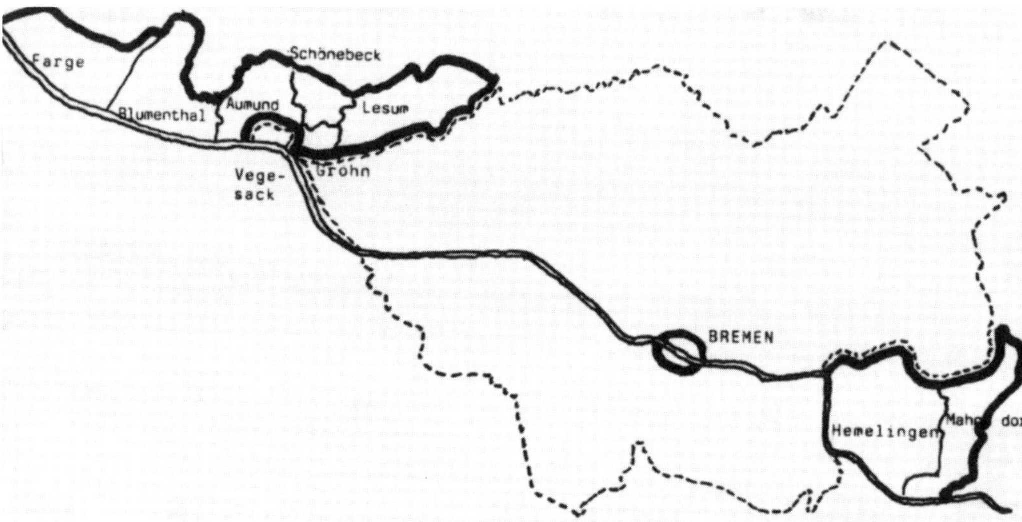

In die Stadt Bremen am 1. November 1939 eingegliederte Gebiete.

Inzwischen hatte sich das Gewicht Bremens verbessert, da der neue Bürgermeister Böhmcker für bremische Interessen eintrat und vor allem den Reichsinnenminister Frick für seine Pläne gewann. Er forderte für den Verlust Bremerhavens als Ausgleich, daß die Gemeinden nördlich der Lesum bis Farge sowie Hemelingen und Mahndorf in die Stadtgemeinde Bremen aufgenommen würden. Alle Möglichkeiten wurden in Denkschriften erörtert. Bremen betonte immer wieder die Zusammengehörigkeit der Gebiete nördlich der Lesum und von Hemelingen-Mahndorf mit der bremischen Wirtschaft, insbesondere auch mit der Rüstungsindustrie.

Am 3. November 1937 kam Minister Frick zu einer Ortsbegehung nach Bremen. Er vertrat eindeutig den Bremer Standpunkt; Hauptgegner war der preußische Ministerpräsident Göring, der aber in dieser Zeit mit anderen Fragen beschäftigt war und überrumpelt wurde. Frick legte seinen Entwurf über die Gebietsneuordnung, die im Sinne Bremens formuliert war, am 30. September 1939 Hitler vor, der auch unterschrieb. Am 1. November trat die Verordnung in Kraft: Bremerhaven wurde mit dem preußischen Wesermünde vereinigt, die Häfen aber kamen zur Stadtgemeinde Bremen; die Gemeinden zwischen der Lesum und Farge sowie Hemelingen und Mahndorf gelangten an die Stadtgemeinde Bremen, ebenso die bereits schon zum Lande Bremen gehörige Gemeinde Vegesack und die Landgemeinden Grambkermoor, Büren und Lesumbrok. Das war eine der wichtigsten Entscheidungen der neueren bremischen Geschichte und brachte eine Abrundung des Wirtschaftsraumes und der Stadtgemeinde Bremen. Die Existenz des Landes Bremen blieb jedoch offen.

Presse, Kino und Kirche unter dem Druck des Staates, 1936–39

Es fragt sich, ob auch die Kultur einen stärkeren politischen Druck ausgeliefert wurde. Bei der Presse war zunächst nicht so sehr die Organisation als vielmehr der Inhalt gleichgeschaltet. Das Parteiorgan „Bremer Zeitung" hatte es weiterhin schwer, sich gegenüber den „Bremer Nachrichten" durchzusetzen. Diese ehemals liberale Zeitung hatte eine zeitgemäße Wendung nach rechts gemacht. Dann aber wurden die Brüder Schünemann ausgebootet; 1936 übernahm die Vera-Verlagsanstalt, ein Zweig des parteieigenen Eher-Verlages, 51 % des Betriebskapitals und setzte einen Verlagsdirektor und einen Hauptschriftleiter ein.

Das Kino spielte für die NS-Propaganda eine wichtige Rolle. Große Konzerne hatten einen entscheidenden Einfluß. Reine Propagandafilme waren dennoch selten. Es gab weiterhin viele seichte Schnulzen, daneben Filme mit großer schauspielerischer Leistung. Goebbels sah auch die große Bedeutung des Radios für die Politik. Der Nebensender Bremen hing eng mit dem Hauptsender Hamburg zusammen; dieser geriet in Abhängigkeit vom Reichsrundfunk. Das Reichspropagandaministerium dirigierte die Sendungen. Im Mai 1939 erhielt Bremen einen Funkturm in Utbremen, und im November 1939 wurde der Ortssender „Bremen" zum Sender „Unterweser".

Auf kirchlichem Gebiet verließ die „Bekennende Kirche" die Reichskirche; der deutsch-christliche „Landesbischof" Weidemann aber lag in dauerndem Streit mit seinen kirchlichen Opponenten und schließlich auch mit antikirchlichen Kreisen der Partei, besonders dem Gauleiter Röver.

Die katholische Kirche geriet in immer mehr Schwierigkeiten wegen einer zunehmenden Einflußnahme des Staates auf die Gemeindeschule; auch gab es eine Mißbilligung der Partei, als Pastor Moschner den NS-Ideologen Rosenberg scharf angriff. Die katholische Jugendarbeit wurde immer mehr behindert.

Schule, Museen, Wissenschaft und Leibeserziehung vor dem Kriege, 1935–39

Die Volksschule wurde weiter im Sinn der NS-Pädagogik verändert. Die Volksschullehrerausbildung verlegte man an die Hochschulen für Lehrerbildung in Oldenburg und Hamburg. Die Lehrer mußten immer wieder an Schulungskursen teilnehmen. Seit 1935 wurde der „Staatsjugendtag“ eingeführt, der die HJ-Mitglieder an einem Tag in der Woche vom Unterricht befreite, um am HJ-Dienst teilzunehmen. „Flaggenehrungen“, Gemeinschaftsempfänge von „Führerreden“, Vorführungen von NS-Filmen hatten einen ideologischen Erziehungszweck. Manches andere war weniger politisch: Schullandheimaufenthalte, das Anlegen von Schulgärten usw. Es kam auf die Lehrer an, ob es dabei NS-Schulung gab.

Seit 1937 hießen die Höheren Schulen einheitlich „Oberschulen“, und im selben Jahr wurde das Abitur schon nach 12 Jahren abgelegt; 1938 erhielt jede Oberschule einen Namenspatron: Horst Wessel, Karl Peters, Lüderitz usw. Nur die Mädchenschulen blieben bei dem Namen ihrer Gründer. Rassenkunde und nationale Geschichte, etwa der Kolonialgedanke, Kriege und Helden, wurden wichtige Themen.

Das „Staatliche Museum für Natur-, Völker- und Handelskunde“ hieß seit 1935 „Deutsches Kolonial- und Überseemuseum“ und bekam eine rassenkundliche Abteilung. Das Museum behielt jedoch im ganzen seinen hohen völkerkundlichen Rang. Das „Focke-Museum“ blieb dank seines Leiters Ernst Grohne ideologiefrei. Die Staatsbibliothek, der auch die Volksbücherei angegliedert wurde, bot hervorragende Arbeitsmöglichkeiten. Der Leiter, Hinrich Knittermeyer, hatte zwar NS-Neigungen, förderte aber eine unpolitische Wissenschaft. Die „Bremer Wissenschaftliche Gesellschaft“ unter ihren Leitern, dem Staatsarchivdirektor Hermann Entholt und Bibliotheksdirektor Knittermeyer (seit 1936), wurde nicht deutlich politisiert, mußte aber gelegentlich die Rassenkunde, ein Steckenpferd des Bildungssenators von Hoff, ins Programm aufnehmen. Auch Staatsarchiv und Historische Gesellschaft hatten in Hermann Entholt einen unpolitischen Leiter, ebensowenig wurde der Naturwissenschaftliche Verein, der 1936 im Landesschulrat und Physiker Karl Kurz einen liberalen Vorsitzenden bekam, politisch bedrängt.

Eine große Rolle spielte im Dritten Reich die „Leibeserziehung“, die in einem „Reichsbund“ und einem Bremer „Kreisamt“ organisiert war. Das Weserstadion wurde nun weiter ausgebaut und hieß „Bremer Kampfbahn“; überall entstanden neue Sportplätze. 1936 gab es in Bremen „nacholympische Spiele“. Besondere Förderung erhielt auch der Segelflugsport. Er wurde im Rahmen des Nationalsozialistischen Fliegerkorps (NSFK) betrieben.

Kunst, Theater, Musik und das Stadtbild vorm Kriege, 1935–39

Die Bildende Kunst war vielfach politischem Druck ausgesetzt. Die „Nordische Kunsthochschule“ unter Karl Horn, dem Schwiegervater von Rudolf

Heß (dem „Stellvertreter des Führers"), bevorzugte gewiß eine bestimmte Kunstrichtung, leistete aber doch gute kunstgewerbliche Ausbildung. In der Kunsthalle wurde die „entartete Kunst" gegen den Willen des Direktors Waldmann ausgesondert.

Das Theater – Staatstheater und Schauspielhaus – geriet zunehmend in den Sog des KdF-Kulturbetriebes; es gab aber weiterhin auch gute Klassiker-, Opern- und Operettenaufführungen. Man mußte gelegentlich Zugeständnisse an die Reichstheaterkammer machen. Das „Schauspielhaus", immer noch ein Privattheater, mußte bei der Auswahl der Stücke vorsichtig sein; die Zeit der umstrittenen Problemstücke war vorbei.

Die Musik war allenfalls in der Organisation politisch anfällig. Die Philharmonische Gesellschaft bzw. das städtische Orchester wurde gleichgeschaltet; im Beirat saßen Vertreter von NS-Organisationen. Als es darum ging, für den Generalmusikdirektor Wendel einen Nachfolger zu finden, entschied man sich 1937 für den jungen Helmut Schnackenburg, der dem Bremer Konzertwesen einen bedeutenden Aufschwung brachte. Am Dom wirkte als Organist und Leiter des Chors weiterhin Richard Liesche.

Wenn es nach Wunsch der NS-Städtebauer gegangen wäre, hätte das Zentrum der Stadt erhebliche Veränderungen erlitten; doch blieb es bei der Planung. Eingriffe in das Stadtbild brachte aber der Bau der Westbrücke („Adolf-Hitler-Brücke"), die einen Teil des Verkehrs, besonders den zu den Häfen, aus der Altstadt abziehen sollte. Einige alte romantische Straßen des Stephaniviertels wurden abgerissen. 1936 wurden die Bauarbeiten begonnen, 1939 war die Brücke fertig. Große Fortschritte gab es im Wohnungs- und Siedlungsbau; so entstand seit 1935 die Siedlung Grolland.

So war manches in Bewegung – zum Guten und zum Schlechten. Vieles hatte sich stabilisiert; Bremen profitierte vor allem von der Aufrüstung. Es gab angesichts der Wirtschaftskonjunktur einen großen Zuzug von Arbeitern. Die Wirtschaft zeigte sich trotz aller Planung flexibel. Aber in vielen wichtigen Bereichen durchdrangen die Partei und ihre Organisationen das öffentliche und private Leben. Dieser Entwicklung konnte sich niemand ganz entziehen, wenn er weiterhin in Deutschland existieren wollte. Die grundsätzliche Zustimmung der Mehrheit der Bürger zur Politik der Machthaber kann zwar nicht bewiesen werden, es dürfte sie aber wohl gegeben haben: Es wurde kein gefährlicher „Widerstand" geleistet, und man äußerte nur punktuelle Kritik.

Zur Einweihung der „Adolf-Hitler-Brücke" („Westbrücke") am 1. Juli 1939 war der Oberbefehlshaber der Kriegsmarine, Großadmiral Reeder, erschienen; rechts Bürgermeister Bömcker. Hitler sagte sein Erscheinen kurzfristig ab. Für die Zufahrtsstraße zur Brücke wurden Teile des alten Stephaniviertels abgerissen.

Gedrückte Stimmung bei Kriegsausbruch 1939 – Die Aufgaben des Staates ändern sich

Die Stimmung war in Bremen wie in ganz Deutschland bei Kriegsausbruch 1939 gedrückt. Der rasche Verlauf des Polenfeldzuges aber stärkte die Hoffnungen auf ein baldiges Kriegsende. Bürgermeister und Senat wurden nun immer unwichtiger, da die Grundentscheidungen durch zentrale Verordnungen festgelegt wurden. Das Hauptproblem der bremischen Verwaltung bei Kriegsausbruch lag nicht so sehr im Senat, der ohnehin überflüssig war, und der Leitung der Ämter, wie beim Personal in den Ämtern, das durch Einberufungen zur Wehrmacht ausgedünnt wurde. Dieser Verlust wurde notdürftig durch Ruhestandsbeamte und Frauen ausgeglichen.

Im Rahmen des Krieges vermehrten sich die Verwaltungsaufgaben beträchtlich; so mußte die Zuteilungswirtschaft organisiert werden, die Folgen der Luftangriffe forderten vielseitigen Einsatz. Die Verwaltung, die selbst unter den Bomben litt, mußte die letzten Kräfte mobilisieren, zuletzt auch für den

Volkssturm. Um diese Aufgaben zu bewältigen, mußten neue Abteilungen geschaffen und zahlreiche Hilfskräfte eingesetzt werden.

Gauleiter und Reichsstatthalter Röver konnte in die Entwicklung nicht mehr eingreifen. Er war schließlich ohne Zuversicht über die Entwicklung des Krieges und starb 1942 unter rätselhaften Umständen. Sein Nachfolger Paul Wegener, der einstige Kreisleiter von Bremen, war energisch und ehrgeizig. Er räumte auch mit Rövers Günstlingswirtschaft auf und ersetzte den unfähigen Bremer Kreisleiter Blanke durch den fanatischen Max Schümann aus Ostfriesland. Ebenso sorgte er dafür, daß nach dem Tode des aufgeblasenen Bürgermeisters Böhmcker 1944 der tüchtige Senator Richard Duckwitz, der keinen Rückhalt in der Partei hatte, sein kommissarischer Nachfolger wurde.

Die Partei während des Krieges 1939–45

Seit der Gebietsneuordnung 1939 gab es noch einen zweiten Kreis der NSDAP im bremischen Staatsgebiet: „Burg-Lesum", der die Ortsgruppen von Grambke bis Farge erfaßte. Kreisleiter wurde 1942 der Kolonialwarenhändler und Gastwirt Karl Busch, ein unbedeutender Mann, der ohnehin keine weitreichenden Entscheidungen zu treffen hatte.

Die Partei war während des Krieges mehr als zuvor ein Propagandainstrument, das mit seinen Nebenorganisationen bis in den einzelnen Haushalt

Das Sammeln von Wintersachen für die Soldaten in Rußland 1941/42 wurde mit großem Propagandaaufwand betrieben.

hineinwirkte. Eingriffe in die staatliche Personalpolitik waren die Regel, doch sie hatten dort Grenzen, wo Fähigkeiten unerläßlich waren. Die Schulungs- und Progagandaarbeit war bis zuletzt von Bedeutung und steigerte sich sogar. Außerdem wurden von der Partei immer wieder Geld- und Altstoffsammlungen durchgeführt. 1944 kam hinzu, daß der Volkssturm organisiert werden mußte. Doch die Partei hatte mit internen Problemen zu kämpfen: Viele junge Parteigenossen wurden eingezogen; es wurde immer schwieriger, die verbreitete Resignation zu überwinden.

Die SA war während des Krieges bedeutungslos; größer war der Einfluß der SS, weil sie die Polizei beherrschte. Die Hitlerjugend tat Kriegsdienst, so gut es ging: Aufräumen nach Luftangriffen, Botendienste, Mitwirken bei der Kinderlandverschickung, Teilnahme am Volkssturm 1944, Organisation der Schulentlassungsfeiern usw.

Stimmungen und Meinungen im Kriege 1939–45

Es ist schwierig, die Stimmung der Bevölkerung, insbesondere ihr inneres Verhältnis zu den Machthabern und zum Kriege, zu beurteilen. Bei aller Vorsicht wird man folgendes sagen dürfen: Nach dem Westfeldzug herrschte Siegesstimmung; der Beginn des Rußlandfeldzuges machte die Mehrheit wieder skeptisch; die großen Erfolge, die im Winter 1941/42 unterbrochen wurden, ließ die Bevölkerung zwischen Jubel und Skepsis schwanken. Die Bedeutung des Kriegseintritts der USA 1941 wurde wohl anfangs unterschätzt. Dann drückte der Bombenkrieg zunehmend auf die Stimmung; nach Stalingrad Anfang 1943 war sie auf einem Tiefpunkt angelangt.

Die meisten Bekundungen von Unzufriedenheit bezogen sich auf Versorgungsprobleme und Einschränkungen. Oft wurde angenommen, die „Bonzen" kämen besser weg als das gemeine Volk. Häufig bezogen sich kritische Äußerungen auch auf die Erfolglosigkeit der Luftverteidigung. Es schwirrten Gerüchte umher, und der Bau der großen Luftschutzbunker ließ ahnen, daß es noch schlimmer kommen sollte.

Es ist erstaunlich, daß Vergnügungseinrichtungen wie Kinos, Varietés und Kaffeehäuser mit öffentlicher Billigung weiter bestanden und heitere Stunden in trüber Zeit bescherten. Allmählich breitete sich aber allgemeine Resignation aus, während die Durchhalteparolen immer schriller wurden. Die Propaganda der Alliierten verfehlt zwar nicht ihre Wirkung, war aber nicht von ausschlaggebender Bedeutung. Meldungen in feindlichen Sendern und Flugblättern wurden ebenso als Propaganda empfunden wie die deutschen Durchhaltereden und Zeitungsmeldungen. Jeder machte sich seine eigenen Gedanken, Gerüchte spielten eine große Rolle. Die Luftangriffe wurden im-

Der Liebfrauenkirchhof als friedliche Idylle. Das Bild erschien noch im Mai/Juni 1943 in der Werkzeitung der Deschimag (AG „Weser").

Propaganda auch in der Grundschule: Marschierende Pimpfe in der Bremer „Rolandfibel" von 1935. Die Fahnen tragen die Siegrune, das Zeichen des „Deutschen Jungvolks", der 10- bis 14jährigen Jungen der Hitler-Jugend.

mer mehr als alliierte Barbarei, nicht so sehr als Folge des vom NS-Staat entfachten Krieges angesehen. Die Sorge um Verwandte und Freunde an den Fronten wuchs.

Doch bei aller Skepsis und Resignation, bei allem Meckern und allen politischen Witzen und trotz – vielleicht auch wegen – der barbarischen „Verfolgung", gab es in Bremen bis in den April 1945 hinein keinen Widerstand, der diesen Begriff verdient. Niemand unternahm etwas, was den Sturz des Regimes und die Beendigung des Krieges zum Ziel hatte. Einige auswärtige Oppositionsgruppen hatten Verbindungen nach Bremen, an den Aufbau einer festen Organisation war aber nicht zu denken. Der Putsch vom 20. Juli 1944 hatte in Bremen keine namhaften Förderer, löste aber einige „vorbeugende" Verhaftungen aus.

Spionageverdacht im Kriege: „Feind hört mit" – der schwarze Mann auf einer Hauswand.

Polizei, Gestapo, Sondergericht, Lager – die Politik der Abschreckung 1939–45

Ein dunkles Kapitel ist die Bekämpfung von „Defätisten", die Verfolgung von kriegsbedingten Straftaten und die Vernichtung der Juden. Der NS-Staat wandte zur Disziplinierung seiner Bürger Mittel an, die unser Rechtsverständnis als barbarisch empfindet und deren Anwendung nur durch ein Zusammenwirken mehrerer Organisationen möglich wurde.

Die Polizei war beim Chef der Deutschen Polizei, Heinrich Himmler, zentralisiert. Das Reichsicherheitshauptamt (RSHA) war für die Gestapo, die Kriminalpolizei und für den Sicherheitsdienst (SD) zuständig. Die Gestapo behielt ihre bisherige Aufgabe, wurde aber in ihrer Organisation an die Kriegsbedürfnisse angepaßt. Sie erhielt zahlreiche Denunziationen von Bürgern, der Partei und vom SD, führte eine reichhaltige Kartei und ermittelte in einer großen Zahl von Fällen. Sie beschaffte sich auch von Kaufleuten zahlreiche Auslandsinformationen und überwachte den Hafenverkehr. Es wurden zudem Agenten und Spitzel unterhalten, die in den zu beobachtenden Kreisen eingeschleust wurden. Meldungen gingen an die Gestapo-Abteilung im RSHA. Nach Abstimmung mit dieser Abteilung erfolgten Verhaftungen, Einweisungen ins KZ oder Arbeitserziehungslager und Verfahren in Gerichten. Das Verhalten im KZ wurde genau überwacht, und daraus ergab sich nach Abstimmung zwischen der Bremer Leitstelle und dem Gestapo-Amt (Schutzhaftreferat) in Berlin eine Verlängerung oder Beendigung der Lagerhaft. In Bremen wurden monatlich etwa 20 Personen von der Gestapo verhaftet.

Es gab hier seit 1934 kein KZ mehr; wohl aber seit 1942 Außenlager des KZ Neuengamme (Hamburg), dessen Insassen zu verschiedenen Arbeiten herangezogen wurden.

1941 entstand auch ein „Arbeitserziehungslager" bei Farge, in das befristet Männer eingewiesen wurden, denen „Arbeitsbummelei" vorgeworfen wurde. Man zwang sie zu schwerer Arbeit und mißhandelte sie bisweilen. Auch gab es mehrmals „Erschießungen auf der Flucht".

Sondergerichte gab es seit 1933; während des Krieges wurde ihre Zuständigkeit erheblich erweitert. Das für Bremen zuständige Gericht in Hamburg konnte die Prozeßlawine nicht mehr bewältigen, und so wurde 1940 ein Sondergericht beim Landgericht Bremen eingerichtet. Die Zuständigkeit bezog sich auf Heimtücke (politisches Meckern), Abhören feindlicher Sender, Verbrechen bzw. Vergehen unter Ausnutzung der Verdunkelung, Diebstahl bei oder nach Luftangriffen (Plündern), Serienverbrechen, Vergehen gegen die Kriegswirtschaft usw. Die Urteile dienten der Abschreckung; aber man wird darüber streiten können, ob die Schärfe in vielen Fällen nicht das allgemeine Rechtsverständnis erheblich verletzte, auch wenn man die besonderen Kriegsverhältnisse berücksichtigt. Eine andere Frage ist, ob die Beweisführung im einzelnen sorgfältig war. Das Gericht (ein Vorsitzer, zwei Beisitzer) war mit Richtern des Landgerichts besetzt; Ankläger war ein Staatsanwalt. Die Verhandlungen waren öffentlich. Die Verteidigung hatten bremische Rechtsanwälte. Es gab sicher gute und schlechte Juristen; aber eine Überprüfung der Akten machte wahrscheinlich, daß alle oder zumindest fast alle Verfahren korrekt nach dem damals geltenden Recht abliefen und insbesondere der Tatbestand angemessen ermittelt wurde. Die Einwände richten sich auch weniger gegen die Beweiserhebung als gegen die Höhe der Strafen.

Die Zahl der politischen Straftaten, die in diesem Gericht behandelt wurden, war gering, da diese zum größten Teil an den Volksgerichtshof in Berlin gingen. Die überwiegende Mehrzahl der Verfahren bezog sich auf Straftaten, die auch heute solche sind, aber mit geringeren Strafen bedroht werden. Bei den Verfahren war ungewöhnlich, daß sie kurz waren (etwa zwei Monate) und daß es keine Rechtsmittel gegen das Urteil gab. Eine Wiederaufnahme war zwar möglich, kam aber kaum vor. Der Oberreichsanwalt konnte Nichtigkeitsbeschwerde einlegen mit dem Ziel der Strafverschärfung, und der Reichsjustizminister ließ sich über alle wichtigen Fälle berichten. Nur strenge Urteile konnten bestehen. In einer Vor- und Nachschau beim Oberlandesge-

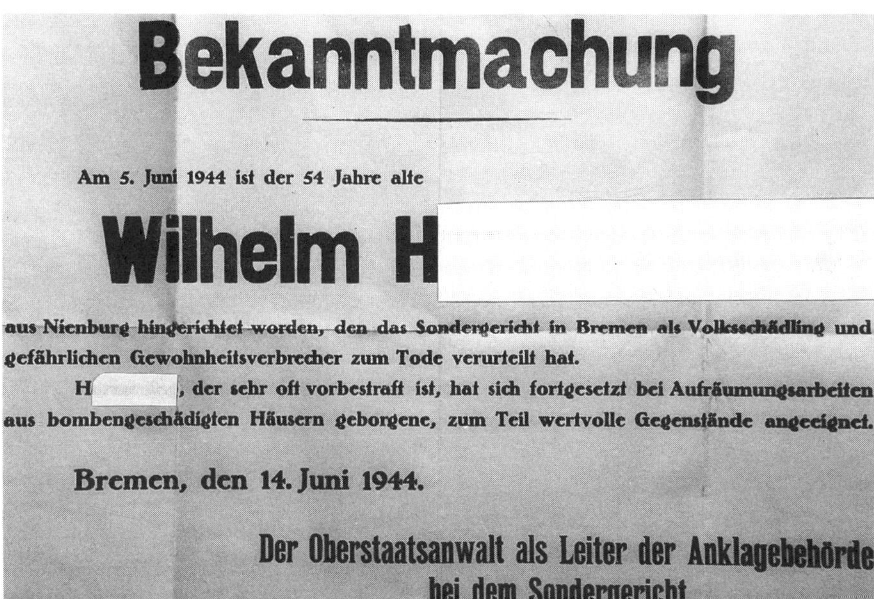

Bekanntmachung

Am 5. Juni 1944 ist der 54 Jahre alte

Wilhelm H

aus Nienburg hingerichtet worden, den das Sondergericht in Bremen als Volksschädling und gefährlichen Gewohnheitsverbrecher zum Tode verurteilt hat.

H, der sehr oft vorbestraft ist, hat sich fortgesetzt bei Aufräumungsarbeiten aus bombengeschädigten Häusern geborgene, zum Teil wertvolle Gegenstände angeeignet.

Bremen, den 14. Juni 1944.

Der Oberstaatsanwalt als Leiter der Anklagebehörde bei dem Sondergericht.

Plakat über die Hinrichtung eines „Plünderers" am 5. Juni 1944 (der Name war in der Bekanntmachung ausgeschrieben).

richt wurde festgelegt, was von der Justiz erwartet wurde. Es wurde jedenfalls kein Urteil rechtskräftig, mit dem der Reichsjustizminister und der Oberreichsanwalt nicht einverstanden gewesen wäre.

Das Sondergericht Bremen sprach Urteile gegen 918 Personen, 49 davon waren Todesurteile,von denen 42 vollstreckt wurden. Die Hinrichtungen wurden durchweg in Hamburg vom Scharfrichter Hehr aus Hannover mit dem Fallbeil vollstreckt. Die Todesurteile wurden in der Zeitung und auf Plakaten bekanntgemacht. Damals wurde nur selten Kritik an den Urteilen laut. Man glaubte durchweg: Wo täglich an der Front deutsche Soldaten sterben, hatten „Verbrecher" in der Heimat die Todesstrafe verdient. Dennoch soll auch damals schon Kritik geübt worden sein: Es wurde bemängelt, daß die Todesstrafe in „kleinsten Bagatellsachen" ausgesprochen werde. Vor allem die Einstellung zu politischen Fällen, zu denen Heimtücke und das Abhören feindlicher Sender gehörte, war teilweise unpopulär. Heimtücke, d. h. kritische Bemerkungen über politische Verhältnisse und „Bonzen", beging jeder irgendwann einmal. Viele hörten auch feindliche Sender ab und bezogen die Strafe in diesen Fällen auf sich selbst; Todesstrafen waren freilich die Ausnahme. Fälle von „Wehrkraftzersetzung" waren im Grunde genommen „schwere Fälle" von Heimtücke und wurden im allgemeinen vor den Volksgerichtshof gezogen. Auch hier wurde die Härte der Strafe oft mißbilligt.

Deportation von Juden und Zigeunern 1941–42

Im Kriege schlug auch die Schicksalsstunde der Juden, die zwar zentral bestimmt wurde, bei der aber die Bremer Gestapo Hilfsdienste leistete. Nach Kriegsausbruch nahm die Chance für die Auswanderung ab; im Oktober 1941 wurde sie verboten. Seither mußten die Juden einen gelben Davidstern tragen; sie wurden auch bei der Lebensmittelzuteilung benachteiligt. Im November 1941 wurden dann 440 Bremer Juden nach Minsk deportiert – „zum Arbeitseinsatz", wie es hieß. Sie wurden im Juli 1942 ermordet. In Bremen verblieben aus verschiedenen Gründen noch 254 Juden; sie fristeten ein kümmerliches Dasein. Am 23. Juli 1942 kamen die älteren von ihnen nach Theresienstadt, von wo aus einige nach Auschwitz gebracht und dort mit Giftgas getötet wurden. Nur die in „Mischehe" verheirateten Juden blieben in Bremen und wurden einem Gemeindeführer unterstellt. In Bremen wurde das ganze Ausmaß des Verbrechens erst 1945 bekannt, aber es gab schon 1941/42 Bürger, die Deportation allein schon als großes Unrecht ansahen.

Von den Zigeunern wurden einige sterilisiert, viele in der Halle des Schlachthofs zusammengetrieben, nach Auschwitz deportiert und dort zum größten Teil umgebracht, wie nach 1945 bekannt wurde.

Kriegswirtschaft

Seit 1939 war die Wirtschaft nicht nur auf die Aufrüstung, sondern auf den Krieg eingestellt.

Die Seeschiffahrt war im wesentlichen auf die Schiffahrt entlang den Küsten und auf die Ostsee eingeengt. Der Überseehandel kam zum Erliegen; die Handelsbereiche beschränkten sich auf die von deutschen Truppen besetzten Gebiete und die neutralen Staaten. Der Erz- und Kohleumschlag behielt seinen Umfang; die Binnenschiffahrt auf der Weser und den Kanälen blieb von großer Bedeutung. In der Binnenwirtschaft hatte die Rüstung absolute Priorität, so daß das Rüstungsministerium und seine Beauftragten mit diktatorischen Vollmachten ausgestattet waren. Das galt vor allem für die Zuteilung von Arbeitskräften und Material, aber auch für die Festlegung der Produktionsmengen. Ganze Berufszweige wurden eingeschränkt oder für völlig überflüssig erklärt. Der Export und die Versorgung der Bevölkerung litten darunter.

In allen Bereichen der Wirtschaft wurden ausländische Arbeitskräfte – Kriegsgefangene und „Fremdarbeiter" – eingesetzt, deren Lebensumstände sehr unterschiedlich waren. Es gab Lager für Kriegsgefangene, die der Wehrmacht unterstanden, und Lager für Fremdarbeiter, die von der DAF betreut

Appell zur Leistungssteigerung in den Borgwardwerken nach der Kapitulation der 6. Armee in Stalingrad, am 3. Februar 1943. Gauleiter Paul Wegener während der Ansprache.

wurden. Vor allem die polnischen sowie die russischen Kriegsgefangenen und Fremdarbeiter wurden durchweg schlecht behandelt. Besser ging es Kriegsgefangenen und Fremdarbeitern westlicher Staaten. Viele lebten in Privatquartieren, z. B. auf Bauernhöfen, wo ihre Behandlung freilich von der Einstellung des Arbeitsgebers abhing. Vor allem die Arbeit in den Häfen, auf den Werften, in Rüstungsbetrieben und bei den großen Bunkerbauten wäre ohne Ausländer nicht möglich gewesen. Auch bei den Aufräumungsarbeiten nach Luftangriffen wurden neben Sträflingen und Kriegsgefangenen Fremdarbeiter eingesetzt. Es mußten immer mehr ausländische Arbeitskräfte eingestellt werden, zumal die meisten deutschen Männer zur Wehrmacht eingezogen wurden. Einige Nationalitäten, wie etwa die Holländer, galten als schwierig und widerspenstig; man wollte sie aber aus politischen Gründen nicht allzusehr unter Druck setzen, zumal sie zum Teil freiwillig auf Zeit gekommen waren und man ihnen manche Versprechungen gemacht hatte, die dann nicht eingehalten wurden. Die Gestapo hatte Spitzel in den Fremdarbeiterlagern und war über die Stimmung in ihnen gut unterrichtet.

Ein Teil des Arbeitskräftemangels wurde auch durch eine Erhöhung der Arbeitszeit für deutsche und ausländische Arbeiter auf schließlich 60 Stunden in der Woche aufgefangen; zudem wurden zahlreiche Frauen dienstverpflichtet. Abschreckende Strafen, vor allem die Androhung einer Einweisung ins Arbeitserziehungslager, sollte „Arbeitsbummelei“ verhindern. Andererseits ging durch Fliegeralarm und Bombenangriffe viel Arbeitszeit verloren.

Es ist erstaunlich, daß die bremische Wirtschaft trotz schwerer Bombenschäden bis in die letzte Kriegszeit einigermaßen leistungsfähig blieb. Das gilt auch für die Produktion der neuen U-Boote vom Typ XXI auf der Deschimag (AG „Weser“) und dem Bremer Vulkan in Vegesack. Es ist freilich zu bedenken, daß viele Betriebe ausgelagert wurden und daß die Liegezeit der Schiffe in den Häfen stark verkürzt wurde. Auch waren die Schuppen und Lagerhäuser weitgehend geräumt. Tausende von Arbeitskräften waren nach jedem Luftangriff eingesetzt, um die Betriebe und die Häfen wieder einsatzfähig zu machen. Einige Industriezweige mußten freilich ihren Bremer Betrieb ganz einstellen wie die Focke-Wulf-Werke. Erst Ende 1944 ging die Leistung der bremischen Wirtschaft erheblich zurück und war am Kriegsende auf dem Nullpunkt angelangt.

Die Versorgung im Kriege

Erstaunlich ist auch, daß der Eisenbahn- und Postverkehr bis zuletzt trotz aller Bombenangriffe aufrecht erhalten werden konnte. Bei der Betreuung ausländischer Arbeiter spielte die DAF mit ihrem „Sozialgewerk“ eine große

Rolle. Sie unterhielt eine größere Anzahl von Lagern, organisierte aber auch Betriebsversammlungen und kulturelle Veranstaltungen, war zudem Träger von Werkschutz und Werkscharen.

Bei der Versorgung der Bevölkerung mit Nahrungsmitteln, Kleidung, Wohnraum und Hausrat wurde die Verwaltung allgemein und besonders nach großen Luftangriffen vor schwierige Probleme gestellt. Es gab viele Engpässe und daher auch Beschwerden; aber im großen und ganzen gelang die allgemeine Versorgung auf niedrigem Niveau. Die zu verteilenden Mengen waren durch Marken und Bezugsscheine geregelt; doch wurde nicht jedes auf ihnen angegebene Quantum „abgerufen“. Für Schwer- und Schwerstarbeiter gab es Zulagen, nach Luftangriffen erfolgten Sonderzuteilungen von Kaffee. Trotz angedrohter Strafen blühte der Schwarzmarkt. Es wurde viel getauscht und „organisiert“. Die Anzeigenseiten der Zeitungen waren voll von Tauschgesuchen und -angeboten. Am schlimmsten war die Lage der älteren Menschen, die zurückgedrängt wurden und nicht in langen Schlangen ausharren konnten. Auch Berufstätige hatten oft nicht die Zeit zum „Organisieren“. Im Laufe des Krieges gab es immer wieder Mängel bei der Versorgung mit Kohlen, Gas und Elektrizität. Nach Luftangriffen mußte man bisweilen Wasser von der nächsten Pumpe holen. Immer wieder gab es Samm-

Nach Luftangriffen wurden viele Ausgebombte aus fahrbaren Küchen versorgt. Im Hintergrund der Hauptbahnhof. Foto vom 17. September 1944.

lungen: von Wollsachen für die Soldaten im Winter 1941/42, Knochen, Lumpen, Altpapier, Metall von Vorgartengittern, Denkmälern und Kirchenglokken, Bucheckern zur Herstellung von Öl usw.

Besonders schwierig war die Versorgung der Ausgebombten. Sie wurden in Sammelunterkünften von der NSV (NS-Volkswohlfahrt) versorgt, dann in beschlagnahmte Räume eingewiesen oder evakuiert. Suppe aus fahrenden Küchen und Tausende von belegten Broten waren die erste Versorgung. Seit 1940 wurden Kinder auf freiwilliger Basis aufs Land verschickt (Kinderlandverschickung, KLV), seit 1943 erfolgte die zwangsweise Verschickung schul- und klassenweise. Auch das war eine schwierige Aufgabe, denn es mußten Transportraum, Unterkünfte und Schulräume im Aufnahmeort bereitgestellt werden. Natürlich war das Wohnungsproblem immer schwieriger zu lösen. Dafür war das Quartieramt zuständig. Soweit die Ausgebombten nicht als Arbeitskräfte in Bremen benötigt wurden, versuchte man sie zur Evakuierung zu überreden. Soweit es möglich war, wurden bombengeschädigte Häuser mit einem Notdach sowie mit Pappe oder „Kunstglas" in den Fenstern versehen; doch fehlten oft Material und Handwerker, Selbsthilfe spielte eine große Rolle. Es wurden auch Behelfsheime, vor allem Baracken, gebaut, wobei zahlreiche Häftlinge und ausländische Arbeiter eingesetzt waren.

Kultur im Kriege 1940–44 – Auslagerung der Bibliotheken, Museums- und Archivschätze

Der Krieg ist keine Zeit für die Musen; wo die Menschen ums Überleben kämpfen, bleiben Kunst und Wissenschaft auf der Strecke. Der Unterricht in der Schule litt unter den vormilitärischen Übungen der Jugendlichen, dem Lehrermangel, den vielen Fliegeralarmen und Bombenangriffen, der Kinderverschickung, dem Flakhelferdienst und am Schluß unter der Zerstörung mancher Schule. Die Kinderlandverschickung 6- bis 11jähriger begann im September 1940. Die Teilnahme war zunächst freiwillig, und noch waren die Eltern, besonders die Mütter wenig bereit, die Kinder fortzuschicken, zumal oft ein ödes Lagerleben auf sie wartete. Seit Januar 1943 wurden die oberen Klassen der Oberschulen als Helfer in die Flakbatterien der Bremer Umgebung geschickt, wo auch der Schulunterricht abgehalten wurde. Nach den verheerenden Luftangriffen auf Hamburg im Juli/August 1943 wurden dann die jüngeren Schüler ganzer Schulen in weniger gefährdete Gebiete, etwa nach Sachsen und Bayern, verschickt. Sie wurden dort durchweg in Familien untergebracht und erhielten Unterricht durch ihre Bremer Lehrer. Das war eine schwer zu organisierende Maßnahme, die im ganzen doch zu den wenigen positiven Maßnahmen dieser sonst so düsteren Zeit zählt. Die Rückführung der Kinder kurz vor Kriegsende gelang freilich nur unter großen Schwierigkeiten.

Erstaunlich ist es, daß der Sportbetrieb trotz aller Schwierigkeiten weiterging. Wissenschaft und Kunst hatten unter den Folgen des Krieges besonders schwer zu leiden. Die Staatsbibliothek bereitete sich auf Luftangriffe vor, indem Bücher in den Keller gebracht und dann auch ausgelagert wurden, zum Teil nach Ostdeutschland, wo sie 1945 von den Russen erbeutet und erst Jahrzehnte später teilweise nach Bremen zurückgeführt wurden. Am 6. Oktober 1944 erlitt das Gebäude schwere Schäden. Die Ausleihe fand noch in beschränktem Umfang bis zum Schluß des Krieges statt. Das „Deutsche Kolonial- und Überseemuseum" am Bahnhofsplatz unter der Leitung von Carl Friedrich Roewer versuchte, einen Teil seiner Sammlungen im Keller und auswärts zu sichern; das Gebäude erlitt schon am 17./18. März 1941 schwere Schäden, dann weitere am 20. Dezember 1943. Auch das Staatsarchiv unter Friedrich Prüser und Karl H. Schwebel lagerte einen Teil seiner Bestände aus und wurde im Februar 1945 total zerstört. Manche Akten wurden aus den Ruinen geborgen. Nach dem Kriege kehrten zahlreiche Bestände nach Bremen zurück, andere erlebten eine langjährige Odyssee, die von Thüringen über Rußland, Potsdam und Lüben im Spreewald wieder nach Bremen führte. Wertvolle Archivalien blieben jedoch verschollen. Das Focke-Museum im ehemaligen Altenheim an der Großenstraße lagerte unter Leitung von Ernst Grohne ebenfalls einen großen Teil seiner Bestände aus und wurde dann

Die Schiffsmodelle des Focke-Museums an der Großenstraße werden ausgelagert, 1940.

total zerstört. Die Kunsthalle brachte manche ihrer Schätze zunächst in den Keller und in einen Banksafe, dann aber vor allem in Ausweichlager. Soweit sie in Ostdeutschland lagen, wurden sie 1945 geplündert oder nach Rußland geführt. Erst in jüngster Zeit sind zahlreiche Kunstwerke in Museen und Privatbesitz in Rußland wieder aufgetaucht. Man hofft auf eine Rückkehr nach Bremen. Der Direktor der Kunsthalle, Emil Waldmann, beging mit seiner Frau in Würzburg unter dem Eindruck eines verheerenden Luftangriffs Selbstmord. In der Nordischen Kunsthochschule wurde der Direktor Karl Horn entlassen, nachdem sein Schwiegersohn Rudolf Heß nach England geflogen war. 1944 wurde die Schule geschlossen.

Die „Bremer Wissenschaftliche Gesellschaft" unter der Leitung von Hinrich Knittermeyer, dem Direktor der Staatsbibliothek, geriet in stärkere Abhängigkeit der Politik: Man diskutierte Pläne über eine Art Vortragsakademie. Das Ergebnis war die Gründung der „Wittheit zu Bremen", der die wissenschaftlichen Vereine angegliedert wurden. Noch im letzten Kriegswinter fanden Vorträge statt. Auch das „Volksbildungswerk" der DAF setzte seine Arbeit fort. Die wissenschaftlichen Vereine führten zwar ihr Vortragswesen weiter, doch für Veröffentlichungen standen kaum noch Geld und Papier zur Verfügung. Für wissenschaftliche Arbeit boten auch die Bibliotheken, das Archiv und die Museen keine geeignete Basis mehr.

Theater, Musik und Kino gab es als Ablenkung vom trüben Alltag weiterhin; freilich wurden die Veranstaltungen und Vorstellungen bisweilen vom Fliegeralarm unterbrochen. Dann mußten alle Besucher die Luftschutzkeller und -bunker aufsuchen. Es fanden auch während des Krieges hervorragende Theateraufführungen, ja, sogar Gastspiele statt. Selbst Opern gab es noch, so am 16. Oktober 1943 Wagners „Meistersinger von Nürnberg". Doch am 6. Oktober 1944 wurde das Staatstheater am Bischofstor ein Raub der Flammen. Das „Schauspielhaus" hatte ebenfalls immer ein volles Haus, wobei die Wehrmachtsbetreuung und KdF-Aufführungen eine große Rolle spielten. Am 1. August 1943 übernahm der Staat das bisher private Schauspielhaus; am 18. August und 6. Oktober 1944 wurde es teilweise zerstört. Das Musikleben brachte u. a. 1941 Gastdirigate von Furtwängler und Abendroth, zudem unter der Leitung von Hellmut Schnackenburg manches großartige Konzert. 1944 übernahm Direktor Rieger vom Staatstheater die Leitung der Philharmonischen Gesellschaft, und Schnackenburg mußte gehen. Von den Kinos wurden einige durch Bomben zerstört, und manche Vorstellung wurde durch Fliegeralarm unterbrochen. Bis zuletzt kamen neue Filme heraus, die Vorstellungen waren gut besucht, die Programme sehr gemischt: Neben vielen seichten und Propagandastreifen gab es manchen guten Film. Als Beigabe sah man immer die Wochenschau, die bis zuletzt nicht nur informierte, sondern auch Propagandaabsichten verfolgte.

Eine große Rolle spielten bis zuletzt die Zeitung und das Radio. Das Organ der Partei, die „Bremer Zeitung", war ein Instrument der NS-Propaganda, besonders von Durchhalteparolen. Die „Bremer Nachrichten", die längst „gleichgeschaltet" waren, wurden am 31. August 1944 eingestellt, da ihnen kein Papier mehr zugeteilt wurde. Der Rundfunk sendete weiter; er verkündete Sondermeldungen, Wehrmachtsberichte und Kommentare zur politischen Lage, brachte aber auch Musik. Hin und wieder übernahm der „Reichssender Hamburg" Konzerte aus Bremen. Bei Luftangriffen mußte der Sender abgeschaltet werden, und statt dessen wurde die Luftlage, zuletzt auch der Fortgang der Landoperationen bei Bremen, im Drahtfunk durchgegeben. In den Luftschutzbunkern hörte man die Informationen aus dem Lautsprecher.

Die Kirche war nicht ohne Konflikte, obwohl Hitler 1939 jeden Streit untersagt hatte. Die „Bekennende Kirche" blieb aktiv, besonders an St. Stephani. Als dort 1941 eine Abendmahlsfeier für „Juden-Christen", die deportiert werden sollten, stattfand, führte das zur Disziplinierung von Beteiligten.

Spektakulärer war der Sturz des deutsch-christlichen Landesbischofs Weidemann, dessen Ehrgeiz und Eifer den Machthabern lästig geworden war. Gegen ihn wurde 1941 eine Anzeige wegen Betrugs und Veruntreuung von Kirchengeldern erhoben. Nach einem Predigtverbot verschaffte er sich gewaltsam Zugang zur Kanzel. Dann wurde er 1942 schuldig von seiner Frau geschieden; er verlor seine Ämter, wurde auf seinen Geisteszustand untersucht und schließlich im Rahmen seiner Ehescheidung wegen Verleitung zum Meineid 1944 zu einer Zuchthausstrafe verurteilt, die er in Oslebshausen absaß.

Ziviler und militärischer Luftschutz 1939–45

Es gab wohl kein Ereignis, das so sehr in das Leben der Bürger und in das Stadtbild eingegriffen hätte wie der Luftkrieg 1940/45. Der seit 1933 propagierte Luftschutz hatte zwar auf ihn seit langem vorbereitet, nur entsprachen die Erwartungen vor 1939 nicht der späteren Wirklichkeit. Träger der Propaganda bzw. Schulung war zunächst der Reichsluftschutzbund. Es fanden mehrere Luftschutz- und Verdunkelungsübungen statt, und bis 1939 wurden auch einige Sammelschutzräume ausgebaut. 1939 wurde der Polizeipräsident örtlicher Luftschutzleiter; die Stadt wurde in Luftschutzabschnitte eingeteilt. Der Sicherheits- und Hilfsdienst (SHD), der aus der technischen Nothilfe hervorgegangen war, wurde der Ordnungspolizei zugeteilt. Er sollte Hilfe leisten, Brände löschen, Ruinen sichern usw. Die Bevölkerung wurde zum Selbstschutz verpflichtet. Überall wurden verantwortliche Luftschutzwarte, Brandwachen, Melder usw. eingesetzt. Dachböden mußten geräumt, Sand-

8,8-cm-Flak schießt in einer Stellung bei Bremen, 1940.

und Wassereimer aufgestellt, Keller abgestützt, Kellerfenster mit Splitterschutz versehen werden.

Neben diesem zivilen gab es auch den militärischen Luftschutz. Er war Aufgabe der Wehrmacht und besonders der Flak, zunächst einer Flakgruppe, dann der 8. Flakdivision, deren Stab Ende 1941 einen Bunker im Bürgerpark bezog. Kommandeur war lange Zeit Generalmajor Wagner, dann seit Ende 1944 Generalmajor Max Schaller. Die schweren Flakbatterien lagen in der Umgebung der Stadt, die leichten Geschütze wurden bei den gefährdeten Objekten stationiert. Am Schluß des Krieges wurde der Personalbedarf durch Flakhelfer aus Bremer Schulen ergänzt.

Die ersten Luftangriffe 1940–41 – Der Bau von Luftschutzbunkern

Ziviler und militärischer Luftschutz waren im Anfang des Krieges ausreichend, weil zunächst keine gefährlichen Luftangriffe stattfanden. Es erschienen zwar englische Flugzeuge in der Deutschen Bucht, und am 24. März 1940 warfen sie nachts Flugblätter über der Stadt ab; am 18. Mai waren es dann einige Sprengbomben, und es gab sogar 16 Tote. Dann folgten im Juni/Juli 1940 Nachtangriffe, die die Ölraffinerie, Flugzeugwerke und Werften treffen

Bau des Tiefbunkers unter dem Domshof, Foto vom 22. März 1941.

sollten; doch die Bomben fielen verstreut. Die Treffungenauigkeit veranlaßte eine neue Direktive für die britischen Bomber vom 30. Oktober 1940: Die Demoralisierung der Bevölkerung wurde nun zum Hauptzweck erklärt. Die ersten „Flächenangriffe" fanden vom 1. bis 3. Januar 1941 statt. Es gab erhebliche Schäden, vor allem in Hemelingen, in der Neustadt, auch in den dortigen Industriebetrieben. Zweierlei wurde schon deutlich: Englische Flugzeuge waren entgegen der bisherigen deutschen Propaganda ins Landesinnere vorgedrungen, und die deutsche Luftabwehr war nicht imstande, sie daran zu hindern. Die Flugzeuge mußten allerdings, um Verluste zu vermeiden, bei Nacht Flächenangriffe fliegen. Diese Erkenntnisse wirkten auf die Bremer Bevölkerung wie ein Schock und lösten erhebliche Zweifel an der deutschen Propaganda aus. Man erwartete freilich, daß die Lage sich bald bessern werde, wenn nämlich die deutschen Truppen mit der Invasion in England begonnen hätten; doch die fand dann nicht statt.

In Bremen wurde nun mit dem Bau von Luftschutzbunkern begonnen, da die Hauskeller sich als unsicher erwiesen hatten. Es sollten 150 „bombensichere" Hochbunker aus Eisenbeton, zusätzlich aber abgestützte Keller und

Splittergräben gebaut werden. Erstaunlich war, mit welchem Aufwand an Menschen und Material dieses „Führerprogramm" verwirklicht wurde. In der Innenstadt (auf dem Domshof, dem Liebfrauen- und Ansgarikirchhof sowie auf dem Bahnhofsplatz) entstanden Tiefbunker. Auch andere Maßnahmen wurden getroffen: Die Arkaden des Rathauses wurden durch Stützmauern gefestigt, die Rathausfiguren eingemauert, und auch der Roland erhielt einen Splitterschutz. Die Sicherung der Museums-, Archiv- und Bibliotheksschätze begann. Viele Bremer brachten Teile ihres Hausrats zu Verwandten und Freunden aufs Land. Bremen erlitt sehr früh Luftangriffe, und es war eine der ersten Städte, die ihren Luftschutz auf größere Angriffe abstellte.

Britische Flächenangriffe 1941–42 – Das Scheitern der Luftabwehr

Im März 1941 begannen die britischen Luftangriffe wieder, die zunächst noch vor allem gegen Industrieanlagen (Focke-Wulf-Werke, Deschimag) gerichtet und ohne große Wirkung waren; dann aber wurden fast nur noch Flächenangriffe geflogen. Am 18. April 1941 gab es 83 Tote, die Rembertikirche wurde zerstört. In der Nacht zum 26. Juni 1942 fand dann ein 1000-Bomber-Angriff statt, der in drei Wellen die Stadtmitte, die Häfen und die Neu-

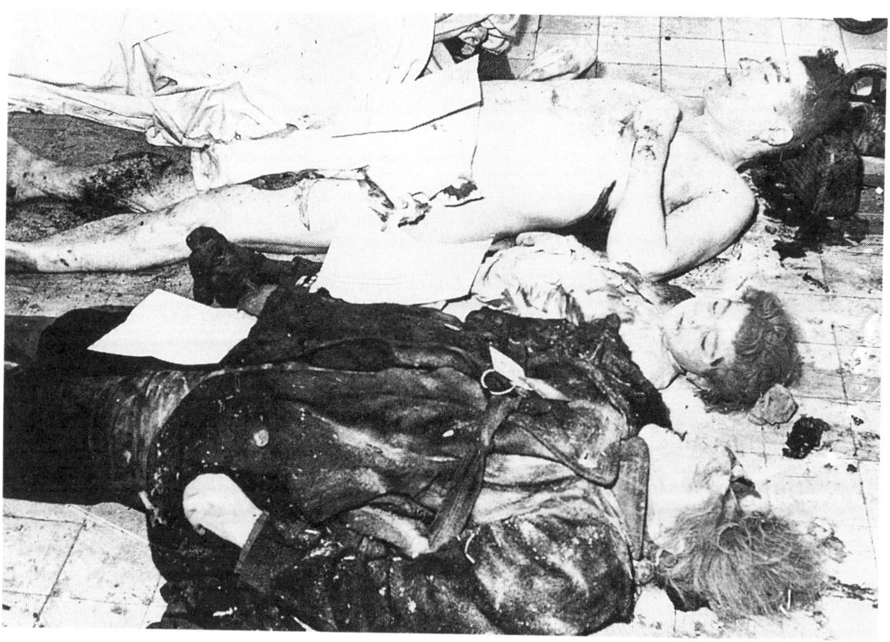

Unterschiedslos töteten die Bomben Kinder, Frauen und Männer. Geborgene Leichen in der Vahr am 1. Januar 1941.

stadt treffen sollte. Der Schaden war erheblich: 600 Häuser wurden zerstört, die Deschimag und die Focke-Wulf-Werke beschädigt. Der Angriff ist ein gutes Beispiel für eine deutsche Fehleinschätzung. In Wirklichkeit griffen 904 Bomber an, von deutscher Seite wurde geschätzt, daß es 80 Flugzeuge gewesen seien. In der Tat hatten viele Bomber das Ziel nicht gefunden, waren abgedrängt worden und hatten ihre Bomben irgendwo abgeworfen. Aus der wachsenden Gefahr wurden Folgerungen gezogen: Der Sicherheits- und Hilfsdienst (SHD) wurde zur „Luftschutzpolizei". Erdbunker und abgestützte Keller wurden als unsicher angesehen und daher weitgehend gemieden. Der Bau von Hochbunkern wurde vorangetrieben; man tarnte große Gebäude wie den Bahnhof, deckte den Hollersee mit Strohmatten ab, stellte Nebeltonnen in den Straßen auf und schüttete an der Schlachte eine Feuerwehrstraße auf. Industriebetriebe wie die Focke-Wulf-Werke wurden in den Osten verlegt. Die städtischen Kliniken richteten ein Ausweichkrankenhaus in Rotenburg und Operationsräume in einem Bunker ein. Die Kanzel von Liebfrauen und die Orgelprospekte von St. Martini und St. Pauli wurden ausgebaut, das Bismarckdenkmal wurde vom Sockel genommen und am Dom eingemauert, das Vasmerkreuz „sichergestellt" und selbst die Güldenkammer im Rathaus entfernt.

Die militärische Abwehr in Bremen mußte wegen des weltweiten Einsatzes der deutschen Truppen geschwächt werden. Die Nachtjagd gewann an Bedeutung, die Verfolgung der Bomber mußte in der Tiefe des Raumes stattfinden.

Nach dem 1000-Bomber-Angriff fanden am 5. und 14. September 1942 weitere schwere Angriffe statt, und zwar nach der von Luftmarschall Harris vertretenen Terrorisierungsmethode.

Die Bomber der Amerikaner und der Briten verwüsten Bremen 1943–45

Seit Anfang 1943 griff auch die 8. US Air Force ein: Sie unternahm mit ihren fliegenden Festungen, begleitet von Jagdflugzeugen, Angriffe auf Industrieanlagen bei Tage. Zunächst standen U-Boot- und Flugzeugwerke auf der Prioritätenliste, so wurden am 18. März 1943 der Bremer Vulkan, am 17. April die Focke-Wulf-Werke, dann am 13. Juni die Deschimag und die Atlas Werke angegriffen. Aber auch benachbarte Wohnviertel wurden bei diesen Angriffen verwüstet.

Im Juli/August 1943 erfolgte die katastrophale Angriffsserie auf Hamburg, bei der 48 000 Menschenleben zu beklagen waren. Es zeigte sich, daß die deutschen Funkmeßgeräte durch abgeworfene Staniolstreifen ausgeschaltet wurden und die deutschen Städte den Bombern ausgeliefert waren. Jetzt wurden in Bremen ganze Schulen in „sichere" Gebiete verschickt, und die Evakuierung von Menschen verstärkt; sie vollzog sich teilweise in regelloser Flucht. Man entwickelte jetzt auch Pläne für die Massenevakuierung im „Katastrophenfall", und in der Umgebung wurden Sammellager eingerichtet. Für die Behörden bestimmte man Ausweichstellen. Die Frage war allerdings, ob diese Pläne bei einem schweren Bombenangriff nicht in einem Chaos untergehen würden. Auch der vorgesehene massive Einsatz von Polizei und Gestapo hätte das nicht verhindern können. Ein besonderes Problem stellte in einem solchen Falle die große Zahl der Kriegsgefangenen und Fremdarbeiter dar. Um alle diese Probleme bewältigen zu können, war ein großer organisatorischer Aufwand nötig. Es ist erstaunlich, daß er einigermaßen bewältigt werden konnte; freilich blieb in Bremen die ganz große Katastrophe wie in Hamburg und Dresden aus.

Am 8. Oktober 1943 begannen die amerikanischen und britischen Angriffe wieder. Sie verursachten erhebliche Schäden und forderten viele Menschenleben. So waren am 26. November 1943 bei einem amerikanischen Angriff von 427 Bombern und 180 Jagdflugzeugen durch Treffer auf Erdbunker immerhin 300 Tote zu beklagen. Auch die 8. US Air Force hatte in dieser Zeit große Verluste, doch die Begleitung zahlreicher Jagdflugzeuge hielt sie in Grenzen.

Wegen der alliierten Invasion in Frankreich nahmen die Angriffe seit April 1944 ab; Ende Juni begannen sie wieder. Am 29. Juni 1944 und am 4./5. August warfen 444 Bomber ihre Last auf Industriegebiete im Hafenbereich (Vakuum-Öl) und den Flugplatz in der Neustadt. In der Nacht vom 18. zum 19. August wurde die Stadt dann an den Rand einer Katastrophe gebracht: 273 britische Bomber griffen in fünf Wellen den Bremer Westen an. 49 000 Menschen wurden obdachlos, es wurden 1058 Tote ermittelt; hinzu kamen zahlreiche Vermißte, die unter den Trümmern begraben waren. Die Leichen wurden in einem Massengrab bestattet. Die dicht besiedelte westliche Vorstadt war ausgelöscht, das Focke-Museum und das Diakonissenhaus wurden zerstört. Das menschliche Elend, das nach jedem Angriff und besonders nach diesem ausgelöst wurde, war unbeschreiblich. Doch gingen die Terrorisierungspläne des Luftmarschalls Harris nicht ganz so auf, wie der Urheber es sich vorgestellt hatte. Es gab Erschütterung, auch Resignation, aber keinen Aufstand, doch viele zornige Klagen über die unmenschlichen Luftangriffe.

Der Bunkerbau stagnierte nun. Man arbeitete aber fieberhaft, sicherte, so gut es ging, Kunst- und Kulturgut, reparierte Versorgungsleitungen, richtete den beschädigten Wohnraum notdürftig wieder her und verstärkte die Evakuierung. Wer in Bremen geblieben war, eilte bei jedem Alarm in die Hochbunker, die 8- bis 10fach überbelegt waren. In den Rüstungsfabriken und im

Die Bomben zerstörten viele Baudenkmäler: Der gotische „Spitze Giebel“ hinter dem Schütting, Aquarell nach dem 6. Oktober 1944. Das Haus von etwa 1400 erhielt zwei Jahrhunderte später eine Utlucht und diente verschiedenen Zwecken: einer Fischhandlung, einer Bierhalle und der Klavierträgergemeinschaft. 1950 wurde es wiederhergestellt.

Aus der Trümmerwüste ragten die Türme der Stephanikirche auf. Das idyllische alte Stephaniviertel wurde ein Opfer der Bomben. Die Kohle- und Ölstiftzeichnung entstand 1945.

Hafen wurde vordringlich aufgeräumt und nach kurzer Zeit wieder gearbeitet.

Die 8. Flakdivision unter Generalmajor Max Schaller (seit dem 5. Dezember 1944) hatte ihren Stab in einem Bunker im Bürgerpark. Ihm unterstanden die Flak-Gruppen Bremen-Nord in der Flakkaserne Grohn (Oberst von Sandrart) und Bremen-Süd in einem Bunker beim Achterdiekbad (Oberst Müller). Etwa 40–50 schwere und leichte Flakbatterien waren mit etwa 5000 Soldaten bei Bremen eingesetzt. Hinzu kamen Flakhelfer und russische Hilfswillige.

Seit Ende August 1944 wurden die Großangriffe fortgesetzt; am 18./19. September traf es Wesermünde. Die Borgwardwerke in Bremen wurden fast völlig zerstört.

Verheerende Folgen für das Stadtbild Bremens hatte der Angriff vom 6. Oktober 1944: 246 Flugzeuge warfen vor allem Brandbomben auf die Stadt von Hastedt bis Gröpelingen und Woltmershausen, besonders auch auf die Innenstadt. Liebfrauen- und Martinikirche, Gewerbehaus, Stadtwaage, Schütting, Staatstheater usw. brannten aus. Der baugeschichtliche Schaden war unermeßlich. Wie durch ein Wunder blieben Rathaus und Dom erhalten. Wieder erhielten beschädigte Gebäude Notdächer, Fenster wurden mit Pap-

Sträflinge und „Fremdarbeiter“ beim Aufräumen in der Obernstraße am 20. Dezember 1944.

pe und Kunstglas geschlossen, Ruinen beseitigt, Straßen geräumt. Und immer wieder mußten verstümmelte Tote beerdigt und Ausgebombte versorgt werden. Wer diese Angriffe miterlebt hat, wird sie sein ganzes Leben lang nicht vergessen. Der amerikanische Angriff vom 12. Oktober 1944 richtete sich vor allem gegen die Industrie in Hemelingen und Sebaldsbrück; im Februar 1945 waren der U-Boot-Bunker „Valentin" in Farge, die Deschimag und Verkehrsanlagen die Hauptziele von Angriffen. Im März 1945 fielen Bomben auf das Hafengebiet, am 22. März wurden Eisenbahnbrücke und Stephanibrücke („Adolf-Hitler-Brücke") schwer beschädigt. In dieser Zeit hatte bereits der Angriff der 21. Heeresgruppe des Feldmarschalls Montgomery auf Nordwestdeutschland begonnen.

Gefahr einer Invasion an der Nordseeküste 1944 – Der „Volkssturm", das Militär

Eine Invasion an der Nordseeküste wurde seit dem Sommer 1944 erwartet, und seit August wurden überall in Küstennähe Panzergräben, Erdschanzen und kleine Bunker gebaut. Seit September waren auch einige hundert Bremer Jungen und Mädchen dort zum Schanzen. Zugleich sahen Alarmpläne die Bekämpfung von Luftlandungen vor, bei denen die Fremdarbeiter ins Landesinnere transportiert werden sollten; auch waren lebenswichtige Einrichtungen besonders zu schützen. Es wurde festgelegt, welche Festungen und Stützpunkte besonders zu bevorraten und hartnäckig zu verteidigen waren.

Als amerikanische Truppen bei Aachen am 13. September 1944 zum erstenmal die deutsche Grenze überschritten hatten, wurde am 18. Oktober, dem Jahrestag der Völkerschlacht von Leipzig (1813), die Gründung des Volkssturms verkündet, der alle „waffenfähigen deutschen Männer" im Alter von 16 bis 60 Jahren erfassen sollte. Dabei wurde das 3. Aufgebot von der Hitlerjugend gestellt. Die Organisation übernahm die Partei. Seit dem 25. Oktober 1944 fanden in Bremen Erfassungsfeiern statt. Zwar wurden 30 000 Männer erfaßt, aber es waren dann schließlich nur etwa 3600 Mann, die tatsächlich zur Verfügung standen. Das ganze Unternehmen krankte an geringer Bereitschaft, ungeeigneten Führern (durchweg SA-Führer) sowie mangelhafter Bewaffnung (alte Gewehre und Panzerfäuste) und Ausbildung. Das große Propagandagetöse löste keine Begeisterung mehr aus; die meisten suchten sich zu drücken. Der Volkssturm baute hier und da Splittergräben und Straßensperren; doch als der Ernstfall kam, gingen die Volkssturmmänner nach Hause. Die regulären Soldaten im Raum Bremen wird man zunächst auf etwa 8000 schätzen dürfen; die meisten waren Flaksoldaten, die übrigen gehörten zu Genesungs-, Ersatz- und Landesschützeneinheiten. Im Dezember wurden noch einmal alle Truppenteile ausgekämmt („Heldenklau"), um Nachschub für die Front zu bekommen. Anfang April dürfte es etwa 5000 Soldaten in Bremen gegeben haben. Seit Februar 1945 war Generalmajor Werner Siber Wehrmachtskommandant, ein schwerfälliger Etappenoffizier ohne Fronterfahrung. Niemand traute ihm zu, daß er als „Kampfkommandant" die Rundumverteidigung Bremens leiten konnte, bei der die Flakbatterien das Rückgrat bildeten. Zur Verteidigung gehörte es auch, daß das südliche Vorgelände der Stadt überschwemmt wurde.

Lähmung, Zerstörung, Evakuierung und Restverwaltung Anfang 1945

Eine besonders schwierige Planung bezog sich auch auf die Vorbereitung einer vorübergehenden Lähmung und Zerstörung von Versorgungsbetrieben, Rüstungsindustrien, Häfen und Verkehrseinrichtungen, besonders von Brücken usw. Hier und da übten Wirtschaftsführer und sogar Offiziere Kri-

Das letzte Aufgebot: Appell des „Volkssturms" auf dem Domshof am 28. Januar 1945.

tik; sie sahen nicht ein, daß diese Maßnahmen angesichts der ohnehin schon großen Bombenschäden und der hoffnungslosen Lage noch irgendeinen Sinn hatten. Sie hätten der verbleibenden Bevölkerung die Lebensgrundlage entzogen. Auch Rüstungsminister Speer hintertrieb die Zerstörungen. Über dem ganzen Problem schwebte zwar die Drohung mit Standgerichten bei Verhinderung der Sprengungen und Zerstörungen. Für die Häfen hatte sich der Oberkommandierende der Kriegsmarine, Großadmiral Dönitz, die letzte Entscheidung vorbehalten.

Eine andere Frage war die Evakuierung der Bevölkerung, Fremdarbeiter und Häftlinge verschiedener Kategorien im Ernstfall. Die Bevölkerung sollte schließlich bis auf die besonders belasteten Parteigenossen bei der Besetzung in der Stadt bleiben; eine Rest- oder Notverwaltung und eine „Restwirtschaft" sollte für den geordneten Übergang in die Besatzungszeit sorgen. Die Fremdarbeiter wollte man in das Gebiet nördlich der Lesum bringen. Einige Ämter richteten Zweigstellen außerhalb von Bremen ein, so die Gestapo in Osterholz-Scharmbeck. Viele Behörden begannen auch mit der Vernichtung von Geheimakten, besonders gründlich die Gestapo.

Vom 21. bis 30. März gab es noch einige Luftangriffe, bei denen die Eisenbahn- und die Stephanibrücke durch Spezialbomben beschädigt bzw. zerstört wurden. Auch die Decke des Bunkers „Valentin" bei Farge wurde durchschlagen, und eine Bombe fiel ins nördliche Seitenschiff des Doms.

Kampfkommandant Becker organisiert die Verteidigung Bremens seit dem 5. April 1945

Am 23. März 1945 ging die 21. Alliierte Heeresgruppe unter Feldmarschall Montgomery über den Niederrhein. Immer noch hielt man auch eine Landung an der Nordseeküste für möglich. Deshalb wurde das Korps Ems unter General Siegfried Rasp aufgebaut, das dann später die Verteidigung im Raum Bremen leitete. Dessen Vorgesetzter war der Oberbefehlshaber Nordwest, Generalfeldmarschall Busch, ein Mann, der die Befehle Hitlers auszuführen suchte und auch selbst absoluten Gehorsam forderte. Die Verteidigung Nordwestdeutschlands wurde für notwendig gehalten, weil man angeblich einen Aufnahmeraum für die aus dem Osten zurückweichenden Soldaten sowie für die Flüchtlinge brauchte und weil man für den erwarteten Zerfall der Westalliierten mit Rußland noch einen letzten Trumpf behalten wollte.

Am 5. April erhielt Bremen im fronterfahrenen Generalleutnant Fritz Bekker einen neuen Kampfkommandanten mit dem Auftrag, Bremen bis „zum letzten Blutstropfen" und „bis zur letzten Patrone" zu verteidigen. Becker war sich wohl der Aussichtslosigkeit der Lage bewußt, dachte aber nicht viel

Befürworter und Kritiker des „Endkampfes" um Bremen: Generalleutnant Fritz Becker (links) und der kommissarische Bürgermeister, Dr. Richard Duckwitz (rechts).

über den Sinn der Verteidigung Bremens nach und gehorchte. Er hatte den NS-Kreisleiter Max Schümann und alle fanatischen Durchhalter auf seiner Seite; doch standen Kreise der Wirtschaft (Wirtschaftskammerpräses Bollmeyer), der Verwaltung (kommissarischer Bürgermeister Duckwitz) und sogar der Polizei (Polizeipräsident Schroers) gegen ihn. Auch die „Kampfgemeinschaft gegen den Faschismus" soll zu diesen Kreisen Kontakte unterhalten und sie ermuntert haben, ohne freilich entscheidende Schritte zu unternehmen.

Im Raum zwischen Thedinghausen und Wildeshausen waren Truppen des XXX. britischen Korps unter General Horrocks (bes. die 3. Infanteriedivision) vorgerückt und stießen stellenweise auf erheblichen Widerstand. Ein zweiter britischer Vorstoß erfolgte aus dem Raum Rotenburg/Wümme.

Die Kapitulationsaufforderung vom 20. April 1945 – Die Entscheidung der Politiker

Die britische 3. Infanterie-Division brach den Widerstand im Raum Huchting-Brinkum-Leeste-Stuhr bis zum 20. April und verharrte dann am Rande einer Überschwemmungszone. Am 20. April schossen die Briten 400 Granaten mit Flugblättern nach Bremen, in denen die Aufforderung zu lesen war, sofort zu kapitulieren, wenn man nicht die totale Zerstörung der Stadt riskieren wolle. Am Tage darauf fand eine „Senatsbesprechung" in einem Bunker im Bürgerpark statt, zu der auch Gauleiter Wegener kam. Der kommissarische Bürgermeister Duckwitz erklärte, daß er keinen Sinn in einer Verteidigung Bremens sehe; doch Gauleiter Wegener erklärte, daß die allgemeine Kriegslage ein weiteres Durchhalten fordere. Am selben Tage hielt Gauleiter Wegener seine Drahtfunkansprache, in der er erklärte, daß von Bremens Widerstand das Schicksal des Reiches abhängen könne. Dr. Duckwitz geriet als Defätist in Lebensgefahr, weigerte sich aber auch hartnäckig, an einem bewaffneten Widerstandsakt teilzunehmen.

Polizeipräsident Schroers beabsichtigte nun, Generalleutnant Becker mit einem Stoßtrupp zu überfallen, zu verhaften und bei Widerstand zu erschießen. Das scheiterte, weil es nicht gelang, diesen Stoßtrupp zusammenzustellen. Am 22. April ging dann ein schwerer Luftangriff auf den Bremer Osten nieder. Wirtschaftskammerpräses Bollmeyer wollte Generalleutnant Becker jetzt in seinem Quartier erschießen; sein Plan mißlang jedoch an Zufälligkeiten. Polizeipräsident Schroers signalisierte dann den Briten durch einen Abgesandten die Bereitschaft zur Kapitulation; das soll Bremen die letzten großen Luftangriffe erspart haben; im übrigen war nicht Schroers, sondern der Kampfkommandant der Ansprechpartner der Briten.

Der Schlußangriff, die Kapitulation, 24. – 27. April 1945

Inzwischen hatte die 52. (schottische) und die 43. (Wessex) Division die Außenbezirke Bremens im Osten erreicht. Generalleutnant Becker befehligte etwa 8000 Soldaten, ihm fehlten aber Panzer und schwere Artillerie. Der Schlußangriff der Briten begann in der Nacht vom 24. auf den 25. April aus dem Raum Brinkum. Er überwand die Überschwemmungszone und die Straßensperren, drang über Habenhausen und die Huckelriede am 25. und 26. in die Neustadt vor. Weser- und Kaiserbrücke wurden auf Befehl Generalleutnant Beckers gesprengt, obwohl diese Maßnahme in der gegebenen Lage sinnlos war.

Die 52. (schottische) Division begann am Nachmittag des 24. April ihren Vormarsch aus dem Raum Mahndorf. Es kam stellenweise zu Schießereien,

Der Kampf um Bremen: Britische Soldaten besetzen den Bahnhof Bremen-Neustadt am 25. April 1945.

aber schon am 25. April war das Bahnhofsgebiet erreicht, und am 26. April erfolgte der Vorstoß bis ins Hafengebiet. Währenddessen war die 43. (Wessex) Division am 25. April nach Oberneuland vorgestoßen und am Abend des 26. April bis zum Bürgerpark gelangt. Dort befand sich der Kampfkommandant Becker mit dem Kommandeur der Flakgruppe Süd, Oberst Müller, im Bunker bei der Emmastraße. Es gab hier in den Häusern an der Parkallee und im finsteren Bürgerpark einigen Widerstand. In der Nacht zum 27. April ließ der Kampfkommandant nach langem Zögern zu, daß sein ganzer Stab kapitulierte. Generalleutnant Becker hatte weder seine letzte Patrone verschossen noch seinen letzten Blutstropfen vergossen.

Die britischen Truppen drangen bis zur Lesum vor, wo sie verharrten; die deutschen Truppen zogen sich in Richtung Wesermünde zurück, so daß das Gebiet, das wir heute Bremen-Nord nennen, bis zum endgültigen Waffenstillstand neutralisiert war.

Kreisleiter Schümann floh nach Bremen-Nord, tauchte nach der Gesamtkapitulation unter und endete am 26. Juni 1945 bei Leer durch Selbstmord; Gauleiter Wegener wurde Berater, dann Staatssekretär von Großadmiral Dönitz in Schleswig-Holstein, geriet am 23. Mai 1945 in Gefangenschaft und betätigte sich später als Holzkaufmann in Hessen. Der kommissarische Bürgermeister Dr. Duckwitz befand sich im Rathaus, als die Briten einmarschierten, wurde abgesetzt und ging nach Hause. An seiner Stelle ernannten die Briten noch am 26. April den Polizeipräsidenten und Generalmajor Schroers.

Nach dem Zweiten Weltkrieg: Schwere Zeiten und „Wirtschaftswunder" seit 1945

Befreiung oder Besetzung? April – Mai 1945

Wir wissen heute, daß in den Schlußkämpfen um Bremen 220 Soldaten und 540 Zivilisten getötet wurden; 8000 Soldaten und 3800 Polizisten (u. a. von der Luftschutzpolizei) kamen in Gefangenschaft. Auch zahlreiche Häuser und andere Bauwerke wurden in den letzten Tagen zerstört. Viele Fremdarbeiter und Gefangene, die aus ihren Lagern befreit wurden, zogen plündernd und gelegentlich mordend umher. Die Menschen kamen aus den Bunkern, in denen sie in den letzten Tagen vor der Kapitulation gesessen hatten; viele von ihnen standen vor dem Nichts. Alle waren froh, daß das Schießen, Bombardieren und Töten ein Ende hatte; doch man war resigniert, und alles Streben war auf das nackte Überleben gerichtet. Noch hatten viele Angehörige von Soldaten nichts von diesen gehört; von einigen erfuhr man Monate hindurch nichts, über viele nie etwas.

Die Besatzungszeit brachte manche Willkür; alle Nazis mußten das Schlimmste befürchten, viele wurden interniert. Befreit fühlten sich nur die, die in irgendwelchen Lagern gehalten worden waren, aber auch sie standen oft vor einer ungewissen Zukunft. Was hatten etwa polnische und russische Kriegsgefangene oder auch Fremdarbeiter in ihrer alten Heimat zu erwarten? Die Lager wurden von den einen geleert und mit den anderen wieder gefüllt. Für alle Deutschen gab es eine Ausgangssperre. Am schlimmsten waren alle jene dran, die sich in der Ellenbogengesellschaft nicht durchsetzen konnten: die Alten, Gebrechlichen, Heimatlosen und Kinder. Am besten kamen die zurecht, die die Gnade der Besatzungstruppen fanden, weil diese Mitarbeiter brauchten oder weil sie als deutsche „Fräuleins" begehrt waren und von den Besatzern mit Konserven und Schokolade bedacht wurden.

Das zerstörte Bremen nach dem Kriege, von Westen aufgenommen.

Nach dem Zweiten Weltkrieg 1945

Die Beurteilung der Jahre nach 1945 wird noch lange von den eigenen Erlebnissen abhängen, doch wird jeder Probleme sehen, ohne Rücksicht darauf, ob er die Zeit selbst erlebt hat oder nicht, denn wir haben noch nicht die nötige Distanz gewonnen. Manchmal mögen uns die Jahre erfüllt erscheinen von Taktieren, demagogischem Getöse, Karrieredenken und Selbstversorgung auf Kosten der Gemeinschaft, doch sollte man auch nicht übersehen, daß in der Zeit nach 1948 ein unerwarteter Aufschwung aus dem Nichts erfolgte und auf vielen Gebieten Beachtliches geleistet wurde, das es zu bewahren gilt und das von den gegenwärtigen und kommenden Generationen nicht vertan werden sollte. Wer das anerkennt, wird Unzulänglichkeiten leichter verzeihen können.

Die erste Periode der Nachkriegszeit dauerte bis zur Währungsreform und zur Gründung der Bundesrepublik 1948. Sie ist gekennzeichnet durch eine Militärregierung, bei der die letzten Entscheidungen lagen, durch „antifaschistische Maßnahmen", aber auch durch die Anfänge demokratischen Lebens, dessen Hauptaufgabe in einer verzweifelten Verwaltung des Mangels

„Totale Niederlage" nannte der Bremer Künstler Armand Vilter seinen Linolschnitt.

bestand. 1945 bis 1948 war für die meisten eine Zeit der Trostlosigkeit und des Elends. Es waren 13 400 Bremer gefallen, weitere 3500 Soldaten galten als vermißt; durch Luftangriffe wurden mehr als 4000 Einwohner getötet; 62 % des Wohnraums ging verloren. Das sind nüchterne Zahlen, die aber vieltausendfachen Schmerz bedeuteten.

Die „Enklave" Bremen 1945 – 47

Bremen wurde von britischen Truppen besetzt und gehörte zunächst zur britischen Besatzungszone; andererseits sollte Bremen als Nachschubhafen für die US-Truppen dienen. Es wurde eine „Enklave" unter dem amerikanischen Oberstleutnant Bion C. Welker gebildet, dem Dr. Walter L. Dorn, ein Historiker, als politischer Berater zugeordnet wurde. Dabei blieben aber auch die Verordnungen der britischen Militärverwaltung gültig, und ein britischer Verbindungsoffizier, Oberstleutnant Kennedy, vertrat die Interessen seines Landes in der Enklave. Somit war die Militärregierung ein britisch-amerikanischer Zwitter, bei dem freilich in Bremen die amerikanischen Interessen überwogen. Die „Enklave" Bremen bestand nicht nur aus dem Lande Bre-

Bekanntmachungen der Militärregierung an der Gustav-Deetjen-Allee Anfang Mai 1945. Britische Aufnahme.

men, sondern auch aus der Stadt und dem Landkreis Wesermünde (mit Bremerhaven), den Landkreisen Osterholz und Wesermarsch sowie dem Stadtkreis Delmenhorst. Am 31. Dezember 1946 wurde die Stadt Wesermünde dem Lande Bremen zugewiesen und hieß nun wieder Bremerhaven. Die Erhaltung des Landes Bremen, das innerhalb der Enklave durch den Einfluß der Amerikaner eine besondere Stellung hatte, war zunächst keinesweg selbstverständlich: Sie wurde von Bremen immer wieder mit der Bedeutung der Häfen begründet. Die Engländer und Amerikaner dachten eher an ein Provisorium, auch eine Verbindung mit Hannover bzw. dem neuen Lande Niedersachsen wurde erwogen. Am 21. Januar 1947 vereinbarten dann die Amerikaner und Briten, daß das Land Bremen ganz unter US-Kontrolle kam (mit Wirkung vom 1. Januar 1947).

Das Landgebiet wird zum Stadtgebiet – Ortsämter 1945 – 46

Für die Verfassung des Landes Bremen spielte es auch eine Rolle, daß das gesamte Landgebiet am 1. Dezember 1945 in das Stadtgebiet aufgenommen wurde. Die „Bezirksbürgermeister" der bisherigen Landgemeinden führten die Geschäfte im Auftrag der Stadtgemeinde zunächst weiter.

Die Selbstverwaltung der Gemeinden war anfangs keine Domäne der Parteien, sondern lokal bekannter und vertrauenswürdiger Persönlichkeiten. Keiner drängte sich danach, Bürgermeister oder Gemeindevorsteher zu werden, da das Amt mit undankbaren Aufgaben verbunden war. Doch tat eine organisierte Selbsthilfe dringend not, um raubende und plündernde Banden abzuwehren. Am 14. Dezember 1946 wurden Ortsämter mit Beiräten eingerichtet. Über diesen Verlust der Selbstverwaltung wurde viel, aber vergebens diskutiert. Die Ortsämter gerieten nun in die Parteipolitik der Stadt und hatten Hilfsfunktionen für die Verwaltung. Allein Bremerhaven wurde eine selbständige Gemeinde mit eigener Verwaltung und eigener Stadtverordnetenversammlung, die freieste Gemeinde, wie man sagt.

Bremen als besetzte Stadt – Vielerlei Willkür

Die Besatzungstruppen sahen sich als die Herren im besiegten Nazi-Deutschland. Es war für sie verboten zu „fraternisieren"; sie nahmen manchem Deutschen Wertsachen ab (besonders beliebt waren Uhren); sie durchsuchten Häuser nach Waffen und ließen dabei manches andere mitgehen; sie tranken wertvolle alte Ratskellerweine; sie beschlagnahmten in bester Wohngegend Häuser und gestatteten den Bewohnern nicht, etwas von ihrem Eigentum mitzunehmen; auch „Displaced Persons" wurden in Wohnungen von „Na-

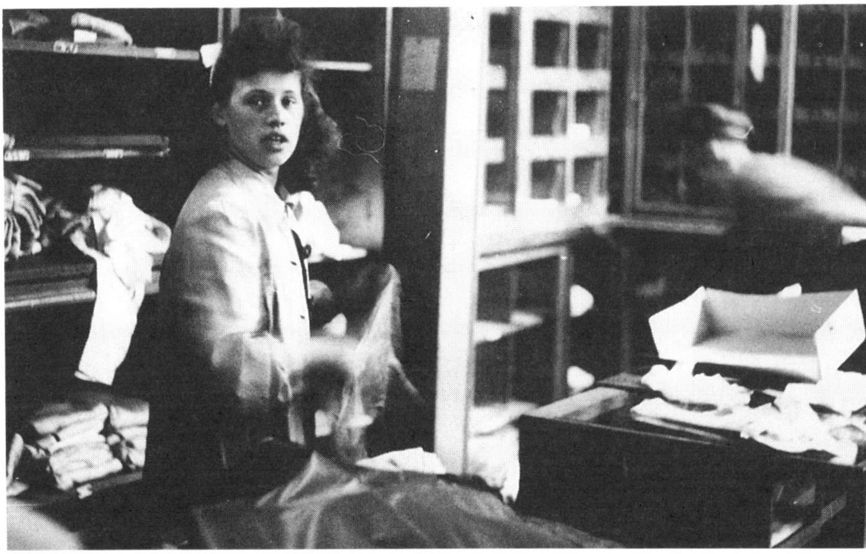

Nach dem Kampf: Plünderung eines Ladens in der Umgebung Bremens im Mai 1945. Britische Aufnahme.

zis" eingewiesen. Am 22. September 1945 wurde angeordnet, daß an jeder Haustür ein Zettel angebracht werden mußte, der die Personalangaben aller sich ständig im Gebäude aufhaltenden Personen enthielt. Auch Radio und Presse waren in der Hand der Militärregierung.

„Displaced Persons" plünderten; die unbewaffnete deutsche Polizei war hilflos. Die Plünderungen versetzten vor allem das Landgebiet und die Randbereiche der Stadt in Schrecken, etwa Blumenthal, Oberneuland und Huchting. Hier und da bildeten sich „illegale" Einwohnerwehren, die versuchten den Schutz der Bevölkerung zu übernehmen. Am 20. November 1945 wurde der Hof Flothmeier an der Hemmstraße von einer Polenbande ausgeplündert; 12 Personen wurden ermordet, nur eine Person überlebte. Hier griff nun die Militärregierung mit aller Härte ein: Am 27. Februar 1946 sprach ein Militärgericht die Urteile: Vier Polen wurden zum Tode verurteilt und am 13. Juli 1946 auf dem Schießplatz beim Flughafen erschossen. Am 7. März 1947 wurde am selben Ort ein Pole erschossen, weil er am 3. Februar 1946 in Brundorf bei einem Raubüberfall zwei Menschen getötet hatte.

Gleich nach der Besetzung wurde damit begonnen, Nazis oder die zumindest als solche beschuldigt wurden, zu verhaften. Zum Teil wies man sie in auswärtige Internierungslager ein, wo sie ihr Spruchgerichtsverfahren erwarteten. Am 20. Mai 1945 aber entstand in der Schule an der (heutigen) Hermann-Böse-Straße ein Internierungslager mit vergitterten Fenstern, Stacheldrahtzaun und Wachtürmen. Die Insassen wurden hier vielfach mißhandelt. Das Lager bestand bis zum 1. Oktober 1946. Ende Juni 1945 waren etwa 1000 Bremer Nazis verhaftet und in verschiedenen Gefängnissen bzw. Lagern untergebracht.

Kampfgemeinschaft gegen den Faschismus 1945

Zunächst waren alle Parteien, Gewerkschaften und Vereine verboten; es herrschte auch nächtliche Ausgangssperre, und es durften nicht mehr als sechs Personen zusammenstehen. Schon vor der Besetzung entstand ein Kreis, der sich „Kampfgemeinschaft gegen den Faschismus" nannte und den nach dem 27. April 1945 im wesentlichen die Einstellung gegen die Nazis einte. Er bestritt, eine Partei zu sein, um nicht von der Militärregierung verboten zu werden. Mitglieder der Kampfgemeinschaft waren Kommunisten, aber auch zahlreiche Sozialdemokraten, die bis 1933 eine mehr oder weniger große Rolle in der Politik gespielt hatten. Man gab eine hektographierte Zeitschrift „Der Aufbau" heraus, in dem die Probleme des Alltags behandelt wurden und vor allem eine rückhaltlose Bestrafung der Nazis gefordert wurde. Am 11. Mai 1945 begann die Kampfgemeinschaft auf eigene Faust, Wohnungen von Nazis zu beschlagnahmen; aber die Militärregierung griff ein und beendete diese Eigenmächtigkeit, die dann allerdings von den Amerikanern „offiziell" fortgesetzt wurde. Durchweg war man für eine Einheitsbewegung der sozialistischen Arbeiter, doch zerfiel die Kampfgemeinschaft schon am Ende des Jahres 1945. Die Kommunisten waren aggressiv, stark ideologisch orientiert und traten für die bolschewistische Ordnung ein, wie sie in Rußland praktiziert wurde. Die Sozialdemokraten aber wollten vor allem die bestehenden Schwierigkeiten überwinden und dabei auch mit bürgerlichen Kräften zusammenarbeiten. Probleme ergaben sich auch aus der schmalen Mitgliederbasis. Die Arbeiter hatten andere Sorgen, sie waren nur sehr schwer für den politischen Einsatz zu gewinnen; viele von ihnen waren vorher ohnehin in Parteiorganisationen der NSDAP tätig gewesen.

Bürgermeister und Senatoren werden 1945 eingesetzt – Überforderte Verwaltung

Der Bürgermeister war zunächst ein Vollzugsorgan der britisch-amerikanischen Militärregierung. Der letzte kommissarische Bürgermeister der NS-Zeit, Dr. Richard Duckwitz, wurde am 26. April abgesetzt; die Engländer ernannten nun den Polizeipräsidenten und SS-Brigadeführer Johannes Schroers, weil er sich als kooperationsbereit gezeigt hatte. Er wurde aber wegen seiner politischen Belastung schon am 30. April 1945 wieder abgesetzt, und nun bestimmte am 2. Mai der britische Kommandeur der 52. schottischen Division, Generalmajor Hakewell-Smith, Erich Vagts zum Bürgermeister. Dieser war zwar kein Parteigenosse gewesen, hatte aber bis 1933 als Fraktionsvorsitzender der Deutsch-Nationalen und dann als Bremens Vertreter in Berlin gewirkt. Er schlug für die einzelnen Fachressorts Persönlichkeiten vor, die zwar Mitglieder der NSDAP gewesen waren, aber sich nicht politisch exponiert hatten. Dadurch wurde eine der größten Schwierigkeiten sichtbar, mit denen die Militärregierung fertig werden mußte: Die Verwaltung unter Einschluß von Polizei, Schule und Gericht war zum größten Teil von Personen besetzt, die Mitglieder irgendeiner NS-Organisation gewesen waren und daher jetzt als politisch belastet galten. Andererseits gab es nicht in ausreichendem Maße geeignete Personen, die nicht in der Partei gewesen waren und an ihre Stelle treten konnten. So war die Verwaltung überlastet. Vor den Amtsstuben standen lange Menschenschlangen; hinter den Schreibtischen saßen unwirsche und überarbeitete Angestellte.

Dr. Dorn, der politische Berater der Militärregierung, suchte sogleich nach der Übernahme seines Amtes einige Persönlichkeiten auf, die politisch unbelastet und nach seiner Meinung in der Lage waren, Senatoren unter der Regie der Militärregierung zu sein. Es kamen dafür vor allem Politiker in Frage, die vor 1933 in Bremen eine Rolle gespielt hatten. Dr. Dorn überredete vor allem den zögernden und auf seiner Siedlerstelle in Borgfeld in bescheidenen Verhältnissen lebenden Wilhelm Kaisen; dann suchte Dorn noch zwei weitere erfahrene Sozialdemokraten auf: Emil Theil und Christian Paulmann. Hinzu kam der hervorragende Verfassungsjurist Theodor Spitta, der seit 1911 Senator und Bürgermeister gewesen war, und Hermann Apelt, der Wirtschafts- und Hafenfachmann, der 1917 Senator geworden war. Es wurden dann noch weitere bürgerliche Vertreter als Senatoren auserkoren, und um auch die kommunistische Komponente zu bedenken, wurde Hermann Wolters berücksichtigt. Am 8. und 13. Juni 1945 wurden dann außer dem Bürgermeister Vagts 11 Senatoren ernannt: drei Sozialdemokraten, ein Kommunist, zwei Mitglieder der ehemaligen Deutschen Staatspartei, ein Angehöriger der ehemaligen Deutschen Volkspartei, ein Deutschnationaler und einige Parteilose.

Der Regierende Bürgermeister Vagts hatte insofern eine herausgehobene Stellung, als er am 22. Juni 1945 die Erlaubnis erhielt, Notverordnungen ohne Beachtung der geltenden Gesetze zu erlassen, wobei er freilich die Genehmigung der Militärregierung einholen mußte. Bürgermeister und Senat waren zunächst nur Erfüllungsgehilfen, bisweilen auch Blitzableiter für die Launen der Militärregierung, die oft genug einen Sündenbock für Fehlentwicklungen suchte. Sehr bald opponierten die Sozialdemokraten und Kommunisten gegen Bürgermeister Vagts, der auch mit der Militärregierung seine Proble-

Der erste ernannte Senat am 6. Juni 1945. Am Tisch von links nach rechts: die Senatoren Paulmann, Theil, Kaisen, Spitta, Bürgermeister Vagts, Senator Apelt. Rechts stehen die Senatoren Harmssen, Wenhold und Nolting-Hauff.

me hatte. So wurde er am 1. August 1945 durch Wilhelm Kaisen ersetzt, dessen entscheidendes Wirken für Bremen nun begann. Auch ihm machte die Militärregierung immer wieder deutlich, wer in Bremen das Sagen hatte.

Der Senat und die Verwaltung standen vor einem Berg von Problemen. Es herrschte Mangel an allem: an Nahrung, Kleidung, Wohnung, Heizung, Elektrizität usw. Darunter litten alle, vom Bürgermeister bis zum Rentner. Industriebetriebe waren zerstört, Schulen lagen in Trümmern, Museen und Theater waren Ruinen oder schwer beschädigt. Trümmer, wohin man blickte. Der Morgenthauplan sah vor, daß Deutschland zu einem Agrarland gemacht wurde. Die Zukunft war düster: Viele Bremer waren evakuiert, Flüchtlinge trafen ein, die Kriegsgefangenenfrage bedrückte alle, der schwarze Markt blühte, Kohlenklau war Alltäglichkeit. Für Butter zahlte man auf dem Schwarzmarkt 120 RM je Pfund; sogar KZ-Ausweise konnte man für 850 RM kaufen. Immer wieder gab es Razzien gegen Hamsterer und Schwarzhändler. Es war vielleicht ein Vorteil, daß diese Fragen einer demokratischen Entscheidung entzogen waren und es noch keine Bürgerinitiativen für und wider gab. In der NS-Diktatur waren die Bürger Befehlsempfänger gewesen, und jetzt waren sie es auch. Nur durften sie jetzt ungestraft meckern, Entscheidungen

Entlassene Kriegsgefangene in Bremen, skizziert von Lehmann 1945.

konnten sie nicht beeinflussen. Aber es gab doch Hoffnung auf die Zukunft, so als Bürgermeister Kaisen am 1. August 1945 vom Rathausbalkon sprach.

Zulassung von Parteien und Gewerkschaften seit Oktober 1945

Nach und nach wurden dann auch die politischen Parteien und die Gewerkschaften wieder zugelassen. Die Militärregierung hoffte, daß damit die Erziehung der Deutschen zur Demokratie erleichtert werde; sie sah aber auch, daß die politischen Parteien sich in manchen Fragen gegen die Militärregierung stellen mußten, um bei der Bevölkerung Anklang zu finden. Am 15. Oktober 1945 wurden SPD und KPD wieder zugelassen, am 24. Oktober die Gewerkschaften; im Oktober 1945 fanden die Gründungsgespräche der Bremer Demokratischen Volkspartei (BDV) statt, und am 15. Dezember wurde sie unter ihrem Vorsitzenden Dr. Wilhelm Böhmert zugelassen. Sehr viel später, am 1. Mai 1946, folgte die CDU und am 10. Juli 1946 die FDP.

Die Kommunisten waren sehr stark von einer Anti-Haltung geprägt: Sie waren nicht nur gegen die alten Nazis, sondern auch gegen Amerika, gegen das Privateigentum an Produktionsmitteln und an Banken usw. In Sowjetrußland sahen sie das Vorbild – trotz Stalin. Daß man die sozialistische Einheitspartei unter kommunistischer Führung wollte, wurde verschwiegen. Als die KPD immer mehr darunter zu leiden begann, daß man sie mit der Stalinschen Herrschaft, der Vertreibung der Deutschen im Osten und mit der SED-Zwangseinheit in Verbindung brachte, traten einige Bremer Kommunisten wie Adolf Ehlers und Hermann Wolters am 17. Mai 1946 zur SPD über, in der sie – ohne freilich ihre Grundauffassung zu ändern – Karriere machten. In den Senat kamen jetzt zwei andere Kommunisten, darunter die erste Senatorin der bremischen Geschichte, Käte Popall, die unter der Nazi-Verfolgung schwer gelitten hatte und eine integre Frau war. Jetzt wurde sie Gesundheitssenatorin.

Die Sozialdemokraten kamen unter der Militärherrschaft besser zurecht, weil sie zu pragmatischer Mitarbeit bereit waren und sich ins Unabänderliche fügten. Im Herbst 1945 war der Aufbau der Parteiorganisation einigermaßen abgeschlossen. Sie hatte in Bremen etwa 800 Mitglieder, der Bezirk Bremen-Nordwest Ende 1946 immerhin mehr als 5000 Mitglieder. Viele von ihnen setzten große Hoffnungen in die Partei. Doch die Entscheidungen wurden schon von einigen wenigen Funktionären durchgesetzt, von denen sich freilich wenige längere Zeit halten konnten wie Kaisen, Joseph Böhm (der Parteisekretär), Willy Schramm, August Hagedorn usw. Dabei ging es den wenigsten um die persönliche Karriere; später wurde das anders.

In der BDV (Bremer Demokratische Volkspartei) gaben einige Persönlichkeiten der ehemaligen Staats- und der Volkspartei den Ton an: Dr. Böhmert, Wenhold, Spitta, Apelt, Karkmeyer, Agnes Heineken, Dr. Elisabeth Lürßen usw. Hinzu kamen Männer der Wirtschaft wie H. A. F. Meineke, der Direktor der URAG (Unterweser Reederei AG), und A. J. W. Bote, ein Baumwollkaufmann. Die Partei wollte eine bürgerliche Sammlungsbewegung für Bremen sein und war vor allem als Gegenkraft gegen die KPD und den linken Flügel der SPD gedacht. Daß sie die Interessen der Wirtschaft gegen jegliche Sozialisierung vertrat, ist eindeutig. Eine breite Mitgliederbasis hatte die Partei nicht. Im Februar 1946 versuchten einige christlich und sozial eingestellte Männer um Philipp Jahn, die BDV in die überregionale CDU zu überführen. Das gelang nur teilweise und bewirkte dann eine Spaltung der BDV. Führende Köpfe der CDU waren nun der alte Philipp Jahn und der jüngere Ernst Müller, der sich dann Müller-Hermann nannte. Auch dieser Partei fehlte die breite Mitgliederbasis.

Die Entnazifizierung 1945–50

Eine jahrelange quälende Angelegenheit war die „Entnazifizierung". Die Militärregierung stand von Anfang an in einem Zwiespalt: Sie benötigte einerseits Fachwissen in Verwaltung und Wirtschaft, war aber angetreten mit der Absicht, den „Faschismus" auszulöschen. So benutzten die Briten und Amerikaner einerseits den Rat von Persönlichkeiten, die Mitglieder der Partei gewesen waren, andererseits steckten sie manche PG's – nicht nur führende – in Internierungslager. Schon seit Mai 1945 gab es einen Beförderungsstopp für nominelle Parteimitglieder. Vor allem die „Kampfgemeinschaft gegen den Faschismus" forderte scharfe Maßnahmen gegen die Nazis, die aus Verwaltung, Wirtschaft, Gerichten usw. entfernt und auch bestraft werden sollten. Nun mußte jeder einen langen Fragebogen ausfüllen, der detaillierte Auskunft über die politische Tätigkeit im Dritten Reich und sogar davor geben sollte. Viele Parteimitglieder wurden nun aus dem Staatsdienst und aus leitenden Positionen der Wirtschaft entlassen; diese wurden auch gezwungen, sich bei der Trümmerräumung zu betätigen. Dann wurden Entnazifizierungsausschüsse aus politisch zuverlässigen Personen gebildet, die ihre Tätigkeit im Mai 1946 begannen. Sie hatten die Fragebögen zu prüfen, schriftliche Stellungnahmen anzufordern und mündliche Verfahren durchzuführen. Dabei hatten es die Laien in den Entnazifizierungsausschüssen, dann in den Spruchkammern, schwer, sich durch riesige Aktenberge durchzuarbeiten und den Argumenten von oft sehr gewieften Rechtsanwälten als Verteidiger zu widerstehen. Im März wurde sogar ein besonderer Senator für die Befreiung vom Nationalsozialismus und Militarismus ernannt. Auch die auswärts aus politischen Gründen Internierten wurden seit August 1947 nach und nach zurückgebracht und zunächst in einem Bunker im Bürgerpark, dann im Barackenlager Riespott bei Mittelsbüren einquartiert; es wurde erst am 1. Februar 1949 aufgelöst.

Im großen und ganzen waren die britischen Entnazifizierungsausschüsse bzw. amerikanischen Spruchkammern überfordert, zumal die Beurteilung des Falles nach Akten und Aussagen schwierig war. In der mündlichen Verhandlung brachte jeder gute Gründe für sein Verhalten vor. Vor allem bei Nicht-Bremern war die Beweislage schwierig. Hauptschuldige und Belastete mußten eine Zeitlang Aufräumarbeiten leisten („Steine klopfen") oder waren beruflichen Beschränkungen unterworfen. In der Verwaltung und in der Wirtschaft gab es Berufsverbote. Wie sollte man aber die verwaisten Stellen in Verwaltung, Schule, Gericht und Wirtschaft von heute auf morgen mit unerfahrenen und oft genug unfähigen Nicht-Nazis besetzen? Dabei nannte sich jetzt so mancher Antinazi, der es gar nicht gewesen war; auch waren zahlreiche Personen nicht aus politischen, sondern aus anderen Gründen im KZ gewesen. Wie wollte man das angesichts des Fehlens zuverlässiger Unterlagen entscheiden?

Es wurde immer deutlicher, daß die Entnazifizierung, so wie sie durchgeführt wurde, ein Fiasko war, denn von 400 000 Meldepflichtigen wurden nur neun als Hauptschuldige und 124 als Belastete eingestuft, wobei sich die Frage stellte, ob das die wirklich Schuldigen waren. 1950 wurde die Entnazifizierung beendet, 1951 durften ehemalige Nazis zum ersten Mal wieder an einer Bürgerschaftswahl teilnehmen. Nach langer Vorbereitungszeit begannen 1947 auch die Gerichtsverfahren wegen nationalsozialistischer Gewaltverbrechen: wegen Mißhandlungen in den KZ's Mißler, Ochtumsand, Langlütjen sowie auf dem Gespensterschiff in Bremerhaven, wegen des Synagogenbrandes und der Judenmorde in der „Kristallnacht". Die Ermittlungen deckten primitive Willkür, sklavischen Gehorsam und die Befriedigung politischer Rachegelüste auf, die nun vor Gericht verspätet mit Zuchthaus- und Gefängnisstrafen gesühnt wurden. Am bedrückendsten war der Judenmordprozeß, der am 11. Februar 1948 durch zum Teil hohe Zuchthausstrafen beendet wurde. Hier zeigte sich, wie das Gehorsamssystem der NS-Zeit aus ehrbaren Menschen Verbrecher machen konnte.

Kommunale Selbstverwaltung – Ein Verfassungsentwurf 1946

Britisch-amerikanische Meinungsunterschiede bestanden zunächst über die Zukunft der kommunalen Selbstverwaltung der Stadt, die auf Erfahrungen aus den Heimaltländern resultierten. Der ernannte Senat wollte die neue Verfassung möglichst eng an die von 1920 anlehnen, die ja den Charakter des Landes betont hatte. Es konnte erreicht werden, daß die Briten Bremen als Land anerkannten, die Bürgerschaft 60 Mitglieder haben und der Senat kein Ausschuß der Bürgerschaft sein, sondern eine selbständigere Stellung haben sollte.

Am 5. April 1946 wurde dann von der britischen Militärregierung eine Bürgerschaft ernannt. Wilhelm Kaisen wurde ihr Präsident, blieb aber zugleich Bürgermeister. Seit September 1946 tagte die Bürgerschaft im Festsaal des Neuen Rathauses.

In dieser Zeit entwarf Oberregierungsrat Philipp Behrens im Auftrag des Senats eine Verfassung, die aber wegen britischer Einsprüche nicht in Kraft trat.

Bürgermeister Kaisen schaltet 1951 die neue Sendeanlage von Radio Bremen ein.

Erste Wahl von Bürgerschaft und Senat am 13. Oktober 1946

Dann ließ die britische Militärregierung am 13. Oktober 1946 eine neue Bürgerschaft wählen: 64 Abgeordnete in den Wahlkreisen und 16 auf Listen. Die SPD hatte, gefördert vom Kaisen-Bonus, einen großen Erfolg: Sie erhielt 51 Sitze, die KPD nur 3. Die CDU bekam bereits 12 Abgeordnete, die BDV 14. Die SPD erhielt also die absolute Mehrheit. Das war noch nicht von großer Bedeutung, da die Militärregierung in allen Fragen das letzte Wort hatte. Am 28. November 1946 erfolgte die Wahl des Senats, in dem alle politischen Kräfte vertreten waren; er bestand aus SPD und BDV (noch mit den CDU-Abgeordneten) sowie einer Kommunistin (Käte Popall) und zwei Unabhängigen (Nolting-Hauff und Harmssen); am Tage darauf wählte der Senat Kaisen als Präsidenten, Spitta als Bürgermeister. Am 13. Februar 1947 wurden 20 Bremerhavener Abgeordnete in die Bürgerschaft aufgenommen.

Die Verfassung von 1947

Da das Land Bremen 1947 voll in die amerikanische Militärverwaltung aufgenommen wurde, mußte der Verfassungsentwurf von 1946 ganz neu überarbeitet werden. Die Amerikaner wollten eine Staatsverfassung, den entscheidenden Einfluß des Volkes als „Souverän" und die Stärkung der Menschen- und Grundrechte. Die Bürgerschaft bildete eine 15köpfige Verfassungsdeputation, und der Justizsenator Dr. Spitta erstellte einen Entwurf, der die soeben angenommene hessische Verfassung vom 1. Dezember 1946 nutzte. Über diesen und andere Texte wurde heftig gestritten; vor allem konnte man sich nicht über das Schulwesen (Bekenntnis- oder Gemeinschaftsschulen, Privatschulen) und über die Rechte der Betriebsräte einigen. Der Entwurf wurde daher zunächst nur mit den Stimmen der SPD und KPD angenommen. Es wurde nun nach Kompromissen gesucht, bis alle Parteien mit Ausnahme der KPD am 15. September 1947 zustimmten. Der Volksentscheid über die Verfassung fand am 12. Oktober 1947 statt: Sie wurde mit großer Mehrheit angenommen (72,5 %). Knapper fiel die Zustimmung zur Stärkung der Betriebsräte aus (52,3 %).

Die Verfassung stellte die Grundrechte und -pflichten voran. Es folgte die Organisation des sozialen Lebens mit Artikeln zu Familie, Erziehung und Unterricht, Arbeit und Wirtschaft, Kirchen und Religionsgesellschaften. Der dritte Hauptteil betraf Aufbau und Aufgaben des Staates. Hier wurde der „bremische Staat" als Glied der „deutschen Republik" proklamiert. Es wurden gesetzgebende Gewalt (Volksentscheid und Bürgerschaft), vollziehende Gewalt (Senat und Verwaltung) und richterliche Gewalt beschrieben. Dabei ist wichtig, daß der Volksentscheid später im Grundgesetz nicht vorgesehen wurde, also nur für bremische Angelegenheiten möglich war. Er hat bis heute keine Rolle gespielt. Die Bürgerschaft sollte 100 Mitglieder haben und auf vier Jahre nach dem Verhältniswahlrecht, aber mit der Fünf-Prozent-Klausel gewählt werden. Sie waren nur ihrem Gewissen unterworfen – eine Bestimmung, die keinen praktischen Wert gewann. Tätigkeit und Aufgaben der Bürgerschaft wurden im einzelnen bestimmt. Der Senat sollte keine festgelegte Zahl von Mitgliedern haben und von der Bürgerschaft für die Wahlperiode gewählt werden. Die Senatoren durften nicht zugleich Mitglieder der Bürgerschaft sein und waren vom Vertrauen der Bürgerschaftsmehrheit abhängig. Zwei Mitglieder des Senats sollten von diesem zum Bürgermeister, einer von ihnen zum Präsidenten des Senats gewählt werden. Ein großes Gewicht hatten die gemischten Deputationen. Verfassungsänderungen konnten nur einstimmig von der Bürgerschaft oder durch einen Volksentscheid erfolgen und fanden daher in der Praxis nicht statt. Das sollte künftig jede Verfassungsmanipulation verhindern, hat aber auch jede Weiterentwicklung der Verfassung verhindert.

Die Frage der Selbständigkeit des Landes Bremen wurde durch die Verfassung von 1947, wenn auch noch nicht endgültig, so doch vorübergehend entschieden. Im Rahmen der Gründung einer Bundesrepublik 1948 bekam Bremen dann seinen Platz als Land, doch verstummte die Diskussion über Neuordnung der Länder bis heute nicht.

Die Parteien, Bürgerschafts- und Senatswahl 1947 – 48

Manches, was nicht in der Verfassung steht, doch in der politischen Praxis entscheidende Bedeutung gewonnen hat, muß erwähnt werden: Die Parteien spielen in der Verfassung keine Rolle, tragen aber den Staat; sie stellen die Kandidatenlisten auf, die den Bürgern dann zur Wahl vorgelegt werden; Parteigremien bestimmen auch, wer Senator werden soll. Bürgerschaftsbeschlüsse sind in der Regel keine „Gewissensentscheidung“, sondern durch die Fraktionsmehrheit und die Parteigremien vorgegeben. Die Teilung der drei Gewalten (Legislative, Exekutive und richterliche Gewalt) entspricht zwar formal der traditionellen Form der parlamentarischen Demokratie, aber nicht der politischen Wirklichkeit.

Die Spaltung der Bürgerlichen war inzwischen weitergegangen: Es gab bereits eine überregionale Freie Demokratische Partei (FDP), und im Juli 1946 wurde auch ein bremischer Ortsverband gegründet, der sich verbal gegen die „Pfeffersäcke“ der BDV wandte, aber zunächst von geringer Bedeutung blieb. Die Abgeordneten verließen im Februar 1947 die BDV-Fraktion.

Am 12. Oktober 1947 fand zugleich mit dem Volksentscheid über die Verfassung eine Bürgerschaftswahl statt. Der Wahlkampf war weniger wegen der Verfassung, sondern vor allem wegen der veränderten Parteienlandschaft recht heftig. Redner der ersten Garnitur kamen nach Bremen: Adenauer, Heuß, Seebohm, Ollenhauer usw. Die SPD erhielt 40 % und 46 Sitze, verfehlte also die absolute Mehrheit. Die CDU wurde mit 23 % zweitstärkste Partei, die BDV kam auf 16,5 %, die KPD auf 8,6 %, die FDP auf 6 %; die konservative DP, die aus der Niedersächsischen Landespartei hervorgegangen war, erhielt in Bremen 1,7 %, in Bremerhaven aber 14,7 %.

Die Neuwahl des Senats erfolgte am 22. Januar 1948: Es wurde eine Koalition aus SPD und BDV gebildet; die KPD war nun nicht mehr im Senat vertreten. Am Tage darauf wurde Kaisen wieder zum Präsidenten des Senats und Spitta zum Bürgermeister gewählt. Die BDV orientierte sich nun auch überregional; sie nahm 1948 Kontakte zur süd- und westdeutschen FDP auf, zunächst wurde 1949 die BDV bremischer Landesverband der FDP. Hinter ihr

Der nach der Bremer Verfassung gewählte Senat am 5. Februar 1948. Am Tisch von links nach rechts: die Senatoren Theil und Ehlers, Bürgermeister Kaisen und Spitta, Senator Apelt. Stehend u. a.: die Senatoren Nolting-Hauff (2. von links), Wolters und Paulmann (4. und 3. von rechts), Harmssen (ganz rechts).

standen einige bekannte Persönlichkeiten wie Dr. Johann Diedrich Noltenius (später Senator für die Finanzen) und der Journalist Dr. Borttscheller (später Hafensenator). Auf der Rechten formierte sich die Deutsche Partei. Unumstrittener Vorsitzender war der ehemalige Berufsoffizier Herbert Schneider. Sie wurde immer als Nachfolgeorganisation der NSDAP beschimpft; dazu aber fehlte ihr doch manches. Sie erhielt im Herbst 1947 drei, 1951 aber immerhin 16 Mandate in der Bürgerschaft. Später traten die meisten Anhänger zur CDU über.

Die Wirtschaft der Nachkriegsjahre 1945 – 46

Das Wohlergehen der Einwohner einer Stadt wie Bremen hängt von ihrer Wirtschaft, insbesondere von Industrie, Handwerk und Handel ab. Bis 1945 war alles auf den Kriegsbedarf abgestellt gewesen. Die Bomben hatten aber viele Betriebe und Verkehrsanlagen zerstört oder beschädigt. Zudem mußte nach der Besetzung mit der Demontage intakter Anlagen als Reparationszahlungen gerechnet werden. Zunächst war der Bedarf der Besatzungstruppen aus der Produktion zu befriedigen, und dann erst kamen die Deutschen. Auch mußte die Industrie, soweit das überhaupt noch möglich war, auf den zivilen

Bedarf umgestellt werden. Für diese Umstellung und den Wiederaufbau fehlte es jedoch an Material. Die Steuerung durch die Militärregierung, die die deutschen Fachleute diktatorisch kommandierte, war oft ein großes Hindernis. Die Stadt Bremen hatte 1945 nur noch 290 000 Einwohner; 1939 waren es 424 000 gewesen. Die Zahl der evakuierten und kriegsgefangenen Bremer schätzte man auf 160 000. Damals war alles in Bewegung: Ausgebombte und Kriegsgefangene kehrten nach und nach zurück. Flüchtlinge und Vertriebene aus dem Osten trafen ein. Fast alle hatten ihre Habe, ihre Heimat, ihre Wohnung verloren; ihnen fehlte die frühere Lebensbasis, und alle erwarteten nun eine menschenwürdige Versorgung in der zerbombten Stadt. Bis 1950 stieg die Einwohnerzahl auf 450 000, und sie erhöhte sich weiter. Es gab freilich viel Arbeit, aber wenig zu Essen, schlechte Versorgung und unzulänglichen Wohnraum. Tüchtige männliche Facharbeiter waren gefragt, doch was hatte man ihnen zu bieten? 1945 führte man den Arbeitszwang ein, vor allem zum Trümmerräumen, und es wurde eine Arbeitskarte eingeführt. Doch viele drückten sich, so gut sie konnten.

Die Gauwirtschaftskammer hieß nun wieder Handelskammer; ihr war zunächst eine Abteilung für das Handwerk angeschlossen, die am 10. August 1946 als Handwerkskammer verselbständigt wurde. Am 9. Oktober wurde auch ein Arbeitgeberverband gegründet, der der Gegenspieler der wachsenden Gewerkschaftsbewegung sein sollte.

Trotz aller düsteren Perspektiven war Bremen doch noch in einer verhältnismäßig günstigen Lage: Die Amerikaner hatten ein Interesse an den Häfen, und sie sorgten dafür, daß sie wieder betriebsbereit gemacht wurden; die Amerikaner waren auch ein bedeutender Arbeitgeber und Materiallieferant, freilich nur, soweit eigene Interessen betroffen waren.

Handel und Verkehr 1945 – 48

Der einkommende Schiffsverkehr war 1945 angesichts der Zerstörung von Ladeeinrichtungen, von Minen und versenkten Schiffen in den Hafenbecken noch gering, doch die Amerikaner setzten alles daran, einen notdürftigen Betrieb zu ermöglichen. Deutsche Schiffahrt nach Übersee gab es kaum noch. Am 8. März 1946 wurden größere Handelsschiffe als Reparationsleistungen abgeliefert, so daß den deutschen Reedern nur noch Schiffe unter 2250 BRT blieben.

Der Außenhandel beschränkte sich auch weitgehend auf den Bedarf der Besatzungstruppen sowie auf dringend benötigte Güter wie Lebensmittel, auch Baumwolle und Wolle. Die Ausfuhr betraf Demontagegüter sowie Rohstoffe, mit denen Devisen beschafft wurden. Der Umfang des Exports wuchs

Die Weserbrücke, die von den deutschen Truppen am 25. April 1945 gesprengt wurde, wird notdürftig wiederhergestellt. Foto von 1946.

mit steigender Industrieproduktion, aber erst 1948 erhielt der Außenhandel seine Freiheit weitgehend zurück, und erst 1951 erreichte der Schiffsverkehr in Bremen wieder seinen Vorkriegsstand.

Zivilen Luftverkehr gab es nicht; der Wiederaufbau des Flughafens begann 1945, weil das in amerikanischem Interesse lag; doch war er bis 1949 ganz für den Bedarf der Alliierten reserviert. Die Eisenbahn war im Schienennetz und Wagenpark durch Bomben schwer getroffen; doch konnte sie angesichts des geringen Wirtschaftsvolumens im allgemeinen den Transportbedarf befriedigen. Die Straßen wurden notdürftig geräumt und wiederhergestellt. Alle Weserbrücken waren 1945 zerstört oder beschädigt worden, und man mußte sich zunächst mit hölzernen Hilfsbrücken zufriedengeben; aber schon 1945 begann man mit der Räumung bzw. Wiederherstellung der alten Brücken. Das Frühjahr 1947 brachte durch Eisgang und Hochwasser einen Rückschlag; doch der Neubau der Stephanibrücke konnte 1947 eingeweiht werden; die Weserbrücke wurde repariert und seit dem 29. November 1947 wieder benutzt. Die Bürgermeister-Smidt-Brücke konnte erst 1952 eingeweiht werden.

Der Binnenhandel war gespalten: Er bediente bis 1948 zu einem großen Teil den Schwarzmarkt und war auch vielfach Kompensationshandel, da niemand Vertrauen zur Währung hatte. Das gilt vor allem auch für den Baustoff- und den Kohlenhandel. Mehrmals fanden großangelegte Razzien gegen Schwarzhändler statt, besonders im Bahnhofsgebiet; dabei wurden zahlreiche Personen verhaftet. Auch gab es Hamstern auf dem Lande sowie Kohlen- und Felddiebstähle in großem Umfang.

Industrie: Zerstörungen, Materialmangel, Demontagen 1945 – 48

Am schlimmsten sah es in der Industrie aus, da die Maschinen zum größten Teil zerstört, der Wiederaufbau auch durch Materialmangel und Produktionsbeschränkung behindert waren sowie die großen Betriebe wegen der Demontagen eine düstere Zukunft zu haben schienen.

Nach Kriegsende hielten die Amerikaner noch teilweise am Morgenthauplan fest, nach dem Deutschland ein Agrarstaat werden sollte; jedenfalls wollte man verhindern, daß jemals wieder eine florierende Großindustrie entstand. Der Flugzeugbau war ganz untersagt. Der Schiffbau war zunächst auch ganz verboten; immer wieder setzte sich Bürgermeister Kaisen vergebens für eine Freigabe ein. 1946 wurde die Schiffsgröße auf 1500 BRT beschränkt. Der Bremer „Vulkan" in Vegesack wurde zur Zentralwerft des Unterweserraums und hatte 2000 Arbeiter. Die AG „Weser" sollte dagegen keine Werft mehr bleiben, die eindrucksvolle Helling, die den Krieg überstanden hatte, demontiert werden und nach Rußland gehen. Doch als dieses verzichtete, wurde die Zerstörung gefordert, und im Februar und März 1948 erfolgte die Sprengung.

Vor allem die Kohleversorgung machte der Energiewirtschaft und damit auch der Industrie zu schaffen. Es fehlten die Transportmittel, im Winter fro-

Die AG „Weser" in Trümmern. Amerikanisches Foto vom 14. Mai 1945.

ren die Kanäle zu, und der Bergbau ging eine Fülle von Kompensationsgeschäften ein, die dem gesteuerten Markt einen Teil der Kohle entzogen. Vor allem der Winter 1945/46 war besonders hart, und der Kohlenmangel wirkte sich auch auf die Gasversorgung aus. Teile des Kraftwerkes Hastedt wurden zudem demontiert. Die Kontingentierung des Industriebedarfs war nur eine Verwaltung des Mangels, für die ein großer Verwaltungsapparat eingesetzt wurde. Auch andere Materialien des Industriebedarfs blieben knapp; so konnte noch 1947 in Bremen nur etwa ein Drittel des Eisenbedarfs befriedigt werden. Politiker haben oft die amerikanische Nachkriegshilfe, besonders den Marshallplan gerühmt. Sicher, die Hilfe betrug für Bremen 33 Mill. Dollar, die durchweg in Form von Waren geliefert wurden. Richtig ist auch, daß Bremen die Hilfe teilweise für Investitionen im Schiffbau und in der Energiewirtschaft einsetzte. Doch gab es diese Unterstützung nicht in den ersten Nachkriegsjahren, als Bremen wie eine eroberte Stadt und im Prinzip nach dem Morgenthauplan behandelt wurde. Hilfe kam anfangs vor allem dort, wo der eigene Bedarf der amerikanischen Besatzer betroffen war; erst als Deutschland im West-Ost-Konflikt eine Rolle zu spielen begann, wurde das anders, und Bremen erfreute sich nun der Förderung der Amerikaner.

Die Menschen hungern und frieren 1945 – 47

Die Lebensverhältnisse nach dem Kriege waren bedrückend. Vor allem litten Alte, Kranke und Kinder, die sich in der Ellenbogengesellschaft dieser Zeit nicht durchsetzen konnten. Wer am Schwarzmarkt nicht teilnehmen konnte, wer nicht bei Nacht und Nebel hier und da etwas „organisieren" konnte, wer sich nicht in langer Schlange anstellen konnte, wo es „etwas gab", der war schlecht dran. Bitter war vor allem auch das Schicksal der heimkehrenden Kriegsgefangenen. Ausgemergelt durch Entbehrung und Zwangsarbeit, gekleidet in verschlissene Uniformen, kamen sie in ihre zerbombte Heimatstadt zurück. In jungen Jahren waren sie Soldaten geworden – freiwillig oder weil sie mußten. Jetzt standen sie vor dem Nichts, wenn sie nicht in dem Kreis ihrer Familie aufgenommen wurden. Jahrelang hatten sie sich nach der Heimat gesehnt, jetzt waren sie oft Fremde. Daß die Politiker sich für sie einsetzten, mag sein, das hatte aber sicher viel mit Taktik zu tun. Die Verwahrlosung der Jugend nahm beängstigende Formen an und war Gegenstand mancher politischer Diskussion. Es gelang den Parteien auch nicht, größere Jugendorganisationen aufzubauen und ihnen ihre Vorstellungen zu vermitteln. Die Prostitution blühte.

Es gab Hunger und daher Anfälligkeit für Mangelkrankheiten. Man rechnete die Nahrungsmittel nach Kalorien: Es waren oft 1300 am Tag, manchmal nur 1040. Alles wurde nach Gramm zugeteilt: 17,8 g Fleisch, 4,4 g Butter, 17,8 g Zucker, 357 g Brot usw. Es war nicht leicht herauszufinden, wo es was gab, wie viele von den Marken überhaupt eingelöst werden konnten, welche Bezugsscheine „abgerufen“ wurden, wann es Elektrizität und Gas gab.

Seit dem 1. Juli 1946 trafen „CRALOG“- Liebesgaben, seit dem 15. August CARE-Pakete aus den USA in Bremen ein; sie brachten nur für wenige und auf kurze Zeit Besserung im kargen Speiseplan. Die Kinder bekamen Schulspeisung, die vor allem aus Suppen, etwa mit Keks und Schokolade bestand.

Am schlimmsten war der Winter 1946/47, als die Brücken über die Weser weggerissen wurden und die Kanäle zufroren, auf denen die Kohlen transportiert werden sollten. Den Fischern fehlte Kohle und anderer Treibstoff fürs Auslaufen; für Lebensmittelimporte gab die Militärregierung keine Genehmigung. In den Betrieben konnte wegen Kälte und Materialmangels nicht gearbeitet werden, und auch die Schulen legten „Kohleferien“ ein. Es gab manche Selbstmorde in dieser Zeit. Harte Vorwürfe richteten sich gegen die alliierte Hungerpolitik, die egoistischen deutschen Bauern, die hortenden Verteiler von Lebensmitteln und Verbrauchsgütern. Irgend jemand mußte ja der Sündenbock sein; auch jede Partei benannte einen, um Wähler zu gewinnen und um sich von der Mitschuld reinzuwaschen.

Wohnungsnot 1945 – 48

Auch die Wohnungsfrage blieb ein ungelöstes Problem. Evakuierte und Ausgebombte, Kriegsgefangene, Flüchtlinge und Vertriebene mehrten die Einwohnerzahl, ohne daß genügend Wohnraum zur Verfügung gestellt werden konnte. Häuser in bester Wohnlage wurden zudem von den Besatzungstruppen beschlagnahmt und zum Teil an Displaced Persons übergeben. Das Wohnungsamt konnte den Mangel nur verwalten. Es ist erschütternd zu sehen, wie eng die Menschen zusammenlebten, jede Möglichkeit, eine Notwohnung herzurichten, nutzten. Manche Baracke und Parzellenbude nahm Familien auf. Der Wiederaufbau begann mit der Trümmerräumung, wobei riesige Schuttmassen fortgeschafft wurden; ein Teil konnte seit 1947 von einer „Trümmerverwertungsgesellschaft“ zu Bausteinen verarbeitet werden. Doch bis 1948 beschränkte man sich wegen des Mangels an Baustoffen auf die Instandsetzung beschädigten Wohnraums, wobei Selbsthilfe der entscheidende Impuls war; das änderte sich erst allmählich seit der Währungsreform 1948.

Unter diesen Umständen mußten die Wiederherstellung und Neugestaltung des Stadtbildes zurückstehen. Es kam zunächst darauf an, die erhaltenswerten Ruinen zu sichern, Architekturteile zu lagern, auch hier und da ein

Tausende von Bremern wohnten inmitten einer Trümmerwüste in Notwohnungen.

Notdach herzurichten und Fenster einzusetzen. Zu den Wiederherstellungsmaßnahmen für öffentliche Gebäude gehörte es auch, daß der Roland und die Rathausfiguren von ihrer Schutzhülle befreit wurden und die Güldenkammer im Juli 1946 in die obere Rathaushalle zurückkehrte. Nur zwei größere öffentliche Gebäude sind zu erwähnen: Das Diakonissenhaus, das sein Krankenhaus an der Nordstraße durch Bomben verloren hatte, übernahm am 10. Juli 1945 das ehemalige Marinelazarett an der Hemmstraße. Und auf der Bürgerweide entstand seit August 1945 an der Stelle des alten Parkbahnhofs eine große hölzerne Halle, die der Besatzungstruppe für Sportveranstaltungen dienen sollte, in der dann aber später auch große politische Versammlungen stattfanden. Mit dem Wiederaufbau des Schütting begann man erst 1948. Große Pläne gab es zwar, doch ihre Verwirklichung mußte bis in die Zeit nach der Währungsreform zurückstehen.

Schulen in Not und Reformpläne 1945 – 47, Erste Absichten einer Universitätsgründung

Die staatliche Kulturarbeit hatte nach dem Kriege drei Schwerpunkte: Schulen, Theater und Museen. Bei den Schulen gab es große Anfangsschwierigkeiten, denn von den 150 Bremer Schulgebäuden vor 1939 waren im Kriege nur 30 intakt geblieben; alle anderen waren beschädigt oder zerstört. Zunächst wurden die alten Schulgebäude wiederhergestellt, auch fand Unterricht in Baracken statt. Eine große Zahl von Lehrern wurde wegen politischer Belastung entlassen. Man mußte große Klassen und Schichtunterricht hinnehmen. Am 10. September 1945 begannen die Volksschulen ihre Arbeit zunächst in den ersten vier Jahrgängen, also in der Grundschule. Dem Mangel an Lehrern sollte abgeholfen werden, indem zu ihrer Ausbildung im September 1945 Kurzlehrgänge eingerichtet wurden. Am 3. Dezember 1945 eröffneten auch die Höheren Schulen wieder, bis auf die Schule an der Hermann-Böse-Straße, in der ein Internierungslager eingerichtet war. Auch wurde ein Pädagogisches Seminar im Gebäude der Hilfsschule an der Vegesacker Straße eingerichtet, aus dem Ende 1947 die Pädagogische Hochschule hervorging (seit 1950 an der Langen Reihe in Walle). Es folgten im Februar/März 1946 die Berufs- und Fachschulen; am 2. September 1946 eröffnete die Seefahrtsschule,

In den Schulen gab es Schulspeisung, die durchweg aus amerikanischen Spenden zubereitet wurde. Foto 1946.

die zunächst ihr Quartier in der Bürenstraße fand, dann war sie in der ehemaligen Volksschule an der Elsflether Straße.

Der Aufbau des Schulwesens war von heftigen Streitigkeiten der Pädagogen und Politiker begleitet. Andererseits hatte die Schule mit dem Mangel an Schulraum, von Lehrern, Unterrichtsmaterial und mit der Verteilung von dünner Schulspeisung (seit März 1946) sowie der Bekämpfung von Kopfläusen und Krätze zu kämpfen. Es gab manche zugespitzte Formulierung, Chancengleichheit wurde gefordert, worunter von manchen ein „Abitur für alle" verstanden wurde, als ob Fähigkeiten, Fleiß und soziales Umfeld nicht die Chancen eines jeden mitbestimmten. Letzten Endes entscheidet nicht der pädagogische Nutzen, sondern die politische Mehrheit. Das Ziel dieser Mehrheit war in Bremen zunächst die vierjährige Volksschule, die zweijährige Orientierungsstufe und das siebenjährige Gymnasium. Doch zunächst mußten die materiellen Voraussetzungen dafür geschaffen werden, daß überhaupt ein geordneter Unterricht in geheizten Schulräumen mit Klassen vertretbarer Größe stattfinden konnte.

Zur Idee der Chancengleichheit gehörte für manche auch, daß Bremen eine Universität bekam. Die Idee wurde schon 1945 von bürgerlicher Seite vorgebracht und von Bürgermeister Kaisen aufgegriffen, wobei an eine Zusammenarbeit mit den Gewerkschaften gedacht war. 1946 wurde eine Einrichtung in den Flakkasernen in Grohn vorgeschlagen, die aber von den Amerikanern als Auswandererlager genutzt wurden. Man dachte an 1500 bis 2000 Studenten, von denen ein Drittel Ausländer sein sollte; man sprach daher von einer „internationalen" Universität. Die Grohner Kaserne wurde nicht freigegeben, und es kamen auch Bedenken wegen der Finanzierbarkeit. So wurde das von der Bürgerschaft am 16. Dezember 1948 verabschiedete „Gesetz über die Errichtung einer internationalen Universität" nicht in die Wirklichkeit umgesetzt.

Die ehemalige „Nordische Kunsthochschule" wurde im Mai 1946 als „Staatliche Kunstschule – Meisterschule für das gestaltende Handwerk" wiedereröffnet. Erster Direktor wurde der Kunstmaler Willy Menz.

Das Theater improvisiert, Konzerte 1945 – 47

Die Schauspieler waren durch die Zerstörung des Staatstheaters am Bischofstor und des Schauspielhauses am Ostertor nur kurze Zeit zum Schweigen verurteilt, denn gerade auf diesem Gebiet wurde mit viel Können improvisiert. Es zeigte sich, daß auf einfachen Brettern größere Kunst geboten werden kann als in dem von komplizierter Maschinerie unterstützten modernen Subventionstheater, in dem der Regisseur oft nur noch wenig Rücksicht auf künstlerische Tradition nimmt. Schon im Juli 1945 schlossen sich die Bremer Bühnenkünstler zu einer Arbeitsgemeinschaft zusammen, die am 19. September 1945 im Tanzsaal der „Concordia"-Gaststätte an der Schwachhauser Heerstraße das „Bremer Künstlertheater" eröffnete, und zwar unter Leitung von Willy A. Kleinau. Man spielte das dramatische Gedicht „Stella" von Goethe. Es gab in dieser Zeit einen großen Bedarf an freier Theaterkunst – trotz ungeheizter Säle und Hungers, unter dem die Schauspieler litten. Am 16. November 1945 gab es dann im „Bremer Künstlertheater" Lessings „Nathan".

Die Wiedereröffnung einer Oper war schwieriger. Sie benötigte einen großen Saal, vor allem auch Platz für das Orchester. Zuerst bespielte die Oper das ehemalige Kaisertheater, ein Kino am Ostertorsteinweg, das sich jetzt „Liberty-Theater" nannte. Dann wurde die Turnhalle der Schule an der Delmestraße zur Opernbühne eingerichtet; am 22. Januar 1946 fand die Eröffnung mit Beethovens „Fidelio" statt. Welche andere Oper hätte besser in diese Zeit gepaßt.

Diese Theateranfänge gehören zu den erfreulichsten Kulturereignissen Bremens in dieser tristen Zeit. Erst im Oktober 1947 beschloß man, das Schauspielhaus am Ostertor (Goetheplatz) für die Oper herzurichten; aber es sollte noch lange dauern, bis die Pläne verwirklicht wurden.

Die Musen erwachen wieder: Wilhelm Evers dirigiert den Chor der Pädagogischen Hochschule auf dem Bahnhofsplatz, um 1948.

Im Konzertwesen übernahm Hellmut Schnackenburg wieder die Rolle, die ihm 1944 genommen worden war. Er wurde am 1. Juli 1945 zum bremischen Generalmusikdirektor ernannt. Die „Glocke" war in dieser Zeit von den Amerikanern beschlagnahmt, so daß das erste philharmonische Konzert am 22. November 1945 in den Decla-Lichtspielen in Utbremen stattfinden mußte. Erst nachdem die „Glocke" wieder freigegeben worden war, konnten die Konzerte seit dem 1. Januar 1947 wieder an angestammtem Ort stattfinden. Auch der Domchor veranstaltete im Dezember 1945 sein erstes Konzert mit dem „Deutschen Requiem" von Johannes Brahms.

Kino, Rundfunk, Presse 1945 – 47

Im September 1945 führten auch die ersten Kinos wieder Filme vor, aber zunächst nur amerikanische Streifen; der erste deutsche Film lief am 22. Februar 1946 in den Decla-Lichtspielen. Die deutschen Filme, die man nun zeigte, stammten noch aus der Zeit vor 1945 und hatten bei der Zensur durch die Militärregierung Gnade gefunden.

Rundfunk und Presse waren zunächst eine Angelegenheit der Militärregierung. Das Funkhaus des Rundfunks wurde am 11. Oktober 1945 in der Schwachhauser Heerstraße eingerichtet; kurz darauf hörte man wieder Radio Bremen, dessen prägende Persönlichkeit Walter Geerde wurde (27. Februar 1946 Stellvertretender Intendant, am 1. Juli 1946 Intendant). Am 18. Oktober 1946 erhielt Radio Bremen einen 61 Meter hohen Sendemast in der Scharnhorststraße.

Die Zeitungen, die in Bremen im Mai 1945 verteilt wurden, kamen von auswärts. Die erste Bremer Zeitung war seit dem 23. Juni 1945 der „Weserbote", der von der Militärregierung (12. amerikanische Heeresgruppe) herausgegeben wurde. Dann wurde die Herausgabe deutscher Zeitungen an Lizenzträger gebunden. Hans Hackmack, bis 1933 Redakteur der „Bremer Volkszeitung" und im Dritten Reich durch Zuchthausstrafen und KZ-Haft schwer geschlagen, war 1945 im Rahmen der OT (Organisation Todt) beim „Festungsbau" in Holland eingesetzt. Am 19. September 1945 erhielt er dann eine Lizenz für den „Weser-Kurier". Er kam vom linken Flügel der SPD, war sehr belesen und autodidaktisch gebildet. Die Zeitung erschien wegen Papiermangels zweimal wöchentlich. Aus Gründen des politischen Proporzes wurde am 22. Oktober 1947 zusätzlich Felix von Eckardt (CDU) lizenziert, der dann Pressechef der Bundesregierung wurde.

Auch die Buchverlage benötigten zunächst eine Lizenz; die erste erhielt Walter Dorn in Horn am 24. November 1945; er war schon seit 1920 als Redakteur und vor allem als Verleger von Firmenhandbüchern tätig gewesen. Weiter erhielt Hans Kasten die Lizenz für den Schlüssel-Verlag, in dem eine große Zahl von „Bremensien" erschien, der die Währungsreform jedoch nicht lange überlebte.

Staatsbibliothek – Staatsarchiv nach dem Kriege

Die wissenschaftliche Arbeit war in Bremen weitgehend an Institute wie die Staatsbibliothek und das Staatsarchiv, Museen wie das Focke-Museum, das Überseemuseum und die Kunsthalle sowie an Vereine gebunden. Die Leiter der Institute waren schon vor 1933 im Amt und durchweg nominelle Mitglieder der NSDAP gewesen und wurden daher nur auf kurze Zeit aus ihrem Amt entfernt; nur Prof. Roewer war wegen seiner Parteimitgliedschaft zum Direktor am Überseemuseum ernannt worden. An der Staatsbibliothek und im Staatsarchiv wurden die Direktoren aus politischen Gründen suspendiert, und an ihrer Stelle erhielt der pensionierte ehemalige Staatsarchivdirektor, Prof. Dr. Hermann Entholt, die kommissarische Leitung. Die Staatsbibliothek war durch Bomben beschädigt und hatte ihr Dachgeschoß verloren. Viele wertvolle Bücher waren ausgelagert worden, und von ihnen wurden einige vom Auslagerungsort nach Rußland entführt, von wo einige in letzter Zeit zurückgekehrt sind. Die Ausleihe konnte 1945 bereits wieder beginnen.

Die Staatsbibliothek am Breitenweg, die durch die Bomben ihrer Neo-Renaissancegiebel beraubt wurde. Sie blieb als Torso erhalten, der aber später weiter amputiert wurde. Foto um 1948.

Das Staatsarchiv hatte sein Gebäude an der Tiefer durch Bomben 1944 verloren; viele Akten wurden aus den Ruinen geborgen, andere waren ausgelagert worden. Einige Bestände wurden an ihrem Auslagerungsort von den Russen erbeutet und in die UdSSR gebracht, dann der DDR übergeben, die sie in Potsdam und Lüben im Spreewald verwahrte, bis sie wieder nach Bremen zurückgebracht werden konnten. Das Staatsarchiv übernahm einen Hochbunker am Dobben, wo die Archivalien neu geordnet wurden. In einem nahen Patrizierhaus bekam die Archivverwaltung einige Räume. Der Neubau am Präsident-Kennedy-Platz entstand 1964/67.

Museen nach dem Kriege

Schlimm war auch die Lage des Focke-Museums an der Großenstraße . Es war total zerstört, und dort gingen manche Exponate verloren. Vieles war von Direktor Dr. Ernst Grohne ausgelagert worden und kehrte nach Kriegsende nach Bremen zurück. Hochbunker und das Lloydgebäude dienten als vorübergehendes Magazin. Dann wurde das Haus Riensberg in Schwachhausen als neues Focke-Museum vorgesehen; es wurde zwar am 24. August 1947 „eröffnet", war aber viel zu klein, um alle Bestände aufnehmen zu können,

Was vom Focke-Museum an der Großenstraße übrigblieb: ein Tor und Mauerreste.

zumal seit 1946 im Gebäude neun Familien „vorübergehend" untergebracht worden waren. Es ist Ernst Grohnes Zähigkeit zu verdanken, daß er 1951/53 das Haus Riensberg für die Ausstellungen ausbauen konnte: Seinem Nachfolger, Werner Kloos, gelang es erst seit 1955, einen Neubau durchzusetzen.

Die Kunsthalle war schwer beschädigt, hatte auch durch Auslagerungen einige wertvolle Bestände verloren. Der Direktor, Emil Waldmann, hatte sich in Würzburg nach einem Luftangriff getötet, der Kustos Dr. von Alten war gefallen, und nur der junge Dr. Günter Busch war vom wissenschaftlichen Personal übriggeblieben. Zunächst wurden am 1. Oktober 1946 der Dichter und Innenarchitekt Rudolf Alexander Schröder mit der Leitung beauftragt; ihm folgte dann am 20. Mai 1950 Günter Busch. Die Schäden des Gebäudes konnten erst nach der Währungsreform behoben werden. Ausgelagertes Kunstgut wurde zurückgeführt; doch wertvolle Gemälde und Graphiken wurden geraubt und blieben zunächst verloren; einiges konnte, zum Teil auf abenteuerliche Weise, zurückerworben werden; aber immer noch befinden sich wertvolle Graphikbestände in Rußland und werden vielfach als Kriegsbeute angesehen. Im Museum für Natur-, Völker- und Handelskunde, seit 1952 „Überseemuseum", mußte Prof. Roewer wegen seiner NS-Belastung 1945 ausscheiden. Nach einer kommissarischen Lösung wurde am 24. Januar 1946 der 1933 entlassene Studienrat Dr. Nawrath mit der Leitung beauftragt. Das war eine Ernennung, die politisch, nicht fachlich bedingt war. 1947 löste ihn

Währungsreform am 18. Juni 1948: Die Ausgabenstellen des neuen Geldes werden bekanntgegeben. Zunächst erhielt jeder 40 DM.

der Breslauer Zoologe Prof. Dr. Ferdinand Pax ab, der ein Jahr später Direktor des Instituts für Meeresforschung in Bremerhaven wurde. Erst jetzt begannen die wichtigsten Reparaturen, und Ende 1949 konnte ein Teil der Ausstellungen wieder eröffnet werden.

Ausblick

1948/49 trat die Wende zum Besseren ein: Die Währungsreform, die Hilfe der Amerikaner, das Ende der Demontagen und Produktionsbeschränkungen, auch die weltpolitische Lage beförderten den wirtschaftlichen Aufschwung, der sich freilich nicht in wenigen Monaten, sondern nur langsam vollzog. Die Bremer Verfassung und die Gründung der Bundesrepublik setzten den stabilen Rahmen, in dem sich die Entwicklung vollzog. Nach und nach zogen sich die Besatzungsmächte zurück, so daß sich im Westteil Deutschlands eine eigenständige parlamentarische Republik mit föderalistischer Struktur entwickeln konnte. Die fortschreitende Besserung der Verhältnisse verbreitete einen Optimismus, der hohe Erwartungen für die Gegenwart und Zukunft weckte, die auf die Dauer nicht zu erfüllen sind. Es fehlte auch in der „besten Zeit" nicht an Rissen und Brüchen, Konflikten und Risiken; auch entwickelten sich übermäßige Ansprüche an den Staat und seine soziale Für-

Zukunftsträume: Die letzte Kriegsruine in Bremen als Sehenswürdigkeit.

sorge, die auch die Wirtschaft überforderten und sich vielfach zu einem „Faustrecht" von einzelnen und Gruppen entwickelten. Das birgt sicher Gefahren für die staatliche und wirtschaftliche Ordnung. Der Historiker registriert die Entwicklung, die von den Politikern gesteuert werden müßte. Er selbst ist als Bürger besorgt und hofft auf Einsicht und Besserung, damit das in Jahrzehnten durch Entsagung, Opfer, Fleiß und wohl auch mit viel Glück Errungene nicht vertan wird. Es gibt keine Garantie dafür, daß die Bundesrepublik und das vereinigte Deutschland eine blühende Oase des Wirtschaftswunders, auch Bremen eine wohlhabende Stadt bleibt – oder wieder wird. Hoffen, Planen und politischer Streit, an dem es nicht mangelt, genügen nicht – entscheidend ist das Handeln in Gegenwart und Zukunft.

Erklärung einiger Begriffe

Accon: später Akka, heute im Libanon

Administrator: Verwalter

Akzise: Steuer auf eingeführte Waren

Amt = Zunft: Vereinigung der Handwerker des gleichen Produktionszweiges

Askanier: Grafenfamilie, Stammsitz bei Aschersleben, später Fürsten von Anhalt

Boykott: Abbruch von (Handels-)Beziehungen

Epitaph: Gedenktafel

Gilde: Zusammenschluß, besonders von Kaufleuten

Go (Gohe): Verwaltungs- und Gerichtsbezirk, besonders des bremischen Landgebietes

Hollerland: Kirchspiele Horn und Oberneuland, genannt nach den ursprünglichen holländischen Siedlern

Hufe: Land in der Größe eines Hofes, im Hollerland etwa 48 Hektar

Immunität: Ausschluß aus einem Rechtsbereich

Interregnum: Zeit zwischen zwei Regierungen, besonders die kaiserlose Zeit nach 1250

Investiturstreit: Streit zwischen Kaiser und Papst, besonders um die Wahl bzw. Einsetzung von Bischöfen

Koadjutor: Mitregent

kodifiziert: In einem Rechtsbuch zusammengefaßt

Konsumtion: Steuer auf Verbrauchsgüter

Kundige Rulle: Urkundenrolle mit Verordnungen, die verkündet wurden

Meier: Freie Bauern, die den Hof von einem Grundherrn erblich erhielten

Merkantilismus: Handelspolitik, die die Einfuhr beschränkte, die eigene Ausfuhr aber förderte

Niedervieland, Obervieland: siehe Vieland

Palatium: Residenzgebäude, in Bremen Sitz des Erzbischofs

Patronatsrecht: Recht, u.a. den Pastor einzusetzen und auf die Verwaltung der Gemeinde Einfluß zu nehmen

Privileg: Rechtsvorteil bzw. Urkunde, die Rechtsvorteile verleiht

Rente: Einkünfte aus verliehenem Kapital

Resident: der am Ort residierende Vertreter einer auswärtigen Macht

Reversalen: Versicherung, Erklärung

Seestädte: (Hanse-)Städte an der Ostseeküste

Sozietät: Handwerkervereinigung, ähnlich der Zunft

Tagfahrt: ein Treffen von Bevollmächtigten der Mitglieder eines Bundes, etwa der Hanse

Vieland: Niedervieland: das Gebiet zwischen Hasenbüren/Strom und Rablinghausen; Obervieland: Arsten, Habenhausen und Neuenlande

Vogt: Gerichtsvorsitzender, u.a. der vom Erzbischof in Bremen eingesetzte Stadtvogt

Werderland: das Gebiet zwischen der Lesum und Walle

Wilhadimarkt: Der Markt am Tage des heiligen Willehad, des ersten Bischofs von Bremen (8. November)